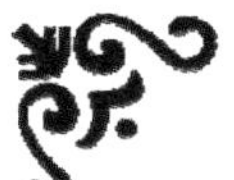

吉首大学 2016 年精品教材立项资助

汉语言文字应用基础知识

（第二版）

唐生周　瞿继勇　瞿建慧 ◎ 编著

西南交通大学出版社
·成　都·

图书在版编目（CIP）数据

汉语言文字应用基础知识 / 唐生周，瞿继勇，瞿建慧编著．—2 版．—成都：西南交通大学出版社，2023.1（2023.9 重印）
ISBN 978-7-5643-9016-7

Ⅰ．①汉… Ⅱ．①唐… ②瞿… ③瞿… Ⅲ．①汉语－文字学－基本知识 Ⅳ．①H12

中国版本图书馆 CIP 数据核字（2022）第 216617 号

Hanyuyan Wenzi Yingyong Jichu Zhishi（Di-er Ban）

汉语言文字应用基础知识

（第二版）

唐生周　瞿继勇　瞿建慧　**编著**

责任编辑	居碧娟
封面设计	墨创文化
出版发行	西南交通大学出版社 （四川省成都市金牛区二环路北一段 111 号 西南交通大学创新大厦 21 楼）
发行部电话	028-87600564　028-87600533
邮政编码	610031
网址	http://www.xnjdcbs.com
印刷	四川森林印务有限责任公司
成品尺寸	185 mm × 260 mm
印张	17
字数	417 千
版次	2018 年 4 月第 1 版 2023 年 1 月第 2 版
印次	2023 年 9 月第 11 次
书号	ISBN 978-7-5643-9016-7
定价	39.80 元

课件咨询电话：028-81435775
图书如有印装质量问题　本社负责退换

第二版前言

《汉语言文字应用基础知识》2018年出版，重印过多次，2019年进行过一次剜改。原来只是将其作为“提高大学生、中学生以及从事语言文字工作的相关人员的汉语言文字应用能力”的一个练习册，并作为汉字听写比赛的辅助读物，但出版之后的市场反馈很好，很多大学毕业的学生拿来作为参加中小学语文教师岗位考试的参考书；不少教育部门将此书作为教师考编用书；也有专业人士对于本书的编排形式很认可，认为是一本实用性很强的指导手册，能有效解决文字中的应用问题，可以作为学习汉语言文字的工具书和教材使用。因此，本书根据市场需求和内容调整需要，进行了修订与完善。

第二版在第一版的基础上主要做了如下工作：一是在第一、二、三编增加了一些常见的容易读错、容易写错的字和容易写错的词；在第五编“一”里增加了21条容易用错的词，在第五编“二”里增加了10条容易用错的成语；在附录中增加了“附录四 标点符号用法”“附录五 汉语拼音正词法基本规则”。二是对初版中的个别错误做了修订。

本书参加增订的人员与初版相同，大家利用暑假做了很多工作，在此表示衷心感谢。同时，也请各位读者提出宝贵意见，以便我们精益求精。

编 者

2022年7月

第一版前言

汉语言文字是中华各民族交流使用的通用语言文字。语言是说的，文字是写的。说得不对，写得不对，都会造成误解，影响交流。现在很多用人单位将应聘者的语言文字应用能力，即口头表达能力和书面表达能力列为“最需要”的能力。由于电脑的普及，“提笔忘字”现象严重，书写不规范，错字、别字、倒笔画司空见惯。由于语言习得时留下的错误或受网络语言习惯的干扰，许多人的辞令表达不够流畅清晰，误用词语的现象也随处可见。因此，提高语言文字的应用能力已成了素质教育的一项重要而基础的内容。本教材就是在这种背景下产生的。

我们试图以训练的形式来提高大学生、中学生以及从事语言文字工作的相关人员的汉语言文字应用能力。本书分为练习、答案、附录三个部分。练习者可以用铅笔在练习部分作答，同后面答案部分对照，检查自己相关语言文字知识的掌握程度。第一编“容易读错的字”检查读得正确与否；第二编“容易写错的字”检查写得正确与否，即写得是否成字，是否“缺胳膊少腿”；第三编“容易写错的词”检查是否写了别字；第四编“容易写错笔顺的字”检查文字书写的笔画顺序是否正确；第五编“容易用错的词”检查词语使用得正确与否。

附录部分有三个现代汉字的规范文本，即《通用规范汉字表》（2013）、《第一批异形词整理表》（2002）、《第二批异形词整理表（草案）》（2003）。前两个文本是今天汉字规范书写的依据，《第二批异形词整理表（草案）》仅作参考，有些结论还没有被《现代汉语词典》采纳，如“暗渡陈仓”，《现代汉语词典》第七版仍作“暗度陈仓”。

本教材适用于大学生、中学生（尤其是高中生应考），也适用于一切语言文字工作者，如大中小学教师、编辑、文秘工作者，也适用于公务员培训，还可作为汉字听写比赛的训练手册。

本教材的编写是合作的结果。分工如下：唐生周设计框架，并承担第四编、第五编、附录的编写和编纂；瞿继勇承担第二编、第三编的编写；瞿建慧承担第一编的编写。

本教材编写过程中，参考了很多同类书籍，相关书籍已列入参考文献，在此表示感谢。如有不妥，请联系本书作者。

编 者

2017 年 12 月

目　录

第一部分　练习题

第二部分　答案及解析

第三部分　附　录

第一部分

练习题

第一编　容易读错的字

一、容易读错的常用字

腌臜
狭隘
鏖战
把柄
扳平
薄纸
奔波
包庇
奴颜婢膝
殡仪馆
伯父
哺育
汗水涔涔
刹那
谄媚
徜徉
风驰电掣
瞠目结舌
驰骋
踟蹰
不啻
整饬
崇山峻岭
处女作
椽子

挨紧
谙熟
煎熬
大伯子
沙家浜
曝光
投奔
复辟
针砭
屏气
淡薄
账簿
差错
差不多
忏悔
场院
干坼
乘机
鞭笞
汤匙
彳亍
憧憬
冲床
罢黜
命运多舛

挨饿
不谙水性
拗断
纵横捭阖
剥皮
蓓蕾
迸发
刚愎自用
干瘪
摒弃
停泊
粗糙
差强人意
差遣
羼水
赔偿
嗔怒
惩创
痴人说梦
奢侈
叱咤
气冲冲
惆怅
相形见绌
创伤

白皑皑
熬菜
拗口
稗官野史
炮羊肉
并行不悖
卑鄙
麻痹
濒临
剥削
擘指
参差
搽粉
蟾蜍
为虎作伥
绰起
称职
澄澈
魑魅魍魉
豆豉
炽热
忧心忡忡
踌躇
揣摩
重创

凄怆	宽绰	绰绰有余	啜泣
辍学	瑕疵	伺候	烟囱
从容	淙淙流水	蹙眉	一蹴而就
璀璨	皴裂	忖度	蹉跎
痤疮	挫折	答应	一沓钱
呆板	逮老鼠	大夫（医生）	逮捕
殚思极虑	虎视眈眈	肆无忌惮	重担
当（本）年	当真	档案	悼念
追悼	提防	堤岸	的当
并蒂莲	缔造	嗲声嗲气	掂掇
玷污	订正	装订	恫吓
胴体	句读	拥趸	咄咄逼人
踱步	阿谀	婀娜	讹诈
恶心	扼要	恶霸	白发
梵语	蜚声	绯闻	菲薄
沸点	氛围	敷衍塞责	凫水
佛然	涪陵	果脯	束缚
准噶尔	言简意赅	大动干戈	葛粉
横亘	脖颈	哽咽	肱骨
供给	女红	提供	供认
勾践	佝偻	勾当	尽入彀中
呱呱坠地	骨朵	骨气	蛊惑
商贾	桎梏	纶巾	盥洗
粗犷	皈依	瑰丽	刽子手
鳜鱼	聒噪	哈达	尸骸
罕见	引吭高歌	沆瀣一气	平巷
呵欠	干涸	隔阂	上颌
一丘之貉	负荷	附和	喝彩
发横财	飞来横祸	道行	哄抢
起哄	一哄而散	囫囵吞枣	水浒传
芝麻糊	瓠子	徘徊	足踝
盘桓	豢养	病入膏肓	讳疾忌医

诲人不倦	污秽	隐晦	浑水摸鱼
混淆	混浊	搅和	和面
豁达	霍乱	窗明几净	放荡不羁
畸形	跻身	羁绊	通缉
无稽之谈	汲取	即兴	佶屈聱牙
棘手	嫉妒	狼藉	贫瘠
给予	脊梁	人才济济	成绩
古迹	觊觎	鲫鱼	事迹
汗流浃背	夹道	雪茄	夹袄
草菅人命	歼灭	缄默	渐染
信笺	眼睑	间断	僭越
离间	太监	姣好	咬文嚼字
矫枉过正	缴纳	围剿	地窖
发酵	校对	比较	秸秆
结实	开花结果	反诘	攻讦
孑孓	拮据	桔梗	事情结果
押解	情不自禁	衣襟	尽管
旌旗	粳米	颈项	杀一儆百
长颈鹿	痉挛	抓阄	韭菜
针灸	既往不咎	马厩	内疚
狙击	咀嚼	沮丧	矩形
龃龉	踽踽独行	前倨后恭	镌刻
隽永	书卷	猖獗	诡谲
角色	角逐	崛起	矍铄
攫取	倔强	一蹶不振	龟裂
细菌	隽秀	同仇敌忾	颟顸
鸟瞰	不卑不亢	窠臼	坎坷
恪守	可汗	溘然长逝	铿锵
倥偬	眍䁖	财会	脍炙人口
市侩	岿然	窥探	傀儡
感喟	邋遢	拉家常	丢三落四
落下了几个字	青睐	褴褛	书声琅琅

痨病
落枕
果实累累
罪行累累
妆奁
量入为出
镣铐
蒸馏
贿赂
捋胡须
荦荦大端
耄耋
愤懑
靡费
静谧
幽冥
含情脉脉
模样
不屈不挠
气馁
亲昵
嗫嚅
执拗
傩文化
呕吐
澎湃
彷徨
胚胎
纰漏
否极泰来
扁舟
饿殍

唠叨
奶酪
羸弱
擂台
潋滟
打量
趔趄
一绺头发
绿林好汉
掠夺
抹桌子
联袂
郁闷
奢靡
分娩
酩酊
抹墙
按捺
呶呶不休
赁高
隐匿
泥泞
驽马
诺言
怄气
蹒跚
咆哮
喷香
土坯
癖好
大腹便便
骠勇

烙印
勒索
擂鼓
罹难
入殓
寂寥
仓廪
雕镂
原形毕露
捋袖子
阴霾
闷热
蒙头转向
靡丽
腼腆
荒谬
蓦然回首
老衲
泥淖
拘泥
拈花惹草
宁死不屈
疟疾
怯懦
扒手
心宽体胖
炮烙
香喷喷
砒霜
开辟
胼胝
撇开

落色
勒紧
累计
暴戾
靓女
瞭望
囹圄
露底
棕榈
裸视
埋怨
扪心自问
蒙难
萎靡不振
乜斜
哭天抹泪
牟取
羞赧
木讷
匿名
啮齿
忸怩
虐待
讴歌
迫击炮
滂沱
炮制
抨击
毗邻
媲美
剽窃
一瞥

撇嘴
湖泊
琥珀
玉璞
一曝十寒
休戚与共
绮丽
关卡
缱绻
牵强附会
讥诮
惬意
衾枕
祛除
水到渠成
面面相觑
逡巡
妖娆
稔知
冗长
阮
丧钟
刹车
禅让
年少
人参
千乘之国
教室
枢纽
吮吸
螺蛳
塑料

嫔妃
朴刀
解剖
溥
沏茶
亓
休憩
悭吝
天堑
襁褓
翘板
锲而不舍
引擎
黢黑
通衢大道
怙恶不悛
麇集
围绕
烹饪
耳濡目染
偌大
缫丝
芟除
讪笑
折本
妊娠
似的
狩猎
刷白
瞬间
似乎
簌簌

乒乓
居心叵测
前仆后继
瀑布
栖息
歧途
修葺
虔诚
戕害
翘首
切菜
提纲挈领
亲家
曲折
曲高和寡
债券
冉冉
丰稔
妊娠
孺子
散装
堵塞
潸然泪下
嬗变
退避三舍
莘莘学子
舐犊之情
姝丽
涮羊肉
数见不鲜
怂恿
虽然

屏风
糟粕
匍匐
曝晒
蹊跷
颀长
迄今为止
掮客
勉强
地壳
胆怯
侵略
茕茕孑立
清癯
龋齿
商榷
攘除
荏苒
仍然
繁文缛节
散会
稼穑
扇风
赡养
威慑
海市蜃楼
谥号
倏忽
游说
朔方
宿仇
半身不遂

鬼鬼祟祟
鞭挞
饕餮
体恤
暴殄天物
请帖
如火如荼
蜕变
纨绔
崔嵬
因为
龌龊
独辟蹊径
兄弟阋墙
罅隙
籼米
鲜见
骁勇
白头偕老
叶韵
歆羡
半宿
远岫
和煦
炫耀
戏谑
睚眦必报
咽喉
河沿
梦魇
偃旗息鼓
赝品

婆娑
拓本
熏陶
倜傥
轻佻
字帖
荼毒
朝暾
瓜蔓
圩田
有条不紊
好高骛远
膝盖
呷啜
屡见不鲜
垂涎三尺
霰弹
混淆
采撷
机械
囟门
乳臭未干
长吁短叹
酗酒
眩晕
徇私舞弊
亚洲
湮没
妍媸
奄奄一息
吊唁
安然无恙

趿拉
叨扰
体己
孝悌
调皮
绿汀
湍急
囤积
崴嵬
推诿
龘声龘气
深恶痛绝
檄文
狡黠
翩跹
弓弦
关饷
筱竹
挟持
亵渎
省亲
铜臭
自诩
煊赫
穴位
逊色
倾轧
殷红
筵席
俨然
下咽
怏怏不乐

一塌糊涂
丝绦
剔除
恬不知耻
妥帖
悲恸
颓废
崴脚
逶迤
猥琐
斡旋
厌恶
潟卤
厦门
纤维
舷窗
枵腹从公
肖像
颉颃
纸屑
珍馐
星宿
抚恤金
大事渲染
噱头
殉情
揠苗助长
百花争妍
芫荽
衍变
酽茶
杳无音信

窈窕	发疟子	鹞鹰	因噎废食
揶揄	陶冶	拜谒	呜咽
笑靥	摇曳	耀晔	谒见
甘之如饴	颐和园	迤逦	旖旎
后裔	络绎不绝	奇闻轶事	肄业
熠熠闪光	游弋	造诣	自怨自艾
荫蔽	喑哑	一望无垠	荫凉
应届	应用	佣金	黑黝黝
良莠不齐	宽宥	尔虞我诈	年逾古稀
始终不渝	文娱	向隅而泣	逾越
愉快	伛偻	与其	参与
驾驭	卖儿鬻女	彧彧	老妪
寓情于景	鹬蚌相争	熨帖	鱼跃鸢飞
断瓦残垣	艺苑	苑囿	头晕
红晕	晕船	酝酿	愠色
柳荫匝地	扎小辫	登载	拒载
怨声载道	载歌载舞	装载	暂时
臧否	宝藏	确凿	咋舌
啧啧称赞	谮言	憎恶	赠送
咋呼	驻扎	札记	轧钢
择菜	占卜	精湛	客栈
破绽	蘸水	着数	着凉
沼泽	召开	肇事	折腾
贬谪	动辄得咎	蛰伏	铁砧
装帧	甄别	箴言	缜密
日臻完善	饮鸩止渴	赈灾	挣扎
症结	拯救	诤言	挣脱
症候	脂肪	踯躅	近在咫尺
标识	博闻强识	虫豸	对峙
鳞次栉比	刀耕火种	中肯	胡诌
啁啾	车轴	甲胄	压轴
伫立	杼梭	贮藏	拖拽

莺啼鸟啭	撰写	谆谆教诲	笨拙
弄巧成拙	穿着打扮	着陆	灼热
卓越	趑趄	髭须	桑梓
渣滓	油渍	恣意	诹询
箭镞	作坊	帝祚	柞蚕

二、容易读错的地名

秘鲁	华山	梁山泊	耒阳
柏林	北碚	蚌埠	亳州
郴州	东阿	东莞	涪陵
邗江	黄陂	珲春	监利
鄄城	井陉	崀山	丽水
临汾	六安	甪直	渑池
闽侯	番禺	鄱阳湖	任丘
三亚	十里堡	嵩山	莎车
台州	汶川	瓦窑堡	莘庄
鸭绿江	兖州	湛江	浙江

三、容易读错的姓氏

卞	缪	朴	鲍
谌	褚	郝	华
岑	令狐	戚	那
仇	单	佟	解
燕	尉迟	宁	冼
员	恽	臧	翟
诸葛	庾	於	

四、容易读错的历史专有名词

单于	妲己	鞑靼	皋陶
镐都	大宛	高句丽	回纥
可汗	阿房宫	老聃	郦食其
蔺相如	墨翟	毛遂	靺鞨
莫邪	哪吒	女娲	秦桧
龟兹	吐谷浑	瓦剌	玄奘
阏氏	张说	李逵	

五、容易读错的化学类用字

铵	胺	钯	苯
甙	胨	铬	钆
腈	嘌呤	钋	朴硝
锖色	羟	氰	噻
苏打	羧	羰	烃
氙	酞	锗	酯

第二编 容易写错的字

ā	ái　　ái	ài	ǎi
（　）臜	白雪（　）（　）	（　）护	暮（　）
ài	ài	ān	áng
狭（　）	（　）昧	（　）堂	斗志（　）扬
áo	áo	áo	ǎo
（　）游	（　）翔	（　）战	翁（　）
ào	ào	ào	bā
（　）口	（　）慢	（　）妙	（　）痕
bá	bá	bài	bài
（　）除	（　）涉	一（　）涂地	（　）访
bān	bàn	bāng	bāo
生（　）硬套	花（　）	（　）交	（　）罗万象
bāo	bào	bào	bēi
（　）贬	未窥全（　）	（　）殄天物	（　）鄙
bèi	běn	bí	bì
（　）壳	变（　）加厉	（　）子	（　）护
bì	bì	bì	bì
惩前（　）后	（　）帚自珍	刚（　）自用	麻（　）大意
bì	biāo	bīn	bǐng
（　）病	（　）炳	（　）蔚	（　）烛
bō	Bó	bù	bù
（　）云见日	（　）州	（　）伐	（　）落
cǎi	Cài	cān	cán
（　）摘	（　）锷	风（　）露宿	风卷（　）云
cán	càn	càn	cāng
（　）茧	（　）然一笑	璀（　）	（　）库
cè	cè	cè	chā
（　）所	（　）隐之心	束手无（　）	（　）叙
chá	chà	chái	chán
观（　）	宝（　）	（　）狼	（　）绕
chén	chéng	chěng	chī
望（　）莫及	（　）上启下	驰（　）	（　）笑
chì	chì	chǒng	chǒu
（　）咤风云	（　）责	（　）幸	（　）陋

chū (　　)级	chú (　　)房	chù (　　)立	chuán (　　)子
chuāng 满目(　　)痍	chuí (　　)直	chún (　　)朴	cōng 烟(　　)
còu 紧(　　)	cù 老陈(　　)	cuàn 抱头鼠(　　)	cuàn (　　)改
cuī (　　)巍	cuì (　　)弱	dá 一(　　)钞票	dǎo 舞(　　)
dàn (　　)生	dé (　　)天独厚	dé 品(　　)	dēng (　　)峰造极
dèng 板(　　)	dī 水(　　)石穿	dí (　　)系	dǐ (　　)毁
dǐ (　　)抗	diàn (　　)付	diàn (　　)基	dié (　　)床架屋
dǐng (　　)足而立	dòng (　　)梁	dōu (　　)售	dōu (　　)圈子
dòu 疑(　　)	dū (　　)促	duàn 绸(　　)	dùn 停(　　)
duǒ (　　)藏	duò 懒(　　)	é (　　)诈	è (　　)运
è 怒不可(　　)	è 惊(　　)	èr (　　)臣	fá 惩(　　)
fān 三(　　)五次	fán (　　)芜	fàn 模(　　)	fēi (　　)嫔
fèi (　　)腑	fèi (　　)寝忘食	fèng (　　)禄	fū (　　)衍
fú (　　)膺	fù 天(　　)	fù 作茧自(　　)	fù 颠(　　)
fù (　　)郁	gài 乞(　　)	gài (　　)化	gān　gà (　　)(　　)
gǎng (　　)湾	gāo 病入(　　)肓	gē 心如刀(　　)	gé (　　)绝
gé 胶(　　)之困	gēng 年(　　)	gēng (　　)地	gēng 鸡蛋(　　)
gōng (　　)维	gōu (　　)火	gǒu 一丝不(　　)	gū (　　)负
gǔ (　　)没	gǔ 一(　　)作气	gù (　　)佣	guǎ (　　)不敌众

guǎ 沉默（ ）言	guāi（ ）张	guān（ ）冕堂皇	guàn（ ）通
guàn（ ）溉	guī（ ）还	guī（ ）甲	guǒ 包（ ）
hān（ ）畅	hān（ ）态可掬	hán（ ）蓄	hàn（ ）林
hào（ ）令如山	hé 一丘之（ ）	hè 沟（ ）	hēng（ ）通
hóu（ ）门似海	hóu 咽（ ）	hú（ ）狸	hú 酒（ ）
huàn 变（ ）莫测	huāng（ ）无人烟	huáng 信口雌（ ）	huī 国（ ）
huǐ（ ）灭	huì（ ）星	huì 聪（ ）	huò（ ）然开朗
jī 歌（ ）	jī（ ）志	jī 无（ ）之谈	jī（ ）旅
jī 京（ ）	jí（ ）使	jí（ ）日	jí（ ）祥
jí 立（ ）	jí（ ）屈聱牙	jí（ ）迫	jí 荆（ ）
jí 聚（ ）	jǐ（ ）梁	jì 禁（ ）	jì（ ）然
jì（ ）祀	jì 发（ ）	jì 自古（ ）今	jiā（ ）节
jiā（ ）奖	jiān（ ）酸刻薄	jiān（ ）灭	jiān（ ）收并蓄
jiǎn 请（ ）	jiǎn 节（ ）	jiàn（ ）设	jiàn 贫（ ）
jiāng（ ）来	jiāng 万寿无（ ）	jiàng（ ）油	jiāo（ ）灌
jiē 昭然若（ ）	jié 团（ ）	jié（ ）足先登	jié（ ）净
jīn（ ）持	jǐn 严（ ）	jìn 沉（ ）	jìng（ ）争
jìng（ ）然	jiǒng jiǒng（ ）（ ）有神	jiǒng（ ）迫	jiǒng（ ）异
jiǔ 针（ ）	jiǔ（ ）菜	jiù 脱（ ）	jū 关关（ ）鸠

jù (　　)体	jù 家(　　)	jù (　　)会	jù 面面(　　)到
juàn 试(　　)	juàn (　　)顾	jué 诡(　　)	jué (　　)察
jué (　　)铄	jūn 细(　　)	jūn 千(　　)一发	kǎn　kǎn (　　)(　　)而谈
kǎo (　　)试	kè (　　)守	kòu 贼(　　)	kòu 豆(　　)年华
kuǎn (　　)待	kuí (　　)花	kuí (　　)首	lǎ (　　)叭
là (　　)椒	lài 万(　　)俱寂	lán (　　)珊	lí (　　)明
lí 樊(　　)	liǎn 收(　　)	liàn (　　)习	liàn　liàn (　　)(　　)不舍
liáng 偷(　　)换柱	liáo 民不(　　)生	liáo (　　)草	lín 莅(　　)
lǐn (　　)然	lóng (　　)刑峻法	lǒng (　　)断	Lú (　　)山
lú (　　)火纯青	lù 俸(　　)	lǚ (　　)行	mā (　　)布
mán (　　)天过海	mǎng 鲁(　　)	mǎo 毕(　　)	mào (　　)盛
mào (　　)险	mào 相(　　)	měi (　　)丽	mèi 愚(　　)
mèi 襟(　　)	mèi 梦(　　)以求	méng 启(　　)	Mì (　　)罗江
miǎn 冠(　　)堂皇	miè (　　)视	mò 唾(　　)	mù 和(　　)
mù 爱(　　)	náo 百折不(　　)	náo (　　)头	nǎo 玛(　　)
niǎo (　　)罗	niǎo (　　)娜	niè (　　)齿动物	nìng 奸(　　)
nòng (　　)巧成拙	nüè (　　)疾	nüè (　　)待	pán (　　)跚
pèi 充(　　)	pēn (　　)泉	pìn (　　)请	píng (　　)添
pō (　　)辣	pǒ 居心(　　)测	qī (　　)黑一团	qī (　　)茶

qí （　　）视	qí （　　）义	qì 收（　　）	qì （　　）约
qiā （　　）断	qiāng （　　）害	qiè （　　）而不舍	qīn （　　）略
qín （　　）奋	qīng （　　）睐	quān （　　）套	quán （　　）缩
quàn 债（　　）	quē （　　）乏	què 麻（　　）	què 声名（　　）起
rán 虬（　　）	rǎn 传（　　）	rǎn （　　）房	rǎo （　　）乱
rào 围（　　）	rě （　　）是生非	rèn 缝（　　）	rèn 发（　　）
róng （　　）洽	sà　sà 秋风（　　）（　　）	sāo （　　）扰	sàng （　　）失
shài （　　）太阳	shàn （　　）良	shàn （　　）长	shē （　　）欠
shè （　　）世未深	shèn 海市（　　）楼	shì 优（　　）	shì 解（　　）
shǔ 马铃（　　）	shù 别（　　）	shù （　　）边	shuāi （　　）弱
shuǎng （　　）朗	sù 追（　　）	suī 恣（　　）无忌	suì 作（　　）
sǔn 竹（　　）	suō （　　）衣	suǒ （　　）屑	tāo （　　）光养晦
téng （　　）写	tī 玲珑（　　）透	tì 喷（　　）	tiān 如虎（　　）翼
tú 如火如（　　）	tuī �（　　）	tūn 忍气（　　）声	tuó （　　）运
wō （　　）火	wò 肥（　　）	wǔ （　　）器	wù　xū （　　）（　　）变法
xī 熟（　　）	xī　xī （　　）（　　）攘攘	xǐ 迁（　　）	xì 嫌（　　）
xiá 闻名（　　）迩	xiá （　　）疵	xiá 应接不（　　）	xiàn 肉（　　）
xiàn （　　）慕	xiāo （　　）衣旰食	xié （　　）调	xiè （　　）任
xiōng （　　）膛	xuān （　　）泄	xuān 寒（　　）	yān 语（　　）不详

yàn yīng ( )舞( )歌	yǎng ( )望	yàng 荡( )	yáo ( )成
yáo ( )舜	yǎo ( )水	yē 因( )废食	yè 摇( )
yè 拜( )	yí ( )指气使	yǐ 不能自( )	yì ( )立
yì ( )扬顿挫	yì yì 神采( )( )	yì 安( )	yì 劳( )结合
yíng ( )接	yōu 利害( )关	yú 向( )而泣	yú 丰( )
yù 富( )	yuè ( )语	zǎi ( )相	záo 穿( )附会
zǎo 红( )	zào 香( )	zéi 窃( )	zhà 叱( )风云
zhǎn 灯( )	zhǎn ( )览	zhào ( )事	zhé ( )成
zhé ( )伏	zhēn 装( )	zhǐ ( )掌而谈	zhì ( )手可热
zhōu ( )边	zhǒu 敝( )自珍	zhuì 累( )	zhuó ( )磨
zī ( )乳	zǐ 渣( )	zuǎn 编( )	zūn ( )循

第三编 容易写错的词

āi	ǎi	ǎi	ài
（　　）声叹气	和（　　）可亲	（　　）然	（　　）滋病
ān	ān	àn	áo
（　　）熟	万马齐（　　）	（　　）然失色	独占（　　）头
bá	bá	bá	bǎi
飞扬（　　）扈	（　　）山涉水	（　）刀相助	纵横（　　）阖
bài	bān	bān	bǎn
（　　）官野史	（　　）门弄斧	以见一（　　）	（　　）上走丸
bǎn	bāng	bǎo	bào
长（　）坡	洋泾（　　）	永（　　）青春	自（　　）自弃
bào	bèi	bèi	bèi
（　　）发户	关怀（　　）至	并行不（　　）	英雄（　　）出
bì	bì	bì	bì
原形（　　）露	（　　）竟	民生凋（　　）	奴颜（　　）膝
bì	bì	bì	bì
大有（　　）益	金（　　）辉煌	遮天（　　）日	原物（　　）还
biān	biàn	bō	bó
针（　　）时弊	明（　　）是非	调（　　）	赌（　　）
bó	bó	bó	bó
（　　）杂	（　　）来品	脉（　　）	锡（　　）
bó	bù	bù	bù
赤（　　）上阵	按（　　）就班	开诚（　　）公	三（　　）曲
bù	bù	bù	cái
（　　）署	商（　　）	对（　　）公堂	大（　　）小用
cái	cái	cǎi	cǎi
因（　　）施教	别出心（　　）	无精打（　　）	兴高（　　）烈
cǎi	cǎi	cán	cǎn
丰富多（　　）	理（　　）	（　　）酷	（　　）无人道
cāng	cāng	cè	cè
（　　）海桑田	（　　）桑	凄（　　）	缠绵悱（　　）

chá 玻璃（　　）	chá 检（　　）院	chá 明（　　）暗访	chá 审（　　）
chá 胡子（　　）	chái 骨瘦如（　　）	chán （　　）联	chǎn （　　）媚
chāng 为虎作（　　）	cháng 扬（　　）而去	cháng 何（　　）	cháng 如愿以（　　）
cháng 好景不（　　）	cháng （　　）年累月	chè 天崩地（　　）	chè （　　）肘
chè （　　）销	chè 清（　　）见底	chēn （　　）怒	chén 良（　　）美景
chèn （　　）心如意	chèn （　　）语	chēng （　　）目结舌	chéng 老（　　）持重
chéng 相辅相（　　）	chéng 墨守（　　）规	chéng 计日（　　）功	chěng 驰（　　）疆场
chī 鞭（　　）	chī （　　）之以鼻	chí 一张一（　　）	chí 疾（　　）
chí 矜（　　）	chǐ 人所不（　　）	chǐ 豆（　　）	chǐ （　　）夺
chǐ 不足（　　）数	chōng 首当其（　　）	chōng （　　）憬	chóng （　　）峦叠嶂
chóu 一（　　）莫展	chóu 觥（　　）交错	chóu （　　）人广众	chú （　　）荛
chú （　　）议	chú （　　）柜	chù 相形见（　　）	chù 家（　　）
chù 发（　　）	chù 罢（　　）	chuān （　　）流不息	chuàn （　　）门
chuáng 石（　　）	chuí （　　）心泣血	chuí 鼓（　　）	chuō （　　）穿
chuò （　　）学	chún （　　）厚	cí 婉约其（　　）	cí 积极修（　　）
cí 强（　　）夺理	cí 义不容（　　）	cí 信口（　　）黄	cì　cì （　　）（　　）不休
cuàn （　　）改文件	cuàn （　　）改历史	cuì 出类拔（　　）	cuì 鞠躬尽（　　）
cuì 精（　　）	cuō 切（　　）	cuō （　　）跎	dài 责无旁（　　）

dài 严惩不（　　）	dài 以逸（　　）劳	dài 披星（　　）月	dài 感恩（　　）德
dài （　　）罪立功	dài 交（　　）清楚	dān　dān 虎视（　　）（　　）	dān （　　）搁
dān （　　）精竭虑	dàn 荒（　　）不经	dàn 肆无忌（　　）	dàn 皮（　　）
dāng 螳臂（　　）车	dāng 以一（　　）十	dāng 锐不可（　　）	dāng 独（　　）一面
dǎng 排（　　）	dàng 排（　　）	dàng 腾挪跌（　　）	dǎo 投机（　　）把
dǎo 循规（　　）矩	dào （　　）底	dǐ 官（　　）	dǐ 中流（　　）柱
dì 一语破（　　）	dì （　　）姒	dì 及（　　）	dì （　　）棠
dì 芥（　　）	dì （　　）眄	diān （　　）量	diān （　　）峰
diàn （　　）污	diàn （　　）记	diàn （　　）辱	diāo （　　）虫小技
diào 提心（　　）胆	diào （　　）以轻心	diào 尾大不（　　）	diào （　　）书袋
dié （　　）起	dié 城（　　）	dié 通（　　）	dié （　　）床架屋
dié 重（　　）	dié 层（　　）	dié 重门（　　）户	dié 更（　　）
dǐng　dǐng 大名（　　）（　　）	dòng 汗牛充（　　）	dú 连篇累（　　）	dú 穷兵（　　）武
dù 欢（　　）	dù （　　）过难关	duàn 一刀两（　　）	duō　duō （　　）（　　）逼人
é 巍（　　）	è 白（　　）纪	è （　　）耗	ěr 偶（　　）
ěr （　　）安远至	fá （　　）门	fān 三（　　）两次	fān （　　）然悔悟
fán 不同（　　）响	fán 要言不（　　）	fǎn 举一（　　）三	fáng 冷不（　　）
fáng （　　）碍	fēi （　　）声	fěi （　　）薄	fěi （　　）恻

fěi　　fěi　　fèi　　fèi

(　)然　　(　)夷所思　　(　)寝忘食　　浪(　)

fen　　fén　　fèn　　fèn

部(　)　　治丝益(　)　　缘(　)　　安(　)守己

fèn　　fèn　　fēng yōng　　féng

(　)发图强　　恰如其(　)　　(　)(　)而至　　阿谀(　)迎

fū　　fū　　fū　　fú

(　)浅　　(　)坐　　入不(　)出　　深(　)众望

fú　　fú　　fú　　fú

(　)帖　　(　)然　　(　)苓　　(　)射

fú　　fǔ　　fǔ　　fù

(　)尸百万　　(　)绸　　破(　)沉舟　　趋炎(　)势

fù　　fù　　fù　　fù

牵强(　)会　　一(　)中药　　物(　)民康　　反(　)无常

fù　　fù　　fù　　fù

无以(　)加　　名(　)其实　　(　)本　　(　)食

fù　　fù　　fù　　fù

一(　)手套　　(　)水难收　　翻云(　)雨　　颠(　)

fù　　fù　　gāi　　gài

(　)盖　　(　)郁　　言简意(　)　　英雄气(　)

gān　　gǎn　　gāng　　gāng

立(　)见影　　秸(　)　　金(　)石　　花石(　)

gāng　　gāng　　gāng　　gāo

(　)纪　　井(　)山　　金(　)钻　　(　)粱子弟

gào　　gén　　gèn　　gēng

(　)命　　捧(　)　　(　)古未有　　贵(　)

gēng　　gěng gěng　　gěng　　gōng

(　)续　　(　)(　)于怀　　(　)咽　　鬼斧神(　)

gōng　　gōng　　gōng　　gōng

(　)于心计　　前倨后(　)　　卑(　)屈膝　　事必(　)亲

gòng　　gòu　　gòu　　gòu

上(　)　　(　)病　　污(　)　　(　)和

gū　　gǔ　　gǔ　　gǔ

待价而(　)　　悬梁刺(　)　　(　)惑人心　　一(　)作气

gù　　gù　　gù　　guà

明知(　)犯　　依然(　)我　　沉(　)　　算(　)

guǎ （　　）蹭	guān 羽扇（　　）巾	guàn 鱼（　　）而行	guàn 恶（　　）满盈
guàn （　　）输	guàn 醍醐（　　）顶	guāng 发扬（　　）大	guǎng 粗（　　）
guī 萧（　　）曹随	guǐ 步入正（　　）	guǐ （　　）计	guǐ （　　）秘
guǐ 日（　　）	guì 米珠薪（　　）	guō （　　）耳	guō （　　）噪
guǒ 食不（　　）腹	guǒ （　　）蠃	hān （　　）态可掬	hán （　　）容
hàn 精（　　）	hàn （　　）接	hàn （　　）首	hàn （　　）墨
hāo 蓬（　　）	hào （　　）首穷经	hào （　　）月当空	hé 貌（　　）神离
hé 中（　　）	hé 饱（　　）	hé （　　）盘托出	hé 弹（　　）
hé 隔（　　）	hé 闸（　　）	hé （　　）泽而渔	hè 曲高（　　）寡
hè 随声附（　　）	he 凑（　　）	hēng 万事（　　）通	hōng （　　）堂大笑
hóng 宽（　　）大量	hóng 声音（　　）亮	hóng 声如（　　）钟	hóng （　　）炉燎发
hóng 霓（　　）	hóng （　　）沟	hóng （　　）儒	hóng （　　）篇巨制
hú 醍（　　）灌顶	hú 茶（　　）	hu 诈（　　）	hu 马（　　）
huà （　　）地为牢	huán 惨绝人（　　）	huàn 风云变（　　）	huàn （　　）然冰释
huàn （　　）然一新	huàn 精神（　　）发	huàn （　　）散	huāng 病入膏（　　）
huáng 张（　　）失措	huáng 富丽堂（　　）	huáng 城（　　）	huáng 彷（　　）
huáng 惊（　　）失措	huáng （　　）胺	huáng 蚂（　　）	huī 心（　　）意懒
huī （　　）谐	huī　huī （　　）（　　）有余	huì 融（　　）贯通	huì （　　）萃
huì 杂（　　）	huì 直言不（　　）	huì 韬光养（　　）	huì （　　）气

huì （　　）质兰心	huì 风雨如（　　）	hún （　　）身是胆	hún　hún （　　）（　　）噩噩
Hún （　　）春市	hùn 插科打（　　）	jī 珠（　　）	jī （　　）角
jī 侦（　　）	jī （　　）形	jī （　　）浊扬清	jī （　　）拿
jī （　　）身	jī （　　）录	jí 迫不（　　）待	jí （　　）早
jí　jí （　　）（　　）可危	jí 若（　　）若离	jí （　　）使	jí 可望而不可（　　）
jí （　　）待	jí （　　）风劲草	jí 痛心（　　）首	jí （　　）思广益
jí 剪（　　）	jí 贫（　　）	jí 杯盘狼（　　）	jí 典（　　）
jí 愤世（　　）俗	jí 大声（　　）呼	jí 眼（　　）手快	jì 不（　　）其数
jì 故（　　）重演	jì （　　）年	jì （　　）实	jì 黔驴（　　）穷
jì 模范事（　　）	jì 无（　　）于事	jì （　　）然	jì 一如（　　）往
jì 丰功伟（　　）	jì 纲（　　）	jì 传（　　）	jì （　　）录片
jì （　　）往开来	jì 光风（　　）月	jiā （　　）辰	jiā （　　）沦肌髓
jiā 胡（　　）	jiā （　　）趺	jiā （　　）宾	jiā （　　）奖
jiá 豆（　　）	jiá （　　）然而止	jiǎ （　　）角	jiǎ 肩（　　）骨
jiǎ 不（　　）思索	jiān 草（　　）人命	jiān 信（　　）	jiān （　　）雪
jiān 三（　　）其口	jiān （　　）壁清野	jiān （　　）口不言	jiǎn 挑肥（　　）瘦
jiǎn （　　）朴	jiǎn 精兵（　　）政	jiǎn 精（　　）	jiǎn 挑三（　　）四
jiǎn 披沙（　　）金	jiàn 蜜（　　）	jiàn 唇枪舌（　　）	jiàn （　　）忘

jiàn 糟（　　）	jiàn 肌（　　）	jiàn （　　）越	jiāo （　　）白
jiāo （　　）阳	jiǎo （　　）幸	jiǎo （　　）揉造作	jiǎo （　　）健
jiǎo 挖墙（　　）	jiǎo （　　）尽脑汁	jiē （　　）子	jiē 麦（　　）
jié 开源（　　）流	jié 目不交（　　）	jié 直（　　）了当	jié （　　）然不同
jié （　　）然一身	jié 攻（　　）	jiè 枕（　　）	jīn 一诺千（　　）
jīn 情不自（　　）	jīn 弱不（　　）风	jǐn 饥（　　）	jìn 精（　　）勇猛
jìn （　　）见	jìn （　　）若寒蝉	jìn 不（　　）人情	jīng　jīng （　　）（　　）业业
jǐng 陷（　　）	jǐng 以（　　）效尤	jìng 大相（　　）庭	jìng 耳根清（　　）
jìng 不（　　）而走	jìng （　　）挛	jìng （　　）然	jìng 毕（　　）
jìng 有志（　　）成	jìng 事过（　　）迁	jìng 物（　　）天择	jìng 穷原（　　）委
jiǒng （　　）然不同	jiū　jiū （　　）（　　）武夫	jiū 抓（　　）	jiù 既往不（　　）
jū （　　）鸠	jū 蹴（　　）	jū （　　）为茂草	jǔ 含英（　　）华
jù 才（　　）	jù 家（　　）	jù 前（　　）后恭	jù 面面（　　）到
jù （　　）为己有	jù 龙盘虎（　　）	jù 一应（　）全	jù 百废（　）兴
juān 细大不（　　）	jué （　　）别	jué （　　）对	jué 大放（　　）词
jué 竭（　　）	jué 一（　　）不振	jué 永（　　）	jué 赞不（　）口
jué 纵横（　　）荡	jūn 千（　　）一发	jùn （　　）急	jùn 疏（　　）
jùn （　　）工	kān 不（　　）之论	kān （　　）舆	kàng 不卑不（　　）

kǎo	kào	kē	kē
（　）贝	（　）劳	（　）头跳足	不落（　）臼
kè	kè	kēng	kǒng
（　）苦	（　）不容缓	一声不（　）	（　）偬
kōu	kòu	kū	kù
（　）瞜凹相	不折不（　）	（　）髅	纨（　）子弟
kuài	kuài	kuài	kuāng
狡（　）	（　）炙人口	外（　）	（　）骗
kuí kuí	kuì	kuì	kǔn
众目（　）（　）	昏（　）无能	功亏一（　）	（　）闱
lā	là	là	lài
（　）遢	（　）梅	心狠手（　）	死皮（　）脸
lán	lán	lán	lán
蔚（　）	（　）言	狂（　）	花（　）
lán	lán	lán	làn
（　）球	斑（　）	青出于（　）	（　）觞
làn	láng láng	lǎng lǎng	léi
（　）调	书声（　）（　）	（　）（　）上口	（　）祖
léi	léi	lǐ	lǐ
（　）绁之忧	（　）弱	赔（　）道歉	鞭辟入（　）
lǐ	lǐ	lì	lì
知书达（　）	强词夺（　）	鼎（　）相助	色（　）内荏
lì	lì	lì	lì
变本加（　）	再接再（　）	（　）精图治	（　）害得失
lì	lì	lì	lì
老骥伏（　）	暴（　）恣睢	史无前（　）	骈（　）
lì	lì	lì	lì
伶牙（　）齿	火中取（　）	淬（　）	风声鹤（　）
lì	lì	lì	lián
雷（　）风行	披肝（　）胆	铺张扬（　）	藕断丝（　）
lián	lián	lián	liàn
浮想（　）翩	（　）袂	并（　）	（　）句
liàn	liáng	liáo liáo	liáo
简（　）	黄（　）美梦	（　）（　）无几	穷困（　）倒
liáo	liè	liè	lín
眼花（　）乱	寒风凛（　）	泉水清（　）	（　）琅满目

lín （　　）峋	lín 甘（　　）	lín 遍体（　　）伤	lín 凤毛（　　）角
lín 毗（　　）	líng 高屋建（　　）	líng （　　）售	lìng 巧言（　　）色
liú （　　）连忘返	liú 蒸（　　）水	long 窟（　　）	lǒng 得（　　）望蜀
lù　lù 庸庸（　　）（　　）	lù （　　）力同心	lu 骨（　　）	luán 禁（　　）
lún 语无（　　）次	lún 囫（　　）吞枣	lún 满腹经（　　）	lún　huàn 美（　　）美（　　）
lún 巧妙绝（　　）	luó 门可（　　）雀	luò 脉（　　）分明	lǚ 衣衫褴（　　）
lüè 浮光（　　）影	lüè 攻城（　　）地	màn （　　）妙	màn 轻歌（　　）舞
màn 滋（　　）	màn 无理（　　）骂	màn 傲（　　）	màn （　　）山遍野
màn （　　）延	mǎng （　　）袍玉带	máo 初出（　　）庐	máo 时（　　）
máo 名列前（　　）	mǎo （　　）钉	mào 广（　　）	mào （　　）然从事
mèn 愤（　　）	měng （　　）懂	mí （　　）天大谎	mí （　　）语
mí 所向披（　　）	mí （　　）烂	mí 风（　　）一时	mí 羁（　　）
mǐ　mǐ （　　）（　　）之音	mǐ （　　）日不思	mì 奥（　　）	mì （　　）而不宣
mì 绝（　　）	mì 安（　　）	mì 甜言（　　）语	mián （　　）里藏针
miǎn （　　）为其难	miǎn 冠（　　）堂皇	miǎn （　　）怀	miǎo 岁（　　）
miǎo 虚无缥（　　）	miǎo （　　）视	míng 莫可（　　）状	míng （　　）信片
míng 自（　　）得意	míng （　　）思苦想	míng （　　）蒙	míng 死不（　　）目
míng （　　）哲保身	míng 莫（　　）其妙	mó 临（　　）	mó （　　）拜

mó　　　　　mó　　　　　mó　　　　　mó
（　）拳擦掌　（　）肩接踵　口（　）　（　）崖

mò　　　　　mò　　　　　mò　　　　　mò
（　）然回首　（　）不关心　（　）守成规　民（　）

mò　mò　　　mò　　　　　mò　　　　　móu
（　）（　）无闻　近（　）者黑　（　）齿难忘　（　）取暴利

móu　　　　　mǔ　　　　　mù　　　　　mù
未雨绸（　）　大（　）指　（　）捐　（　）名而来

mù　　　　　nà　　　　　nà　　　　　nà
肃（　）　腽（　）　百（　）本　按（　）不住

nài　　　　　nài　　　　　nǎn　　　　　nǎng
无可（　）何　俗不可（　）　（　）颜　（　）日

nǎo　　　　　nǎo　　　　　nǎo　　　　　nè
懊（　）　（　）羞成怒　玛（　）　木（　）

nì　　　　　nì　　　　　niè　　　　　niè
亲（　）　（　）爱　杌（　）　圭（　）

niè　　　　　niè　niè　　　niè　　　　　niǔ
（　）颥　（　）手（　）脚　分（　）　（　）于成见

niǔ　　　　　niǔ　　　　　nóng　　　　　nú
（　）怩不安　枢（　）　（　）肿　妻（　）

nú　　　　　nú　　　　　nǔ　　　　　nuò　nuò
罪不及（　）　（　）钝　强（　）之末　唯唯（　）（　）

ōu　　　　　ōu　　　　　ōu　　　　　ōu
（　）歌　茶（　）　金（　）无缺　斗（　）

ǒu　　　　　ǒu　　　　　òu　　　　　pái
（　）心沥血　无独有（　）　（　）气　（　）优

pán　　　　　páo　　　　　páo　　　　　péi
坚如（　）石　越俎代（　）　如法（　）制　（　）礼

péng　　　　　péng　　　　　peng　　　　　péng
（　）筚生辉　（　）湃　斗（　）　（　）胀

pī　　　　　pī　　　　　pī　　　　　pǐ
（　）漏百出　（　）沙拣金　（　）雳　嗜痂成（　）

pǐ　　　　　pì　　　　　pì　　　　　pì
颓（　）　鞭（　）入里　开天（　）地　荒（　）

pì　　　　　pì　　　　　pì　　　　　piān
（　）如　（　）谣　（　）邪　（　）跹

piān piān (　　)(　　)起舞	piǎo 饿(　　)遍野	pín 东施效(　　)	pīng (　　)婷
píng 草(　　)	píng (　　)眺	píng (　　)借	píng (　　)心而论
pǒ 心怀(　　)测	pò 糟(　　)	póu (　　)饮	póu 一(　　)黄土
pū 前(　　)后继	pū pū 红(　　)(　　)	pū 颠(　　)不破	pū (　　)朔迷离
pú pú 风尘(　　)(　　)	pú (　　)匐	pú (　　)玉浑金	pǔ 黄(　　)江
pǔ 鸭(　　)	qī (　　)茶	qī (　　)跷	qí 出(　　)不意
qí (　　)岖	qí 星罗(　　)布	qí 夸夸(　　)谈	qǐ (　　)用试卷
qǐ (　　)用干部	qì 付(　　)	qì (　　)今	qì 修(　　)
qì (　　)宇轩昂	qì 默(　　)	qì 雕(　　)	qì 起(　　)
qià (　　)如其分	qià (　　)谈业务	qián (　　)记	qiǎn (　　)责
qiǎn (　　)绻	qiàn (　　)夫	qiàn 勾(　　)	qiǎn 狐(　　)
qiàn (　　)收	qiāng (　　)螂	qiáng jí (　　)倾(　　)摧	qiǎng (　　)褓
qiāo (　　)确	qiāo 雪(　　)	qiáo (　　)装打扮	qiáo (　　)麦
qiáo (　　)悴	qiào 讥(　　)	qié (　　)蓝	qiè 露(　　)
qiè 提纲(　　)领	qìn 胡(　　)	qīng 山(　　)水秀	qǐng (　　)刻之间
qǐng 碧波万(　　)	qǐng (　　)欬	qìng (　　)竹难书	qióng qióng (　　)(　　)孑立
qiú (　　)狳	qū 委(　　)求全	qū 并驾齐(　　)	qū 首(　　)一指
qū 卑躬(　　)膝	qū (　　)折语	qū (　　)指可数	qū (　　)箧

qū （　　）疑	qú 清（　　）	quān 怙恶不（　　）	quán （　　）才末学
quàn 入场（　　）	quē 乙（　　）	què （　　）之不恭	què 鸠占（　　）巢
què 商（　　）	què 宫（　　）	què 前（　　）	què 欢呼（　　）跃
rán 防患未（　　）	ráng （　　）解	rǎng　rǎng 熙熙（　　）（　　）	ráo （　　）骨
rén 当（　　）不让	rěn （　　）苒	rěn （　　）弱	rěn 色厉内（　　）
rèn　rèn （　　）劳（　　）怨	rèn （　　）劲	rèn （　　）带	rèn 发（　　）
rèn 烹（　　）	róng 投笔从（　　）	róng 人参鹿（　　）	róng 峥（　　）
róng （　　）古铸今	róng （　　）为一体	róu　zuò 矫（　　）造（　　）	róu 杂（　　）
róu （　　）躏	róu （　　）料	rú 含辛（　　）苦	rú 耳（　　）目染
rú （　　）子	rú （　　）动	rù 坐（　　）	rù （　　）礼烦仪
ruì 方（　　）圆凿	rùn （　　）年	ruò （　　）大	sāi （　　）颊
sāi 鱼（　　）	sǎn （　　）子	sàng （　　）心病狂	sào （　　）痒
shā 羽（　　）	shā 大（　　）风景	shà （　　）血为盟	shà （　　）费苦心
shà （　　）时间	shān 阑（　　）	shān （　　）然泪下	shān　shān （　　）（　　）来迟
shàn （　　）笑	shàn （　　）脸	shàn （　　）罢甘休	shàn （　　）甲治兵
shàn （　　）壑专丘	shàn （　　）变	shàn （　　）养	shàn 丰（　　）
shāng 国（　　）	shǎng 激（　　）	shàng 礼（　　）往来	shāo 喜上眉（　　）
shāo （　　）纵即逝	shāo 斗（　　）穿窬	shāo （　　）箕	shāo （　　）公

shāo 鞭（ ）	shào （ ）色	shē （ ）账	shē （ ）族
shè 跋（ ）	shè 威（ ）	shè （ ）免	shè （ ）人魂魄
shēn 引（ ）	shēn 三令五（ ）	shēn 奋不顾（ ）	shēn 终（ ）受益
shěn 精（ ）	shèn （ ）景	shèn （ ）人	sheng 外（ ）
shēng 舍（ ）取义	shēng 谈笑风（ ）	shēng 终（ ）事业	shēng 歌舞（ ）平
shèng （ ）手	shèng 名（ ）古迹	shèng （ ）况空前	shǐ 驾（ ）
shǐ 鬼（ ）神差	shì 告（ ）	shì 身体姿（ ）	shì 大（ ）大非
shì 有（ ）无恐	shì （ ）君	shì 手不（ ）卷	shì 吞（ ）
shì 惹（ ）生非	shì 无（ ）生非	shì （ ）目以待	shì （ ）死如归
shì （ ）得其反	shǒu 额（ ）称庆	shǒu （ ）屈一指	shǒu 搔（ ）弄姿
shū 不辨（ ）麦	shū 布衣（ ）食	shú （ ）买	shú 私（ ）
shú （ ）罪	shǔ 中（ ）	shǔ 部（ ）	shǔ 行（ ）
shǔ （ ）名	shǔ 番（ ）	shǔ （ ）光	shù 富（ ）
shù （ ）口	shù 独（ ）一帜	shù 卫（ ）区	shuǎ （ ）弄
shùn （ ）息万变	sī （ ）空见惯	sī （ ）混	sī （ ）喊
sī （ ）杀	sì （ ）无忌惮	sì （ ）响	sōng 雾（ ）
sōng 吴（ ）口	sǒng 毛骨（ ）然	sòng 朗（ ）	sōu （ ）罗人才
sōu sōu 凉（ ）（ ）	sū 蟾（ ）	sū （ ）软	sù 起（ ）

sù
(　　)源穷流

sù
(　　)兴夜寐

suàn
装(　　)

suī
(　　)县

suī
恣(　　)无忌

suǐ
精(　　)

suì
鬼(　　)

suì
作(　　)

suì
(　　)道

suì
深(　　)

sūn
猢(　　)

suō
(　　)笠

suō
(　　)衣

suǒ
烦(　　)

tā
(　　)拉

tǎ
水(　　)

tà
(　　)来踵至

tà
杂(　　)

tà
纷至(　　)来

tāi
舌(　　)

tái
蒜(　　)

tán
(　　)花一现

tán
(　　)香

tán
天方夜(　　)

tǎn
偏(　　)

tǎn
(　　)胸露背

tàn
木(　　)

tàn
(　　)素

tāng
(　　)水过河

táng
荒(　　)无稽

táng
(　　)突

tang
名(　　)

táng
炉(　　)

táng
紫(　　)色

táo
嚎(　　)

táo
酕(　　)

táo　táo
其乐(　　)(　　)

téng
(　　)写

tí
前(　　)

tí
(　　)纲

tí
(　　)词

tì
破(　　)为笑

tián
(　　)不知耻

tián
义愤(　　)膺

tiāo
轻(　　)

tiáo
(　　)帚

tiào
(　　)望

tiē
妥(　　)

tiē
张(　　)

tiē
俯首(　　)耳

tiē　tiē
服服(　　)(　　)

tiè
字(　　)

tíng
教(　　)

tíng
(　　)除

tíng
分(　　)抗礼

tíng
蜻(　　)

tíng
雷(　　)万钧

tíng　tíng
(　　)(　　)玉立

tǐng
(　　)而走险

tōng
(　　)盘

tóng
(　　)孔

tǒng
竹(　　)

tǒng
(　　)瓦

tòng
千古一(　　)

tú
(　　)毒

tú
滩(　　)

tú
(　　)门大嚼

tú
如火如(　　)

tú
(　　)毒生灵

tuí
(　　)唐

tuì
(　　)化变质

Tuó
华(　　)

tuó	tuó	tuó	tuó
（　　）螺	秤（　　）	蹉（　　）岁月	（　　）鸟
tuò	tuò	wǎi	wǎi
击（　　）	（　　）弛不羁	海参（　　）	（　　）泥
wān	wán	wǎn	wǎn
（　　）豆	（　　）童	（　　）若	（　　）惜
wǎn	wǎng	wǎng	wǎng
凄（　　）	（　　）费心机	欺（　　）	凄（　　）
wǎng	wàng	wàng	wēi
置若（　　）闻	痴心（　　）想	名门（　　）族	（　　）蕤
wēi	wéi	wéi	wéi
（　　）峨	（　　）墨	（　　）杆	（　　）命是听
wéi　wéi	wéi	wěi	wěi
（　　）妙（　　）肖	（　　）目鸿耳	推（　　）	（　　）缩
wěi	wěi	wěi	wei
（　　）靡不振	（　　）亵	甘冒不（　　）	刺（　　）
wēn	wēng　wēng	wěng	wèng
（　　）神	（　　）（　　）响	（　　）郁	（　　）城
wèng	wō	wō	wō
（　　）菜	（　　）苣	（　　）寇	折臂（　　）足
wò	wò	wò	wò
运筹帷（　　）	优（　　）	（　　）旋	达（　　）尔族
wū	wū	wū　wū	wú
（　　）丝	（　　）砂	爱（　　）及（　　）	（　　）庸置疑
wú	wú	wǔ	wù
（　　）杂	（　　）蚣	（　　）然	山（　　）
wù	wù	wù	wù
（　　）面	心无旁（　　）	好高（　　）远	趋之若（　　）
wù	xī	xī	xī
宁缺（　　）滥	潮（　　）	（　　）世之珍	分崩离（　　）
xī	xī	xī	xī
（　　）惶	偃旗（　　）鼓	（　　）落	（　　）沥
xī	xī	xī	xī
白（　　）	月明星（　　）	祖（　　）裸裎	（　　）荟
xī	xī　xī	xí	xí
另辟（　　）径	（　　）（　　）哈哈	（　　）故蹈常	沿（　　）

xí 传（　　）而定	xí （　　）文	xǐ （　　）床	xǐ （　　）善远罪
xiá 促（　　）	xiá 闻名（　　）迩	xiá （　　）疵	xiá （　　）瑜互见
xiá 无（　　）顾及	xiá 目不（　　）接	xiān 翩（　　）	xián （　　）熟
xián 船（　　）	xiǎn （　　）犹	xiǎn （　　）足	xiǎn 苔（　　）
xiàn 汗（　　）	xiàn 图穷匕（　　）	xiāng （　　）房	xiāng （　　）嵌
xiáng 周（　　）	xiáng （　　）和	xiǎng 月（　　）	xiǎng 坐（　　）其成
xiàng 识（　　）	xiàng 征（　　）	xiàng 佛（　　）	xiàng （　　）皮
xiàng 肖（　　）	xiāo （　　）勇善战	xiāo 倾（　　）	xiāo （　　）声匿迹
xiāo （　　）韶九成	xiāo 气冲（　　）汉	xiāo　xiāo （　　）（　　）不休	xiǎo （　　）谕
xiào 不（　　）子孙	xiào 胁肩谄（　　）	xiào （　　）傲湖山	xié 歪风（　　）气
xié （　　）肩累足	xié （　　）嫌	xié （　　）行	xié （　　）声
xiè 缧（　　）	xiè （　　）妆	xiè 不（　　）一顾	xiè （　　）怠
xīn 气门（　　）	xīn 徙（　　）曲突	xīn （　　）香	xīn （　　）喜若狂
xīn 欢（　　）鼓舞	xìn （　　）门	xīng　xīng （　　）（　　）相惜	xīng　sōng 睡眼（　　）（　　）
xíng 模（　　）	xíng 如影随（　　）	xìng （　　）致索然	xìng （　　）然
xiōng　xiōng 气势（　　）（　　）	xiū （　　）养生息	xiù （　　）球	xiù （　　）病
xū　xū 气喘（　　）（　　）	Xū （　　）眙	xū 颛（　　）	xū 股（　　）
xū 长（　　）短叹	xǔ 自（　　）	xǔ　xǔ （　　）（　　）如生	xù （　　）余

xù 手（　）	xù （　）怨	xuān （　）泄	xuān （　）闹
xuān （　）嚣	xuān （　）宾夺主	xuān 寒（　）	xuān （　）赫
xuán （　）玑	xuàn （　）耀	xuàn （　）染	xūn　xūn 醉（　）（　）
xún （　）序渐进	xún （　）章摘句	xùn （　）期	xùn 雅（　）
xùn （　）私舞弊	xùn 不（　）私情	yá （　）眦必报	yá　yá （　）（　）学语
yà 倾（　）	yà 惊（　）	yà （　）苗助长	yān （　）没无闻
yán （　）蚩好恶	yán 蜿（　）	yán 屋（　）	yǎn （　）乎其然
yǎn 敷（　）塞责	yǎn 梦（　）	yàn （　）品	yáng （　）攻
yáng 徜（　）	yàng　yàng （　）（　）不乐	yáo 玉（　）	yáo （　）役
yǎo （　）无音信	yè 拜（　）	yè 集（　）成裘	yī 作（　）
yī 开门（　）盗	yí 透（　）	yí （　）笑大方	Yí （　）桥
yǐ （　）旎	yǐ 由来（　）久	yǐ （　）老卖老	yǐ 夜（　）继日
yì 游（　）	yì 不可思（　）	yì （　）立	yì （　）语
yì 造（　）	yì 苦心孤（　）	yì （　）站	yì 演（　）
yì 疆（　）	yì 一劳永（　）	yì （　）业	yì 词不达（　）
yì （　）棋	yì　yì 神采（　）（　）	yì 深情厚（　）	yì 辞严（　）正
yì 深明大（　）	yīn 绿树成（　）	yīn 绿草如（　）	yīn （　）席之臣
yín 一望无（　）	yǐn 上（　）	yīng （　）箓受图	yíng 坟（　）
yíng （　）惑	yíng （　）火虫	yíng （　）绕	yíng （　）联

yìng	yìng	yōng	yōng
化学反（　　）	反（　　）意见	痈（　　）	（　　）塞
yōng	yǒng	yǒng	yōu
蜂（　　）而至	歌（　　）	怂（　　）	（　　）柔寡断
yōu	yōu	yōu	yóu
生死（　　）关	（　　）静	（　　）长	怨天（　　）人
yóu	yóu	yǒu	yòu
记忆（　　）新	过（　　）不及	良（　　）不齐	苑（　　）
yú	yú	yú	yú
滥（　　）充数	阿（　　）	向（　　）而泣	始终不（　　）
yú	yú	yù	yù
（　　）期	负（　　）顽抗	（　　）示	手（　　）
yù	yù	yù	yù
视（　　）	手头宽（　　）	（　　）子孕孙	钟灵（　　）秀
yù	yuán	yuán	yuán
鬼（　　）伎俩	（　　）气大伤	断壁颓（　　）	滚（　　）
yuán	yuán	yuán	yuán
（　　）木求鱼	世外桃（　　）	（　　）门	幅（　　）辽阔
yuán	yuán	yún	yǔn
（　　）满	汤（　　）	耕（　　）	（　　）命
yùn	zā	zào	zào
（　　）藏	（　　）嘴	干（　　）	暴（　　）如雷
zào	zèn　mán	zé　zé	zhā
烦（　　）	（　　）下（　　）上	人言（　　）（　　）	面包（　　）
zhá	zhá	zhà	zhà
书（　　）	（　　）钢	敲（　　）	（　　）取
zhái	zhān　zhān	zhān	zhān
（　　）菜	（　　）（　　）自喜	（　　）妄	（　　）连
zhǎn	zhǎn　yì	zhǎn	zhàn
（　　）钉截铁	（　　）将（　　）旗	（　　）露头角	（　　）火
zhāng	zhāng	zhǎng	zhàng
改弦更（　　）	（　　）脑	（　　）潮	仪（　　）
zhàng	zhàng	zhàng	zhàng
（　　）款	鼓（　　）	一叶（　　）目	肿（　　）
zhàng	zhàng	zhāo	zhào
明火执（　　）	（　　）号	（　　）然若揭	（　　）令
zhé	zhé	zhé	zhě
动（　　）得咎	海（　　）	（　　）居	（　　）皱

zhè （　　）糖	zhēn 装（　　）	zhēn （　　）别	zhēn （　　）言
zhēn （　　）末	zhěn （　　）念	zhěn （　　）域	zhěn （　　）密
zhèn （　　）聋发聩	zhèn （　　）耳欲聋	zhèn 坐（　　）	zhèn　zhèn （　　）（　　）有词
zhēng 旁（　　）博引	zhēng （　　）狞	zhēng （　　）结	zhěng （　　）溺扶危
zhèng （　　）重其事	zhèng （　　）友	zhí （　　）意	zhí 仗义（　　）言
zhǐ （　　）趣	zhǐ （　　）尺天涯	zhì （　　）喜	zhì 出奇（　　）胜
zhì 轩（　　）不分	zhì （　　）远任重	zhì （　　）办	zhì 精诚所（　　）
zhì （　　）于	zhì 以（　　）	zhì 仁（　　）义尽	zhì 停（　　）不前
zhì 利令（　　）昏	zhōng （　　）肠	zhōng 莫（　　）一是	zhōng 一见（　　）情
zhōng 言不由（　　）	zhǒng 接（　　）而来	zhōu （　　）上抑下	zhōu　zhōu 文（　　）（　　）
zhōu 绿（　　）	zhū （　　）儒	zhū （　　）连蔓引	zhǔ 高瞻远（　　）
zhù （　　）立	zhù 孤（　　）一掷	zhù （　　）虫	zhuàn 编（　　）
zhuàn （　　）玉炊珠	zhuāng 梳（　　）打扮	zhuàng 招摇（　　）骗	zhuì （　　）集
zhuì　zhuì （　　）（　　）不安	zhuó 真知（　　）见	zhūn　zhūn （　　）（　　）教导	zhuó （　　）发难数
zī （　　）重	zī　zī （　　）（　　）汲汲	zǐ 床（　　）之私	zì （　　）意妄为
zǔ 刀（　　）余生	zuǎn 编（　　）	zuì （　　）尔	zuò 胡（　　）非为
zuò （　　）弊	zuò （　　）落	zuò （　　）游戏	zuò 当（　　）
zuò （　　）寿	zuò （　　）贼心虚	zuò （　　）壁上观	zuo 做（　　）

第四编 容易写错笔顺的字

序号	部件	笔画数	跟随式笔顺	字例（包含笔画、部件相似的字）
1	匚			区匹巨叵匝臣匠匡匜医匿[1]
2	丂			亏兮巧号考朽污拷烤铐聘
3	〢			临坚肾贤竖监紧鉴
4	刂			帅归师
5	冂			冈同网罔尚
6	乂			义区刈父爻凶风艾史交赵爽攀
7	九			丸仇艽旯旭旮
8	匕			化龙叱华花货靴牝讹哗桦烨 仑比北尼老死此旨批屁论妣枇毗
9	卩			卬印卯却卵即卸卿
10	阝			队阵防陆陲障隅　邓邨郐郏
11	丩			叫纠收赳
12	乃			仍扔艿孕氖奶
13	廴			廷延廼建
14	㔾			厄仓创卮殀宛危范报服卷沓顾
15	士			吉洁结桔壶秸　志壮壳声喜壹嘉
16	土			去圣圭坐寺侍诗痔等　周袁幸
17	丌			亓畀痹箅鼻
18	廾			异弄弃弁弈算弊
19	尢			尥尬尴
20	与			写屿玙欤
21	万			方厉劢迈枥砺疠
22	山			屹岁岂岌屿岖岐岚岗岛岔岑
23	犭			犯狈狄狂狃犹狍狠猥

① 每个部件之后列含该部件的字，或含与该部件笔画相似的部件的字若干，以作练习该部件书写之用，期能举一反三。有时也旁及其他部件的写法，如“乂”下的“区”，既涉及“乂”的写法，也涉及“匚”的写法。又如，在部件“月”之后，会列出“凡风凤用周”等并不含“月”的字，是因为“凡风凤用周”等字的首笔如“月”。有些字例可能重出，如“区”字分别出现在“匚”后和“乂”后。有些部件有包含与被包含的关系，如“卩”“卬”有包含和被包含的关系，之所以均作为部件，是因为“印”等从卩不从卬，而“仰”“迎”等从卬。例字一般只列简化字，个别没有含该部件简化字的列繁体字，如部件“鬯”列“郁”的繁体“鬱”。

序号	部件	笔画数	跟随式笔顺	字例（含笔画、部件相似的字）
24	丸			执纨孰
25	及			伋圾芨吸岌汲级极笈趿
26	丬			壮妆状将
27	门			闩闰闹闳闵闷闸闹闻阉阐
28	辶			辽边迈过达迅连迎逄透
29	彐			归刍扫寻当妇邹帚雪侵寝
30	卂			讯汛迅茕
31	尸			尺尼局屁尿尾居
32	巳			包异导祀巷巽
33	也			匜他地池弛她驰
34	女			妨妫妞妪姆妮妠姖　妆妻妾妄姜
35	叉			杈钗衩蚤
36	丰			丰蚌艳契耒耕耙　邦帮绑　刊　拜
37	王			玉主呈闰皇琵瑟　玻珑班琇瑳瑰瑁
38	巿			芾沛霈旆肺
39	五			伍吾圄
40	区			匹巨叵匝臣匠匡匜医匿
41	车			连轰辇辈
42	车			轨轩轫转轭轮轲轴较
43	戈			戊戉戌戍戎戒成或戕　弋犬
44	牙			伢讶邪芽呀迓穿鸦蚜衺雅
45	彑			橡掾缘篆
46	切			彻沏砌窃
47	瓦			瓩瓯翁瓴瓷瓶甍甕
48	止			正企此步武歧肯歫齿卸
49	冈			同网罔
50	牛			件牟牢牵犀犁犟犇
51	牜			牡牦牧物牯牲犏特牺
52	壬			任廷饪荏妊淫衽
53	升			陞昇
54	夭			乔忝添　饫沃妖袄跃
55	长			伥帐怅张胀账
56	片			版牍牌牖
57	凶			汹匈胸　画

续表

序号	部件	笔画数	跟随式笔顺	字例（包含笔画、部件相似的字）
58	月			肚肌肠期朗閒　凡风凤用周　有肖盲肯育 肩胃膏肾胥
59	丹			彤坍旃 青请情晴清
60	风			飏飐飒飓飕飘飙
61	卬			仰抑迎昂
62	内			离禽摛漓璃螭篱魑
63	方			放旗施旅族旌旋
64	火			灰炙炖炬炎炭炼烤烧烨焰燎燮
65	为			伪妫沩
66	斗			头买卖抖蚪
67	心			志芯忑忐忘沁忌忍态念忿恋德
68	⺗			忝恭慕
69	忄			忪恼恢愧惧愜悯惯
70	丑			扭妞纽钮羞馐
71	爿			戕牁牂奘寐臧寤　藏
72	办			协胁
73	毌			贯惯
74	毋			毐
75	甘			柑疳泔酣邯某谋
76	世			泄迣屉绁枼碟蝶谍喋
77	凸			
78	业			亚邺晋虚普谱噗濮璞蹼
79	甲			狎舺柙匣押胛钾岬闸呷鸭
80	申			伸神审坤呻绅砷抻
81	电			黾渑绳蝇　奄俺淹掩　龟阄
82	田			画男甸界畚畿　囚四团因回囡园围困囵国固图 图圄圆圙圈
83	由			邮岫油柚铀袖釉　黄寅
84	冉			再苒髯枏
85	禸			禹偶属瑀踽龋　禺偶隅嵎寓遇愚耦藕
86	凹			兕
87	生			胜性姓笙甥牲眚
88	印			茚鲫
89	乐			栎轹烁砾铄跞

序号	部件	笔画数	跟随式笔顺	字例（包含笔画、部件相似的字）
90	鸟			乌呜　鸠鸡鸬鸢鸣鸭鸥鸦鸩鸨鸳　鸵邬
91	必			苾泌宓毖秘密谧蜜
92	出			诎咄茁拙屈绌祟础粜黜
93	皮			坡披彼波玻破疲被颇
94	母			每拇海驰毒侮毓
95	耳			耷闻聱耸聂聋　耶耻耿耽聃职聆聊聒联聪
96	虍			虎虑虏虐虔虚
97	曲			典蛐澧醴
98	年			
99	臼			臾舀臿倪舀舂陷滔舅鼠韬稻蹈
100	延			埏涎诞蜒筵
101	舟			钠盘　舢舱舫舸舻舳舷舵艇艄艘
102	兆			佻挑洮逃姚桃眺窕祧跳
103	舛			荈舜桀瞬舞
104	夅			降洚逄绛胮
105	齐			齑　齌
106	州			洲酬畖
107	聿			建律津肆肄肇　庚秉捷唐康兼
108	那			哪挪娜
109	收			叫纠赳
110	丞			巹拯涨烝承蒸
111	戒			弁异弃弄弇弈弊
112	吞			蚕忝添舔
113	巫			诬鵐筮噬　小水永丞函承爽率燕
114	芈			
115	辰			振辱唇娠晨蜃震
116	里			理厘鲤锂俚埋狸哩娌　重量童垂
117	身			射躬躯躲
118	坐			齑
119	豸			豺豹貂貌
120	免			免兔勉挽娩　奂换涣焕唤痪　象像橡 鬼傀愧　卑婢碑
121	卵			孵
122	㡀			敝撇蔽弊憋凇瞥鳖鳖

续表

序号	部件	笔画数	跟随式笔顺	字例（包含笔画、部件相似的字）
123	非			韭辈悲
124	齿			啮龁龃龄龆龇龈龉龊龋龌
125	垂			陲捶唾睡锤箠
126	乖			乘剩
127	隹			隽雀集雅雄焦雇稚雏截霍
128	夜			掖腋液
129	疟			虐谑
130	学			学觉鸴
131	肃			萧潇箫啸
132	函			幽
133	革			靸靴靶靼鞅鞋鞑鞭
134	炭			碳
135	卸			御
136	臿			插歃
137	叟			搜馊廋嫂飕瞍瘦艘
138	鬼			嵬愧瑰魂槐魅魄魁魃魉魈魏魑魍
139	差			搓槎羞磋瘥蹉
140	叚			假葭遐瑕暇霞
141	癸			揆葵睽戣睽　登凳澄橙瞪
142	既			既概簪溉慨暨
143	敖			傲嗷慠遨骜獒熬聱鳌鳌　麦美妻
144	冓			媾觏篝
145	套			髟髡髯髻髫髭鬓鬣
146	党			尚堂常尝棠　光当肖
147	鬯			鬱
148	衰			蓑缞榱簑
149	离			禽摛漓璃螭篱魑
150	脊			塉嵴蹐膌瘠鹡
151	爽			
152	兜			蔸挽篼
153	祭			蔡察
154	凿			
155	鼎			鼐
156	弼			毳辔粥盥嬴羸臝鬻

续表

序号	部件	笔画数	跟随式笔顺	字例（包含笔画、部件相似的字）
157	寖			
158	臧			藏
159	燕			鄰嚥嬿曣
160	噩			鱷

第五编 容易用错的词

一、指出下面句子中误用的词并分析误用的原因，加以改正

1. 当然，中国古代天文学还包涵更广泛的内容，如中国古代特有的、精良的天文仪器的设计与制造，关于宇宙理论的探讨，以及对一系列天象特别是奇异天象的长期系统的观测与记录等，它们与历法一起，组成了中国古代天文学丰富多彩的体系。

2. 勤奋努力是一个人走向成功所必须的条件。而在有了些许成绩之后，我们必需谦虚谨慎，戒骄戒躁，方能有更大的作为。

3. 她是我爱过的唯一的女人，是我愿为之痛苦到死的女人，突然之间，她却变成了一个毫无廉耻的淫妇，成了年轻人的笑柄，成了众人所不耻的狗屎堆！

4. 海秀西路海秀桥路段路面出现塌陷现象，多辆由西向东经过该路段的大巴车陷落坑中进退不得。

5. 挑着一筐梨的小贩刚放下挑子，一个带袖章的城管走了过来。

6. 贵公司如果要在这里开洋行、办工厂，我们一定鼎力协助。就是这个招工不好办。老实说，我这个团想补充点人，还招不起来。难民虽说不少，都是流民。这寻母口（引者注：地名）有户口的，只有百来户人家。不好办哪。

7. 培养一代新风，不只是学校的事，而是整个社会的事。

8. 奶奶和我住在一楼，爸爸、妈妈住在两楼。我们家最近买了二台新电脑。妈妈买了一丈两尺的布料做了一件风衣。过二天我们学校就开学了，学校离我们家有两百两十公里，上学的时候，我和邻居小华二个人将结伴而行。

9. 狄拉克经过多年研究，终于发明了又一种新的基本粒子。

10. 个人情绪的发泄应当以不伤害他人的利益和情感为原则。

11. 韩非是先秦法家学说的集大成者，他的法制思想对秦王朝的建立起了很大的作用。

12. 她几次挑起话头，想和女儿谈谈，可是女儿的反映却很冷淡。

13. 商品价值、抽象劳动、具体劳动等，属于政治经济学的范围。

14. 这家工厂排放的废气，严重地污染了环境，妨碍了工人的健康。

15. 他们仿造古画很有功夫，可以说惟妙惟肖，简直达到乱真的程度。

16. 事情的过程已经证明你错了，你还分辨什么？

17. 秋风过处，落叶纷纭。

18. 我们不能因为他的一点错误就否决他的全部，要多看看他身上的优点。

19. 我夫人是江苏人，去年 11 月的时候，我们一家回江苏，晚上在饭店吃饭，第一次点了螃蟹。

20. 老人没有子女，病中全靠街坊邻居尽心扶植。

21. 偷税犯罪分子贺某几年来无证倒买倒卖货物，从中偷税达 13 万元，被判处有期徒刑一年，还被追缴了全部偷税款。法律的威力，不仅使违法犯罪分子认罪伏法，教育了纳税人，还为税务工作人员撑了腰。

22. 基德被关进了伦敦的新门监狱，由于所有的证据都被贝洛蒙拿走了，他无法证实自己的清白，……曾经的海军英雄、大名鼎鼎的基德船长成了政治的牺牲品，于 1701 年 5 月 23 日被绞死在泰晤士河边。……基德虽然已经服法，但是他多年来劫掠的财宝却始终下落不明。

23. 远远望去，门上贴着一幅对联：向阳门第春常在，积善人家庆有余。

24. 那个秃疮头，眼里流着泪，结结巴巴地求饶：上官金童……不，不，上官公子，饶命吧，小人家中，还有八十的老母需要抚养……

25. 可能是一时疏忽，你的文章中有几处不大通畅的语句，我斗胆加以斧正。

26. 这个经历了八百年风雨腐蚀的土塔究竟能保存多久，实在难以预料。

27. 土壤经过改善，更适合种植小麦。

28. 价值最初是在商品交换中概括出来的一个经济学概念。

29. 本质上不同的事物，应该个别对待，不应该混为一谈。

30. 就这样，他说我写，不大会儿的功夫，一份报告就写出来了。

31. 工厂抓生产，既要注意功效，也要讲究质量，二者不可偏废。

32. 大型动画片《人猿泰山》即将在南京各大影剧院公演。

33. 许多出租汽车单位设立了监督电话，以便与乘客勾通情况，监督自身的服务质量。

34. 当她写东西写得疲倦了的时候，她还会沿着我们窗后的那条柏油小路慢慢地踱来踱去。有时是彻夜不眠后的清晨，有时甚至是月黑风高的夜晚，哪怕是在冬天，哪怕峭厉的风像发狂的野兽似的吼叫，卷着沙石噼里啪啦地敲打着窗棂……那时，我只以为那不过是她的一种怪僻，却不知她是去和他的灵魂相会。

35. 关于乡镇企业非法用地和农村居民非法占地建房的处罚，法律仅规定了拆除和没收，这在农村很难操作。

36. 她把心血全都贯注在孩子身上。

37. 这条公路贯串本省十几个县。

38. 有记者问（法国总统萨科齐）：“您在去年十一月首次对中国进行国是访问时曾参观过在建的‘鸟巢’体育场，您对北京奥运筹备有何感想?”

39. 这种说法只说明那是一个“过度时期”，而没有说明是从什么状况到什么状况的过度。

40. 谁都很难猜透他说这话的含义。

41. 他的话方音很重，何况又说得快，我几乎没有听懂。

42. 既然叫“中学生文库”，就要编得合适中学生阅读。

43. 为了躲避敌人的追捕，她化妆成一个阔太太，打扮得珠光宝气。

44. 世俗流传太白以捉月骑鲸而终，本属荒谬。

45. 凡在本店购货满 300 元者，本店将惠赠一份精美礼品。

46. 洋泾浜是上海外滩的一段，位于洋泾浜（河名，早已填没）和黄浦江会合处。

47. 赵明十分诧异地问："难道他现在还没有想好考文科或者理科?"

48. 每个生命肌体内部的遗传密码都是统一的。

49. 全新的载体可以激发优秀传统文化的因子，使之释放出夺目的光彩。

50. 我们一定要鼓足干劲，不失时机地搞好春耕生产，为争取全年的农业丰产打下坚固的基础。

51. 这就是说，一旦你选择了计算科学作为你终生为之奋斗的专业领域，就等于你选择了一条布满荆棘的道路，一条充满艰难的人生之路。

52. 这本书在世界文学史上并没有什么地位，但经林纾用他那简捷的文字一译，立刻增色不少，引起很多人的注意。

53. 李工程师写的这份产品说明书比较啰唆，还是余工程师写得比较简略。

54. 舒乙先生最后讲到：母亲的一生是完美的一生，她有一个完美家庭，一个完美追求，一个完美事业，最后画上一个完美的句号。

55. 宋蔼龄……想到了一项无人交待但必须要做的工作，那就是整理孙中山的简历，以便随时向新闻界公布，让全体中国人也让全世界认识孙中山、了解孙中山。

56. 我国大型深水港——山东石臼港的建设进展顺利，截止 9 月中旬，已完成施工计划的 90%。

57. 在抗洪前线，人们打破了单位的界线，不分彼此，互相支援，协同作战。

58. 《西游记》第十四回：老母道："我有这一领绵布直裰，一顶嵌金花帽。……长老啊，你既有徒弟，我把这衣帽送了你罢。……我那里还有一篇咒儿，唤做'定心真言'，又名做'紧箍儿咒'，你可暗暗地念熟，牢记心头，再莫泄漏一人知道。"在观音菩萨教授唐僧咒语之后，唐僧让孙悟空去取干粮，包裹里面有衣服和紧箍咒，孙悟空好动，发现紧箍咒后，问唐僧并说紧箍咒好玩让送与他，于是自己便戴上了紧箍咒。

59. 由于交通事业的迅速发展，进而为城乡物资交流提供了更为有利的条件。

60. 这是该镇进行的第七批农村青年集体婚礼。

61. 要防止个别企业、个别人借改革之机鲸吞国家财产。

62. 这么大声音，竟然你没听见?

63. 亲戚这层关系就把人千丝万缕地纠葛在一起了。

64. 经过半年多的努力，在四川省土生土长的小列，终于获得了在北京的居留权。

65. 两边的山坡上、镇子里，到处堆积着缴获的枪支弹药，到处聚积着俘虏兵。

66. ① 那个餐馆太坑人了，我绝不会再去那里吃饭了。② 太阳决不会从西面升起。

67. 科学对社会的影响，一方面决定于自身的发展水平，另一方面决定于被公众理解的程度。

68. 空气和阳光从门的上半截往里灌，或者通过气窗、天花板和矮墙之间的空档进入店堂，半人高的矮墙上面有便于装卸护窗板的滑槽，结实的护窗板清早卸下，傍晚装上之后再用铁门锁得严严实实。

69. 二见泽一（引者注：人名）又踩车闸（引者注：当即车刹），挂上空档，让引擎空转，最后挂上低档，让车全速行驶。

70. 张大千仔细看了看石质、形状和款式，连声赞道："好，好，果真是宋赵佶的一方御砚。"

71. 很多人说李某某很能拉拢人心，果然不假。

72. 婚姻登记机关可以根据当事人或厉害关系人的申请宣告婚姻无效吗?

73. 湛江电视台的少儿节目，广大少年儿童提供了丰富多彩的精神粮食。

74. 邻近建军节，湛江市党政拥军慰问团慰问了南海舰队。

75. 感谢各位领导的聆听。

76. 许多人埋怨他们太忙，找不到时间阅读。

77. 沙漠一直蔓延到了遥远的天边。

78. 你对待工作如此态度，莫非不感到惭愧吗?

79. 中国人的耐心、韧性、吃苦耐劳，真是天下无双。

80. 景观的包容性很强，囊括很多自然和人文的因素。

81. 老大爷笑着对他说："你才五十出头，还年青嘛!"

82. 这茶叶因保管不善，吸收了异味，其品位大受影响。

83. 1952 年，张爱玲移居香港，六十年代定居美国。期间她仍创作不辍。

84. 为提高生产能力，我们厂从今年年初开始起用了新的生产流水线。

85. 宽阔的车间，一百多人围坐在机器旁，倾听董事长的谈话。

86. 曾经瓜分过非洲的西方国家，或许依旧怀有一种难以割舍的"后院情节"。

87. 科技人员在工作之余通过劳动获取合理报酬的权力应当得到尊重。

88. 在今天举行的决赛中，我国选手有实力染指金牌的项目是女子 100 米蝶泳和女子马拉松比赛。

89. 砂糖放在热水中很快就会融化。

90. 他善于左手横拍，风格凌厉，球路刁钻。

91. 以后，努尔哈赤与舒尔哈齐都以建州卫都督的身分，多次进京"朝贡"。

92. 《胡厥文生涯：从资本家到副委员长》

93. 追求不对称美是当今的一种时髦。

94. 本条例自公布之日起实行。

95. 某某这次物理试验考试不及格。

96. 李易安在她的《金石录后序》中，描写他们初婚贫困的时候，怎样喜爱字画，又买不起字画！以后生活转好，怎样地慢慢收集字画，以及金石艺术品，为着这些宝物，他们盖起书楼，来保存，来布置；字里行间，横溢着他们同居的快乐与和平的幸福。

97. 现在，我书写的七字墓碑，正树立在状元坟，树立在层层墓碑的包围之中。

98. 张晓庆成为湖南首位"农民工"全国人大代表，在为期 15 天的人大会议期间，她代表进城务工人员发声，站在他们的角度提交提案，审议政府工作报告。

99. 看来事出有因，早在四年前，就听说自己金榜提名，却被别人冒名顶替。

100. 多方证实，MH370 航班在越南胡志明市管制区同管制部门失去通讯联络，并失去雷达信号，客机未进入中国空管情报区。

101. 她推脱身体不好，不肯参加这次又脏又累的建厂劳动。

102. 如果说猴子比人还聪明，那不是等于说人在蜕化?

103. 初中三年，我都是老师的宠儿，在同学中也很有威望，一直担任着班里和校团委的干部。

104. 学界资深人士称孙先生的《教育管理学》博大精深，是当今教育管理学界的问鼎之作，足见其造诣之深。

105. 象她这样的人，虽然形像好，却是金玉其外，败絮其中，难以担当重任。

106. 美国的富人很多曾经是穷人，他们不是依靠继承遗产而毫不费力地过上富裕生活的。他们饱尝心酸，长期同逆境搏斗，对于贫困深有体会。

107. 现在回头看自己过去写的东西，有很多错误，有的是自己学历不够，有的则是时代使然。

108. 他自言曾当过元世祖忽必烈近身随从及扬州政要的光辉事迹也已淹没无闻。

109. 林丹劝他说："俗话说：'留得青山在，不怕没柴烧。'你还是跟俺一齐走罢！"

110. 三个人忽然一起跪下，向陆小凤叩头道："你是老子，我们都是你的龟儿子。"

111. 他摔断了右手，以至两三个月无法记笔记。

112. 企业要合法经营，不能靠歪门邪道来盈利。

113. 灵活性原则，这要求咨询者在不违反其他咨询原则的前提下，视具体情况，灵活地应用各种咨询理论、方法，采用灵活的步骤，以便最有效地取得咨询的效果。

114. 新闻标题：2014 世界小姐大赛落幕　21 岁南非小姐折桂冠。

115. 面对群众一封封的举报信，检察院决定对陆坦立案侦察。

116. 爬到山顶，小李对着群山大喊了一声，回声振荡山谷。

117. 1991 年 8 月 10 日，一条新华社电讯振动全球：中越两国外交部负责人在北京就政治解决柬埔寨和中越关系问题进行磋商。

118. 现代化的北京迫切需要现代舞团，现代舞艺术更需要扎根于现代化的北京城，这已是无可质疑的事实。

119. 今年 6 月，业委会决定中止和原物业公司的合同关系，准备招聘新物业。

120. 不吸烟饮酒的人，大都是自控力极强的人，一般可托终生。

121. 我在闹市买了一套三居室住房，欢迎同人到我家作客。

二、分析下面各句中成语误用的原因

A

1. 哀兵必胜：我们是哀兵出征，哀兵必胜。我们的总体实力还不强，所以要放低姿态，一场一场地拼。

2. 爱不释手：什么样的幸福能让人爱不释手呢?

3. 安之若素：能让一个女人安之若素的男人必是她深爱和依赖的，能让一个男人安之若素的女人也必是美丽而坚韧的，能让原本陌生的两个人安之若素地寄放彼此的心和眼睛，这样的情感也必是温暖绵长的。

B

4. 白驹过隙：从 12 秒 91 到 12 秒 88，看似白驹过隙的短暂瞬间，却逾越了从奥运冠军到世界纪录的鸿沟。

5. 白云苍狗：从这方面来考量，其他的所谓“盛世”，由于时间太短，如过眼云烟白云苍狗，没有上述三大盛世（引者按，指汉朝盛世，大唐盛世，康乾盛世）的恢宏盛大，全盛也只是空谈而已，最多是昙花一现，从严格意义上来说并不能称为“盛世”。

6. 稗官野史：在这样混乱的文化市场中，稗官野史、低俗读物充斥着书架，表现出一种急功近利的状态。

7. 班门弄斧：那些关心人类社会发展、关心国家命运和前途的科学家和专家们，他们关心青年一代的成长，欢迎青年一代班门弄斧。

8. 暴虎冯河：《题辽南金牛山联》上联为：天长地久，日月如梭，金牛飒爽辽南卧。刺破洪荒，轰轰烈烈，洞育初人欣用火。石器尖尖，耕田猎兽，维护生存齐奋斗。史海茫茫，更朝换代，滚滚波涛吞百怪。却有黎民，皇皇美善，智勇无穷迎挑战。暴虎冯河，勤劳建设，盖世功勋书史册。

9. 本末倒置：追求名利就是为了让自己获得更好的生活和实现人生价值。但是人们却常常在追求的过程中本末倒置，将追求名利变成了第一位的目标。

10. 比翼双飞：近年来，长岛军民不断探索双拥共建活动的新路，促进了海岛经济的发展和部队的全面建设，社会生产力和部队战斗力齐头并进，比翼双飞。

11. 筚路蓝缕：20 世纪以来，社会主义市场经济，筚路蓝缕，随着中国改革开放事业的全面深化推进，迈向了新的历史起点。

12. 敝帚自珍：把故乡拿来敝帚自珍，是挺令人扫兴的。

13. 婢作夫人：第九十六回特意安排已是婢作夫人的春梅回到西门府。

14. 鞭长莫及：别看擦灯罩儿是小事儿，比如靠近长筒筒的下面，肚儿的上面，有块真空地带，无论从上、从下伸手去擦，都是擦不到的地方，常留个小黑圈儿！这需要用一根筷子，头儿上用布和旧棉花包起来，像个捣蒜的锤儿，伸进灯罩之中，来擦这块鞭长莫及的地方，便可以扫穴犁庭了！

15. 变本加厉：为什么孩子在校没有问题，在家却变本加厉？

16. 别无二致：要是恒星数量是无穷无尽的，那么整片天空中就应该是别无二致的光明……因为在这样的天空中，绝不会存在没有恒星的地方。

17. 兵不血刃：东道主法国队兵不血刃，5∶2 大胜本届杯赛最大黑马冰岛队。

18. 不耻下问：毛泽东青年时读书不耻下问，找到了马列主义的真髓，年逾花甲仍不耻下问，努力学习英语。

19. 不孚众望：三五九旅不孚众望，他们坚持“一面作战，一面生产”，经过艰苦的劳动，到 1944 年播种面积达到 26.1 万亩，不仅全部自给，而且做到了“耕一余一”，还向边区政府交了 1 万石公粮。

20. 不寒而栗：一天之中，有四百多人被杀。尽管那天不冷，但当地人听到这个消息后都吓得不寒而栗。

21. 不经之谈：反本开新在意义追寻上的贡献无疑是最大的，当然争议也是最大的，因为在其他思想流派的学者看来，现代新儒家尤其是心性论者把个体价值依存和社会秩序架构的可能性都交给道德圆成实在是不切实际得过分，甚至是一种思维的臆想，是西方老黑格尔主义的畸形的演绎，今天再谈内圣外王的构想是不经之谈，但是，争议意味着它具有价值，因为，争议本身代表着人们对它的重视，这个问题的争论远没有结束。

22. 不胫而走：只要下决心推进政府预算改革，强化财政收支透明度，小金库自然会不胫而走。

23. 不绝如缕：春节期间，王府井大街上到处是游玩购物的人，直到天黑还不绝如缕，热闹极了。

24. 不刊之论：为提高本刊的整体质量，为读者奉献更好的精神食粮，从即日起，面向广大读者征集哲理散文。请读者朋友不吝赐稿，谢绝文字粗劣的不刊之论。

25. 不可理喻：扶苏自杀的事件，……当我对秦始皇的历史做了更深入的考察后，觉得事情也许并非如此简单，在个人性格品德的因素之外，可能还另有不为人知的隐秘，另有更为深沉的历史背景，隐现在不可理喻的史实后面。

26. 不可思议：一美国男子在中国多次撒野动粗，近日在公交车上将女司机打得鲜血直流。对这种不可思议的洋流氓，必须依照中国法律严惩不贷。

27. 不名一钱：这个我曾经视为英雄的男子汉，他的冷漠，他的残忍，他的目无人道，使他转眼之间在我心中不名一钱。

28. 不情之请：一些领导干部以各种各样的名义向下属单位或企业伸手“借”车。下属单位和企业有求于这些领导干部，自然不敢不借。而领导干部的不情之请，也让在廉风劲吹之下正苦于“无计可施”的别有用心之人，看到了可乘之机。又是租金全免，又是油耗全报，甚至想“借”多久就多久。

29. 不忍卒读：网络小说多矫情之作，且文笔拙劣，不忍卒读。

30. 不容置喙：即使没有姚明，中国男篮仍是不容置喙的亚洲老大。

31. 不衫不履：有了感情，即便不衫不履，吃糠咽菜，甚至茅屋为秋风所破，也一样让人感到温暖，而人间至情恰是温暖二字。

32. 不以为然：去年就不断听人提起网络小说《第一次亲密接触》，当时不以为然，后来看了后觉得是小青年关于网络情缘的浪漫幻想，不过尔尔。不料，现在它竟然这么“红火”。

33. 不以为意：王琦瑶知道，像张永红一类的女孩子，总是要犯高不成低不就的错误。她们仗着长得好，衣着时髦，又因为同时有几个男孩追逐，就以为这男朋友是由她们挑由她们拣的。……所以倒不如那些自知不如人的女孩，能够认清形势，及时抓住机会。王琦瑶觉着有责任将这番道理讲给张永红听，心底里也是想煞煞她的傲气。王琦瑶想：谁的时间是过不完的呢？张永红却不以为意，甚至还有几分不服，觉着王琦瑶把她看低了。

34. 不赞一词：光明日报的读者也许早已注意到了：这张报纸第二版下角，常常出现一些高级知识分子的非正式讣告。写得简略之至，不赞一词——讣告本来也是无须多费笔墨的。那些虚张声势、皇皇布告的吹嘘，反而令人失笑。

35. 不知所云：陈寅恪先生上课时旁征博引，还不时夹着所引史料的数种语言文字，这使得外语尚未过关、文史基础知识贫乏的学生，简直不知所云。

36. 不足为训：教师在惩罚时也要做到有度。惩罚过少，不足为训；惩罚过多，消极悲观；“量刑”过轻，助长恶习；“量刑”过重，伤害身心。

C

37. 惨淡经营：列瓦伊公司从“世界第一”走向惨淡经营，发生在 80 年代的初期，它沉下去的教训值得深思。

38. 侧目而视：小草欣欣然挺立于路边，快活地眨着眼，微风中翩然起舞。油黄的绿意，这是冬天上海的绿色，常引人侧目而视。

39. 曾几何时：曾几何时，学习，学的是为人之道。学习的目的，曾是陶冶人格。人们更注重心态与处世之法，而非知识。大家也会努力让这些美德成为自己的血肉，而不是单纯的信息。学者之所以受人尊敬，也是因为他们不仅学识过人. 还有极高的人格魅力。

40. 差强人意：超过一半的广东学生因认可台湾高校水平选择到台湾求学，但台湾高校在广东的招生效果仍差强人意。

41. 姹紫嫣红：这是 2 月 25 日在长沙橘子洲头拍摄的姹紫嫣红的红梅。

42. 车载斗量：在一千多年前的中国，文盲车载斗量。

43. 踌躇满志：联合国秘书长安南面对纷繁的国际形势曾经踌躇满志，但如今，残酷的现实使他陷入了黔驴技穷的境地。

44. 处心积虑：这家濒临破产的国有企业，自从他当上厂长后，经过他三年处心积虑地经营，终于扭亏为盈，走出了困境。

45. 春秋笔法：何先生是个颇具中国画功底的人，对中国画的春秋笔法十分稔熟，寥寥几笔，一个鲜活的形象便跃然纸上。

46. 蹉跎岁月：时过境迁 30 多年，悠悠岁月，始终抹不掉深深的记忆。在那蹉跎岁月里，我从那些淳朴、善良的山里人身上，学到了许许多多的东西，练就了吃苦耐劳的坚强意志和刚毅进取、宽容豁达的人格，体味了各种人生的困厄与磨难，体验了人世间的冷暖与凄苦。身处逆境，懂得了如何面对人生，如何面对生活、热爱生活、珍惜生活。所有这些一直深深地影响着我。

D

47. 殚精竭虑：“三青团”成立后，康泽任组织处代处长，通过学校团队压制进步学潮，通过武装特务破坏抗日行动，成为公认的实权派，为蒋介石的反共事业殚精竭虑。

48. 当仁不让：这人一贯爱占便宜，碰到对自己有好处的事情，总是当仁不让，所以大伙都不怎么喜欢他。

49. 灯火阑珊：我们在小弄里逗留了半天，出来的时候已是灯火阑珊。只见江滨道上彩灯闪耀，尽显现代气息。

50. 鼎力相助：今后，凡是在论文发表、课题研究以及教学改革等方面需要帮助的，我一定鼎力相助。这也是我职责范围内应尽的义务。

51. 鼎足而立：单位的女同事在数量上与男人们鼎足而立，所以有事时是热闹，无事时也可生非，总之没有冷场的时刻。

52. 豆蔻年华：处于青年时期的大学生，豆蔻年华，正是精力旺盛、记忆力最强的时期；正是装载知识、发展能力的最佳时期。

53. 多如牛毛：有时是不是觉得认识的朋友虽然多如牛毛，但真正可以交心和帮你的却寥寥无几？

E

54. 耳濡目染：那次奥赛，陈竞最终没有拿到一等奖。但她表现得很平静。在父亲洒脱心态的耳濡目染下，她也渐渐形成了非常大气的胸襟：富有进取心又不对一时的成败斤斤计较。

55. 耳熟能详：对于发生在校园的事情，同学们虽然耳熟能详，但因为缺乏一定的观察能力和感受能力，所以往往熟视无睹。

56. 耳提面命：每到清明等重要日子，仍有人以烧纸等传统方式缅怀亲人、悼念逝者、祭祖扫墓。为此，银川市有关部门专门划定了可以用传统方式祭祀的区域，同时严格禁止在其他地方乱烧、乱丢、乱摆、乱放。值得人们深思的是，这样显而易见的不文明行为（引者按，指祭祀时乱烧、乱丢、乱摆、乱放的现象），何以就禁绝不了？何以要有关部门一次又一次耳提面命？

F

57. 翻云覆雨：辛弃疾继承并发扬了苏东坡的豪放风格，以翻云覆雨的笔力，激昂跌宕的气势，抒情言志，针砭现实，形成南宋词坛一大流派。

58. 反戈一击：反戈一击不难，反击得巧妙却很困难。接过对方带有侮辱性的话语，表面看是要向对方屈服，不料突然一个反转，对方已经被自己击中。这样的幽默由于突然的反转就增添了戏剧性。

59. 方兴未艾：《木屋问题 方兴未艾》中提到，木屋问题是多年来一项颇为严重的问题，由于木屋被当作“非法屋”，因而迫迁事件一再发生。近年来，木屋居民要求拥有居住权利的抗议呼声愈来愈高，报章新闻亦经常见到。

60. 粉墨登场：“五四”不仅仅是德先生、赛先生、费小姐的粉墨登场，“五四”也不仅仅是一曲简单的爱国主义赞歌。

61. 风声鹤唳：聪明的人选择去适应这个环境，并借助它让自己更好地成长。当然这并不是表示“我认输，我屈服了”。愚笨的人则自顾自地怨天尤人，日子也过得风声鹤唳。

62. 风雨如磐：笔者采访了这位文武双全、智勇兼备的公安民警——惠州市公安局副局长张道华，和他一道走进了他那风雨如磐的岁月。

63. 凤毛麟角：以上这些土星的神奇之处还只是凤毛麟角，土星还有许多秘密在等待着我们的探索。

64. 附庸风雅：天津人，京海两派的休闲雅士。……天津男人懂得幽默，生活不但休闲，而且附庸风雅，古玩书画都有所涉猎，学术气氛是全国最浓的城市之一。

65. 付之一笑：反馈（feedback）是发送——接收者相互间的反应。你对我讲一个笑话，我付之一笑，这就是反馈。

G

66. 改头换面：过去我的家乡植被被严重破坏，多次受到沙尘暴的侵袭，在政府的积极治理下，只不过几年的时间，就改头换面，山清水绿，牛肥羊多了。

67. 感同身受：库里肖夫效应是一种心理效应，是指库里肖夫这位苏联电影工作者在十九岁的时候发现的一种电影现象，并由此发现了蒙太奇构成的可能性、合理性和心理基础。从心理学来说，这是把自己的感受投射到对方的心里，令对方与自己感同身受，在这样一种心境下，对方会更容易伸出援助之手。

68. 高屋建瓴：行走于程洋冈，在田园菜畦之间、茂林修竹深处，可以看到一幢幢、一片片参差错落的屋舍。鳞次栉比的屋面，高耸挺拔的山墙……高屋建瓴，古艳绚丽，极具河洛气息、汉唐风韵的普通屋舍，在外地人看来，俨然就是一座座缩小了的"皇宫"。

69. 各有千秋：武侠小说的造诣，也可以说各有千秋。

70. 耿耿于怀：不管过去是美好还是惨淡，不管你付出了多少，都不要耿耿于怀。

71. 功败垂成：2001 年 4 月至 5 月期间，（西班牙恐怖组织）"埃塔"曾经 3 次在不同场合密谋击落时任西班牙首相的何塞·玛利亚·阿纳尔的专机，然而皆功败垂成。

72. 狗尾续貂：诗歌没有古代、近代、现代和当代之分，当我读李商隐的作品时，会觉得埃兹拉·庞德的意象诗是狗尾续貂。

73. 刮目相看：虽然弦高这话说得十分客气，但字里行间却透露出犀利的语气，他的弦外之音是你们要偷袭郑国，但这个消息已经走漏出去了，郑国早已经有了准备，由于秦强郑弱，郑国才派出了使者慰劳秦军，以尽礼仪之道，如果秦国不识相，那就只好兵刃相见了。他那软中带硬的语气，无一不透露出犀利的意味，语言内容中带着比较强硬的成分，令秦军刮目相看。

74. 管窥蠡测：作家不深入生活，坐在屋子里管窥蠡测，就创作不出受人民群众欢迎的作品。

75. 鬼斧神工：乌尤山为睡佛的"佛头"，乌尤山的山嘴就像是睡佛高高隆起的"肉髻"，景云亭为其眉毛，额头、鼻子、嘴唇和下巴都是由山顶的树冠组成的，这一部分真可谓是大自然的鬼斧神工，惟妙惟肖。

76. 果不其然：听说这位气功大师能够功发疾消，今天会了他一下，果不其然，他没有那么大的能耐。

77. 裹足不前：受次贷危机影响和欧元持续走低，今年意大利的市场显得十分萧条，60%的华人企业裹足不前。

78. 过犹不及：张国立说："我强烈反对韩剧、日剧、一切国外的剧。"……张国立的观点有点过犹不及。

H

79. 邯郸学步：我们虽然缺乏管理经验，但可以向先进企业学习，起初可能是邯郸学步，但终究会走出自己的路来。

80. 汗牛充栋：（对股票投资）过于自信的例子汗牛充栋，这里就不再罗列了。

81. 浩如烟海：这次商品博览会，聚集了全国各地各种各样的新产品，真可谓浩如烟海，应有尽有。

82. 呼之欲出：能得到这张照片的人屈指可数，从这个方向去想，凶手不就是呼之欲出了？

83. 虎视眈眈：战士们正趴在堑壕沿上，紧握着钢枪，虎视眈眈地望着敌营。

84. 涣然冰释：由于太平洋暖流的影响，去年春天来得早，春节刚过，北海公园就涣然冰释，让喜欢滑冰的人大失所望。

85. 绘声绘色：这场戏真演得绘声绘色，赢得满场观众的喝彩。

86. 火中取栗：腐败官员一个接一个地被抓，可为什么仍然有那么多官员赴汤蹈火、前赴后继地火中取栗呢？

87. 祸起萧墙：近年来，伊拉克因受制裁，人民生活困难。最近又遭美英飞机的袭击，真是祸起萧墙。

J

88. 吉光片羽：此刻，读了刘副主席的报告，真不啻恍若隔世中，看到了祥和的云端间洒下的吉光片羽。

89. 集思广益：国有企业改革的攻坚目标已经确定，如何保证这一目标的实现呢？两代会上，代表和委员们集思广益，各抒己见。

90. 集腋成裘：小错误也不能放过，须知集腋成裘，小错积多了，也会对工作造成大的损害。

91. 济济一堂：我家近旁新开设了一间连锁店，货架上各种日用品济济一堂，品类齐全，货美价廉，很受顾客欢迎。

92. 坚苦卓绝：在党的领导下，经过几十年坚苦卓绝的奋斗，中国从苦难走向光明。

93. 艰苦卓绝：尽管詹天佑率领数万工人，以艰苦卓绝，百折不挠的精神组织施工，这条铁路最终还是没能完工。

94. 间不容发：近段时间，“超级女声”在全国巡回演出，每到一处，那场面人山人海，摩肩接踵，真可以用间不容发来形容。

95. 紧锣密鼓：就在他们紧锣密鼓地企图销赃灭迹，谋划着如何逃过此难之际，王俊武被请到海南省纪委。

96. 敬谢不敏：到如今，我看到红萝卜，依然敬谢不敏。心想，是谁把红萝卜带到中国的？如果地球上没有红萝卜，不知多美好？

97. 举案齐眉：张民一家三代，十多年来和睦相处，互敬互爱，举案齐眉。

K

98. 侃侃而谈：现在一些地方台，也有的地方官发表新年贺词时，往往鸿篇大论，侃侃而谈，言之无物，不关乎民生。

99. 慷慨解囊：仅仅靠一双脚板，踏山量河，一块块地四处拾捡，所得奇石极为有限，为了充实自己的“奇石王国”，他常常慷慨解囊，上门求购别人珍藏的奇石。

100. 空谷足音：傍晚的大山中空无一人，非常寂静，他感到恐慌，空谷足音格外响，更增添了几分恐怖。

101．空前绝后：那十年间，所见、所闻、所感、所思、所要急切倾诉给别人的，在我的生命史上，恐怕要空前绝后了。

102．口无择言：后人往往惊诧于其（引者按，指李白）对圣贤的任意唐突，好像个人没有什么一贯的思想倾向，实则都是他性喜冲动，口无择言，故每有前后相悖的表现。

103．苦心孤诣：显然，这是在将自己神秘化或圣化，其目的当然在于正其宗、扬其道、扶学统、正道统，虽是苦心孤诣，但还是其志可嘉、其情可表的。

L

104．连篇累牍：遵照陈毅的指示，在 20 世纪六七十年代，中瑞间开展了一系列经济与人文交流。中国艺术团在伯尔尼、巴塞尔的演出场场爆满，中国举办的展览会和在洛迦诺电影节上放映的影片，观众如潮。报刊上有关中国的报道也是连篇累牍。

105．良莠不齐：在进行体育赛事解说评论时，一些专家或嘉宾的水平也良莠不齐。

106．两小无猜：王毅和焦大平是“紫云英”男篮的两个主力队员，他俩既是同乡又是同学，两小无猜，在场上配合得非常好。

107．洛阳纸贵：意大利的文艺复兴风潮同时带动了人们追求精致生活的情趣，因而带有香味的手套曾一度洛阳纸贵，一套难求。

108．络绎不绝：温带气旋大多数为锋面气旋，它们是温带地区自西向东的匆匆过客，络绎不绝地此生彼消，从多方面影响着人类的生活以及经济和生产活动。

109．略胜一筹：对于房价在全国略胜一筹的北京来说，经济适用房的低价位无疑对工薪阶层具有巨大的吸引力。

M

110．漫不经心：日常生活中，成人如果过分地表扬成绩优异的孩子，往往会使他们因没有清醒的自我认识而骄傲自满起来；而对正取得进步的学生采取漫不经心、冷淡的态度会使得他们丧失信心。

111．慢条斯理：开出医院不到半分钟，李女士远远看到，一位身穿大红色衣服的大妈站在马路边，李女士特地减慢了车速。让她意想不到的事情发生了：离车还有七八米远的距离，大妈像慢动作回放般，慢条斯理地趴下了！

112．名不虚传：“1”号杀手名不虚传　鼠疫是人类有史以来遇到的最烈性的传染病，至今仍在危害人类，被列为国际检疫传染病，中国则在《传染病防治法》中将其列为甲类传染病之首，俗称“1”号病。鼠疫杀手极其残暴，致死率高达 30%～100%。

113．名山事业：现在有些朋友热衷于“名山事业”，多年来收藏书刊，乐此不疲，我往往坦率地告诉他们：“雅好”可以，但不大可能凭此解决重大课题，藏书家的时代已经过去了。

114．漠不关心：这则笑话因为对漠不关心人民疾苦的官员讽刺得很有力量，所以在民间流传很广，影响极大。

115．莫衷一是：在日常生活和工作中，人们之间常常会发生一些辩论，在辩论中人们总是各执一词，莫衷一是，互不相让。

116. 目无全牛：许多行家的写作经验有一条：动笔前最好按照构思的轮廓编拟一个写作提纲。在提纲上多下功夫，就能做到“胸有成竹”，写起来就不会“目无全牛”。

117. 沐猴而冠：1936 年 5 月 12 日，伪“蒙古军政府”在嘉卜寺正式成立。日本关东军副参谋长今村、参谋田中隆吉等人参加了大会。在大会上由云王、索王、沙王以正、副主席的名义（实际上以上三王都没有到会）任命德王（引者按，指德穆楚克栋鲁普）为总裁，负实际责任，掌握军政大权，实行独裁统治。从此，德王便成为“合法的”日军傀儡，沐猴而冠，粉墨登场。

N

118. 南辕北辙：那天，我和他在车站依依惜别，而后就南辕北辙，各奔东西了。

119. 年富力强：老王虽说已经退休了，但他精力充沛，在许多事情上都显示出他是个年富力强的人。

P

120. 蓬荜生辉：中华母亲文化委员会的倾心推荐，更使拙著蓬荜生辉。

121. 胼手胝足：我们听到了他们的爱情誓言。真正的爱情不是那风花雪月的缠绵悱恻，而是历经沧桑岁月的磨砺、风雨同舟后胼手胝足的浓郁情愫。

122. 评头品足：邓小平为决议画龙点睛，4000 名高级干部对决议评头品足，政治局扩大会议多次讨论，100 多位民主党派代表畅所欲言，终于拿出了一个国内外高度关注的文稿。

123. 抛砖引玉：人的一生一世，才不过数十年……但素贞，她的一生一世或许是无穷无尽：千年、万年、十万年……？即使许仙付出了一生，他还是抛砖引玉。

124. 破镜重圆：当对方带着歉意找到你的孩子，寻求谅解的时候，让孩子大方地伸出友善的手，给对方一个宽容的拥抱，然后继续做朋友，这是一种完美的“破镜重圆”。

125. 扑朔迷离：云就像天气的“招牌”，看云可以识天气；但必须有丰富的经验，因为云的变化是扑朔迷离的。

Q

126. 期期艾艾：他们是有意地想表现一个落魄文人，在北京孤苦无助、期期艾艾的生活。

127. 七月流火：七月流火，但充满热情的岂止是天气，今天我们全校师生以火一般的热情在这里欢迎郁慕明先生一行。

128. 起死回生：扁鹊又把盛满热水的袋子放在太子的腋下，不一会儿，太子就苏醒了。君王和大臣在一旁看着太子起死回生，高兴极了。

129. 乔装打扮：她虽然已四十五岁，却偏爱当个老来俏，小鞋上仍要绣花，裤腿上仍要镶边，每天都要涂脂抹粉，乔装打扮一番。

130. 巧夺天工：山上的石头奇形怪状，有的像猴子嬉戏，有的像双龙衔珠，有的似莲花盛开……真是巧夺天工。

131. 巧舌如簧：巧舌如簧，字字如金。（《北大财富课》的一个标题）

132. 秦晋之好：中国与全球天然气储量第五位的土库曼斯坦已正式结成秦晋之好。

133. 倾国倾城：愁看京口三军溃，通说扬州七日屠，山海关是国家的大门，中华门城堡是城市的屏障，一旦失守，便难逃倾国倾城的命运。

134. 青云直上：文化教育青云直上，卫生保健幸福无疆

135. 情不自禁：爸爸动脉硬化，两只手经常会情不自禁地抖动起来，已经多年不写东西了。

136. 罄竹难书：《清平乐・白求恩》：鸿鹄风度，一瓣心香著。尽瘁捐躯汪洋渡，一纸诔文毛赋。一生忙乎如毂，功德罄竹难书。寄语高山流水，明烛花束怀鹄。

137. 求全责备："不责人小过，不发人阴私，不念人旧恶。三者可以养德，亦可以远害。"（《菜根谭》）这句话的意思是，他人的小过错不要求全责备，更不要去挖掘他人的隐私，而对于过去的仇恨要学会既往不咎。要培养自己的道德修为，这三点是最基本的要求。不但可以培养自己的修养，更可以让自己趋利避害。

138. 趋之若鹜：齐白石画展在美术馆开幕了，国画研究院的画家竞相观摩，艺术爱好者也趋之若鹜。

139. 雀屏中选：入行以来，胡蝶陆续主演了《姊妹花》《女儿经》《美人心》《绝代佳人》等多部影片，……从 1933 年到 1935 年，她连续三年雀屏中选"电影皇后"，成为中国电影史上唯一的"三连冠"影后。

R

140. 人老珠黄：等过几年田某人老珠黄，他光荣退役之日，就是穷愁潦倒之时。

141. 人满为患：每到节假日，稻香村总是人满为患，它究竟拥有怎样与众不同的服务使得消费者能不顾拥挤并且保持如此之高的忠诚度？

142. 人面桃花：中国的女性拥有什么样的面色，才能得到大家的认可？唐代的才子崔护有诗为证："去年今日此门中，人面桃花相映红。人面不知何处去，桃花依旧笑春风。""人面桃花"四字，写的是少女的脸像桃花一样透着红润的光彩，这是一种打动人心的美。

143. 人去楼空：5 月 18 日，记者探访海军陆战队某旅营区，偌大营院人去楼空。战备公路上，该旅两栖装甲突击车、新型自行榴弹炮、运输车、炊事车、油车、水车如钢铁长龙，前不见头，后不见尾，浩浩荡荡驶向某地海滩，开始一年一度的海训。

144. 忍俊不禁：坐在我身边的一位外国记者忍俊不禁，"扑哧"一声笑起来了。

145. 如火如荼：1998 年 3 月，正当亚洲金融风暴如火如荼之际，一年一度的中国华东出口商品交易会也在上海开幕了。

146. 如丧考妣：我爷爷是处女座。关于这一点，我是在他葬礼上我爸致辞时知道的。当时我们一群人如丧考妣。尽管无数回用这个词语形容悲痛，但这一次，是真正的如丧考妣。

147. 如数家珍：他们对领导的生活困难、兴趣爱好知之甚少，对老百姓的需求、生活困难如数家珍。

148. 如坐春风：天移地转，五星红旗在中华大地冉冉升起，从此，华夏儿女都有了"家"，我们同是兄弟姐妹，即使是半残的老人，单身远行，也如坐春风！

S

149. 舍本逐末：人生的诀窍就在于发现自己的优势并经营它。若舍本逐末，用自己的弱项和别人的强项拼，失败的只能是自己。

150. 涉笔成趣：写事件，不写其来龙去脉，只取其涉笔成趣的地方加以渲染。

151. 身临其境：与主题有关的细节如果能够描述得具体生动，会给人一种栩栩如生、身临其境的感觉，可以大大增强讲话的感染力。

152. 身无长物：我们生下来都是无知的，因此要不断地学习，把学习的成果，转化成美丽的内修果实。而暴躁除了显示自身的自负大于自信，脾气大于本事，自视甚高又身无长物之外，别无他用。

153. 莘莘学子：走在桂子山的林荫道上，余一娇不时与擦肩而过的同学们打招呼，午后的阳光暖暖地照着这些莘莘学子年轻的脸，他们，不正是余一娇所称的中国网络的“青年近卫军”吗？

154. 甚嚣尘上：群雄逐鹿——甚嚣尘上的中国乳业竞争格局。

155. 师出无名：徐雯波除了对张大千照顾得无微不至外，自己的绘画技艺也日益精进。可她师出无名啊，怎么办？于是，就有了拜马寿华先生为师一事。

156. 师心自用：我把所讨论过的相关诗词记录了下来，也加进一些自己的感悟，尤其把我比较独到的理解记录下来，并结合有关信息论的处理方法，形成了一个个具体的诗话和词话，它除了涉及具体处理方法的问题外，还涉及诸如文字、美学、翻译等方面的点滴论述，这些师心自用的文字，希望对所讨论的诗词有更确切、更精准的理解。

157. 石破天惊：然后是风云突变、石破天惊、地动山摇、山呼海啸、天地变色。

158. 十室九空：随着我国经济的发展，农村大量的青壮年劳力进城或到沿海发达地区打工。在偏远山区，青壮年劳力十室九空。

159. 始作俑者：论新诗的“始作俑者”——胡适。

160. 首当其冲：英语学习方法，背单词首当其冲。

161. 首屈一指：孙皓是三国时期首屈一指的暴君。

162. 首鼠两端：英国在缅甸的战略可以用“首鼠两端”来形容……英国一边是把缅甸作为抵抗日军东进印度的战场，企图把日军遏制在缅甸土地上，因而谋求中国出兵缅甸共同抵抗日本侵略；一边则是实施“弃缅保印”战略，在缅甸作战时为保存实力，置盟军安危于不顾，一再后撤避敌。之后，又置打通滇缅、中印援华国际交通线于不顾，多次阻挠盟军在缅甸的反攻计划，以维护其自身的利益。

163. 素昧平生：这次举行法律知识考试，有些人竟对“法人”“行政处罚”等法律基本知识素昧平生。

T

164. 弹冠相庆：斯韦思林杯终于回到了我们的怀抱！当普天弹冠相庆时，人们不由得不佩服蔡振华。

165. 叹为观止：在去一些国家或地区访问或旅游时，发现了一个奇特的现象：无论是穷国还是富国，竟然都有乞丐。更奇怪的是因国情、文化和贫富的差异，各地乞丐也有各自的特色和形象。有的让你目瞪口呆，有的让你哑然失笑，甚至让你叹为观止。

166. 螳臂当车：国有银行开始清理国有工商业不良债务，冲销了大约200亿元，但对国有企业的巨大的呆账坏账来说，实在是螳臂当车。

167. 投鼠忌器：他既想发财，又投鼠忌器，怕血本无归。

W

168. 完璧归赵：FinalData软件就是再神奇也不是所有的被删除文件都可以完璧归赵，如果被删除的文件已被其他文件取代或者文件数据占用的空间已经分配给其他文件使用，该文件也就不可能恢复了。

169. 万籁俱寂：这首《小夜曲》在歌剧中是这样出现的：一位老年流浪歌手和他的养女——一位美丽的姑娘，在夜色中来到井泉旁，这时万籁俱寂，却偶尔有笛音传来。老人说："多安静呀，听那潺潺泉水！"

170. 万人空巷：曾经万人空巷的"春晚"也开始受到越来越多的质疑。

171. 亡羊补牢：这项新规定颁行一年多，已经露出危险的苗头，如不及时关注，恐怕亡羊补牢，为时太晚。

172. 望其项背：文章充溢着无处不有的历史掌故，让人眼花缭乱的古典诗词以及丰富新颖的语言，这些都是大多数考生只能望其项背而无法企及的。

173. 微乎其微：这件事太微乎其微了，你不要记在心上。

174. 危言危行：曾经，异想天开，疯狂任性，唯我独尊。今天，求真务实，克恭克顺，危言危行。

175. 惟妙惟肖：（万绿湖中的岛屿）各具神态，各显风姿，栩栩如生，惟妙惟肖：或如垂钓老翁，或如禅定高僧……皆神妙而不可言。

176. 为虎作伥：高湛为了夺取皇位，便为虎作伥，协助高演将已被囚禁的废帝高殷押送晋阳处死，高演顺利登基称帝。因高湛有功，高演下诏改封高湛为皇位继承人。

177. 蔚然成风：徽州"健讼"民俗直接的表现就是诉讼案件的空前增多，且诬陷栽赃、颠倒黑白和肆意夸大案情的现象"蔚然成风"。

178. 蔚为大观：在《老照片》所刊载的大量合影照片里，有两张堪称是蔚为大观。其中一张是一九四八年五月中华民国总统、副总统就任的合影，另一张是一九三四年"蒋氏家族五世同堂的合影"。前者系国家盛典，后者乃家族聚会。

179. 文不加点：燕西道："你先拟一个戏单罢，让我拿进去老人家瞧瞧。若是戏有更动的话，或者还要特别找几个人也未可定。"刘宝善道："这话说得是，要不是这样，临时才觉得戏有点不对老人家劲，那就迟了。"说着，就把刚才文不加点拟的一个草单，揉成一团，摔到字纸篓里去了。却又另拿了一张纸恭恭敬敬地写了一个戏单子。

180. 无可厚非：有位刚刚退休的高端医生，医术非常高明，许多年轻的医生都前来求教，要求投靠在他门下。资深医生选了其中一位年轻的医生，帮助看诊。两人以师徒相称。应诊时，年轻医生成为得力助手，资深医生无可厚非是年轻医生的导师。

181. 无所不为：商君以无所不为的勇气大更秦法，不但使秦国大为强盛，诛灭六国，统我中国而为一，更是实现了社会形态的前进。

182. 无所不至：有的企业为了形成丰富的激励，打造了激励池，纳入了诸多如就餐券、电影票、带薪旅行、领导会面等激励资源，这大大提高了激励的感知，使员工感觉企业的关怀无所不至。

183. 五风十雨：我觉得晚春出游也有很大的好处。至少旅行包里可以少带几件御寒的衣物，不必过分担心那五风十雨、乍暖还寒的春天脾气。

X

184. 狭路相逢：两位阔别多年的老友意外地在一条小巷里狭路相逢，两人又是握手又是拥抱，别提多高兴了。

185. 下里巴人：抹灰工这种“下里巴人”，竟然成功办出如此“阳春白雪”的盛大文化节，着实让很多人开了眼界、长了见识，也让人相当诧异！……放眼国内很多地方，我们的一些文化精英们更多地把注意力和目光瞄准了自己，瞄准了高处，而忽略了最广阔的低处的下里巴人。……对文化的潜在渴望。只有春风常化雨、润物总无声，才是下里巴人真正需要的阳春白雪，才是普罗大众真正喜爱的文化春天。

186. 相敬如宾：工作关系的不断变动要求我们与同事好好相处，在工作中与人为善，不拒人于千里之外，也就是说要“待入以诚，相敬如宾”。

187. 香消玉殒：不幸的是，1986 年 1 月 28 日，就在“挑战者”号航天飞机起飞仅 73 秒时，麦卡利夫人与其他 6 名航天员一起香消玉殒。

188. 信笔涂鸦：历史上，文人画有个弊端，过分强调写意的时候，很多文人就忽视了写实的造型能力，画出来的画，信笔涂鸦，并不美。

189. 星罗棋布：星罗棋布——河外星系。

190. 形影相吊：湘僧晨夕为余司汤药粥各事，余辄于中夜感极涕零，遂与湘僧为患难交。后此湘僧亦备审吾隐恫，形影相吊，无片刻少离。

191. 胸有成竹：在《芬奇论绘画》一书的绝大部分篇幅中，论述的是“透视学”“光、影、色”“比例与解剖”……这些篇章的内容，可以概括为一句话，就是提供关于绘画的各种描绘对象的形态的基本知识，以使画家在作画时更加“胸有成竹”。

192. 休戚相关：门锁、拉手、合叶——与门休戚相关的重要配件。

193. 休养生息：很多人认为，闲暇时窝在沙发上看看电视、上上网、喝喝茶、发发呆，可以放松心情和休养生息。

194. 栩栩如生：角色的个性鲜明，是电视剧《康熙王朝》最值得欣赏的地方。甚至连配角都栩栩如生，令人难忘。

195. 喧宾夺主：自主招生考试中出现“神题”的本意，应该是发散考生的思维，然正如子曰之“过犹不及”，如今却成了街头巷尾供大家议论纷纷的笑料。……这种考试什么时候能够“成熟”起来、“完善”起来，勿让“神题”继续喧宾夺主。

196. 雪泥鸿爪：《纪念红军长征过丽江》：万德宫中翰墨情，农家院里话长征。雪泥鸿爪通天路，缚住苍龙夸用兵。

197. 寻章摘句：本书以民国时期婚约法律制度为主题，以上海和江西两地档案馆第一手婚约司法档案作为基础资料，辅之以现有的文献研究成果，力图恢复和展现民国时期婚约法律制度的全貌。既有基于第一手档案资料的提炼与分析，也有基于这些提炼与分析的归纳与提升。全书以理论为先导在判例中寻章摘句，以判例为印证在理论中反证续造。不仅可以尽力整理挖掘这些档案所蕴含的丰富信息，使得这些资料可以为学界提供研究素材，更能通过对民国时期婚约法律制度的理论与实务分析，揭示民国时期貌似简单的婚约事件背后所蕴含的深奥法理。

198. 训练有素：业务开发能力，来自平日的训练有素。

Y

199. 严阵以待：成天埋头工作，精神已经够紧张了，稍有闲余，当然希望放松放松——谁愿意整天跟一个板着面孔、呆板无趣的人相处呢？严阵以待的空当里，适时地幽默一把，不仅有益于自己的身心健康，还可以提升你的人气哦！

200. 掩耳盗铃：某些公务员……认为，别人贿赂的钱，未装入自己的腰包，而是用于正当的慈善事业，不属于犯罪，甚至有人就是为了让法院从轻判刑而将贪污来的钱财捐献给公益事业。这些掩耳盗铃的贪污受贿行为，并未让这些公务员因此而得到救赎。他们最终得到的是人民的谴责、嘲笑以及法律的制裁。

201. 偃旗息鼓：婚礼偃旗息鼓，看着有些唯唯诺诺的新郎，我忍不住小声地问女友：怎么就下决心嫁给他了？女友答：我想要稳稳的幸福。那一刻，我不再怅然。他能给的，正是她想要的。望着人生已经过半的女友，我的心中唯有美好的祝愿。

202. 洋洋大观：陈独秀就有过托陈取消派、反苏、反中央、反革命、汉奸、叛徒、右倾机会主义、右倾投降主义……近十种帽子，可谓洋洋大观，多矣。

203. 洋洋洒洒：宋朝时，和尚惠崇和苏轼是好朋友，他们经常在一起谈诗论画。惠崇作过一幅名叫《春江晚景》的画，苏轼看到了，不禁说道："好一幅春光图！"说完，提起笔来在画上洋洋洒洒地写下一首诗，这就是《惠崇春江晚景》。

204. 一笔抹杀：那说明阿 Q 也深受看客文化的影响，或者说他也曾经当过看客，死刑犯表现得好，看客心理得到了极大满足，便将罪犯过去的罪恶一笔抹杀，并使之成为被赞美的对象。

205. 一蹴而就：水滴石穿非一日之功，铁杵成针非一时之力，一蹴而就不可能成功，任何辉煌背后都有着长期积累的过程。

206. 一发而不可收：少用具有煽动性的文字。其实，很多时候，对方要的无非就是一句简单的"对不起"，因此，道歉时要少一些繁文缛节，完全可以直截了当，以避免争端一发而不可收。

207. 一发而不可收拾：从此，丘吉尔在画画上一发而不可收拾，一边从政，一边画画长达十余年，留下来很多风格迥异、思维大胆的油画。更加重要的是，丘吉尔重新开始恢复自信，在政治上开始重新找到自己的位置。

208. 一孔之见：请允许我把书名记下来，我要读过以后再得出自己的观点，因此您刚才说的也只能是您的一孔之见。

209. 一念之差：一个人的行善与作恶有时在于一念之间，一念要行善成善，一念要作恶成恶，所以一念之差可以上天堂也可以下地狱。

210. 一言九鼎：

太　子　（传呼）船来——渡荆、秦二卿过易水！

【众立起，秦舞阳欲行。】

【荆轲稳坐，低头沉思。】

太　子　（惊慌地）荆卿，难道你反悔了吗？

荆　轲　侠士一言九鼎，焉能反悔？

211. 义不容辞：陪准妈妈生产，是准爸爸义不容辞的责任。

212. 义无反顾：（卡内基）15岁时，终于有了另一个机会：给匹兹堡的一家电报公司当报童，也就是挨家挨户地送电报。他将此视为天赐良机，义无反顾地接受了。

213. 亦步亦趋：中国电信以先进技术为依托，亦步亦趋，紧跟世界发展潮流，取得了突飞猛进的成就。

214. 溢美之词：家长如能发现孩子身上的闪光点，多些溢美之词，孩子应该能汲取到更多的正能量！

215. 因人成事：《长短经》通过对如上众多的用人思想的系统总结，明确地阐明了“为政之道，贵在得人”的管理哲学……从“君道”与“臣道”相区别的角度，提出了关于君道的首要原则，认为为君者要做到“识大体，弃细务”，懂得知人善任、因人成事的道理，而不是具有从事某种具体事务的能力。

216. 有口皆碑：此君热心做官，热心刮地皮，因是有口皆碑。

217. 与虎谋皮：曹明礼说：“最好的办法，是和县委协调一下，给我们工会增加几个编制。”呼维民说：“你也知道这是基本不可能的事。在当前情况下，财政供养的人员和机构只减不增。去向组织人事部门要编制，增加人手，那简直是与虎谋皮。”

218. 雨后春笋：学生时代，手上长了瘊子（其实就是扁平疣），并且雨后春笋般不断长出新的刺瘊子。

219. 缘木求鱼：不经过自身的努力就想得到学问，那就如同缘木求鱼一样幼稚得可笑。

220. 怨声载道：在某些家庭中也有一些怨妇成员，自己没本事干不来事，却怨声载道，上怨父母下怨儿女，左怨妻子丈夫，右怨兄弟姐妹；甚至怨岳父岳母、儿媳女婿、兄弟媳妇、姐夫妹夫。

Z

221. 在所难免：输赢成败在所难免，你要学会摆正心态。

222. 振聋发聩：那夸张的笑声，只能用一个词来形容：振聋发聩。

223. 振振有词：中国农业科学院的主持人，是曾任原子能利用研究所所长的任志，他在会上说起杂交高粱来，侃侃而谈，振振有词。

224. 纸上谈兵：再多的政策如果得不到切实的遵照、实行，也只是纸上谈兵。

225. 炙手可热：PP岛是一个非常宁静的地方，喜欢安静的人千万不要错过这里。这是一个深受阳光宠爱的地方，游客来到这里可以欣赏到柔软洁白的沙滩、宁静碧蓝的海水以及鬼斧神工的天然洞穴，未受污染的自然风貌等。这样优美的画面，使得PP岛一举成为近年来炙手可热的度假胜地之一。

226. 置若罔闻：一个文职出身的警官能够挑起领导全市公安刑侦工作的大梁吗？张道华上任伊始，担心的、猜疑的……各种各样的都有。面对人们的疑虑，张道华置若罔闻，他将所有的精力都投入全新的刑侦工作中，他要用自己出色的工作成绩来作答。

227. 捉襟见肘：资历是指社会成员的资格和经历。……以资历为标准评价人的能力，推测他未来的社会作用，带有极大的片面性。用捉襟见肘形容这种片面性并不夸张。

228. 擢发难数：从一九四七年夏到一九四九年底，“边纵”（按，指中国人民解放军滇桂黔边纵队）在云南全省及广西、贵州的部分县区约两千万人口的广大地区，……钳制了国民党的十多万军队，共歼敌六万余人，解放县城近百座，其间，惊心动魄、可歌可泣的英雄事例，实在擢发难数。

229. 罪不容诛：杀了严世蕃以后，嘉靖皇帝特意饶了严嵩一条命，让他削籍回乡看守坟茔，证明他罪不容诛，只是有些过失罢了。

230. 坐怀不乱：心如止水的心态，不是在清静平和的环境中获得，而是在嘈杂喧嚣的环境中练就。在任何情况下都能做到泰然自若、坐怀不乱，才是达到了静的真境界。

第二部分

答案及解析

第一编 容易读错的字

一、容易读错的常用字

腌臜 ā　挨紧 āi　挨饿 ái　白皑皑 ái

狭隘 ài　谙熟 ān　不谙水性 ān　熬菜 āo

鏖战 áo　煎熬 áo　拗断 ǎo　拗口 ào

把柄 bǎ　大伯子 bǎi　纵横捭阖 bǎihé　稗官野史 bài

扳平 bān　沙家浜 bāng　剥皮 bāo　炮羊肉 bāo

薄纸 báo　曝光 bào　蓓蕾 bèi　并行不悖 bèi

奔波 bēn　投奔 bèn　迸发 bèng　卑鄙 bǐ

包庇 bì　复辟 bì　刚愎自用 bì　麻痹 bì

奴颜婢膝 bì　针砭 biān　干瘪 biě　濒临 bīn

殡仪馆 bìn　屏气 bǐng　摒弃 bìng　剥削 bōxuē

伯父 bó　淡薄 bó　停泊 bó　擘指 bò

哺育 bǔ　账簿 bù　粗糙 cāo　参差 cēncī

汗水涔涔 cén　差错 chā　差强人意 chā　搽粉 chá

刹那 chà　差不多 chà　差遣 chāi　蟾蜍 chánchú

谄媚 chǎn　忏悔 chàn　羼水 chàn　为虎作伥 chāng

徜徉 cháng　场院 cháng　赔偿 cháng　绰起 chāo

风驰电掣 chè　干坼 chè　嗔怒 chēn　称职 chèn

瞠目结舌 chēng　乘机 chéng　惩创 chéng　澄澈 chéng

驰骋 chěng　鞭笞 chī　痴人说梦 chī　魑魅魍魉 chī

踟蹰 chíchú　汤匙 chí　奢侈 chǐ　豆豉 chǐ

不啻 chì　彳亍 chìchù　叱咤 chìzhà　炽热 chì

整饬 chì　憧憬 chōng　气冲冲 chōng　忧心忡忡 chōng

崇山峻岭 chóng　冲床 chòng　惆怅 chóuchàng　踌躇 chóuchú

处女作 chǔ　罢黜 chù　相形见绌 chù　揣摩 chuǎi

椽子 chuán　命运多舛 chuǎn　创伤 chuāng　重创 chuāng

凄怆 chuàng
宽绰 chuo
绰绰有余 chuò
啜泣 chuò
辍学 chuò
瑕疵 cī
伺候 cì
烟囱 cōng
从容 cóng
淙淙流水 cóng
蹙眉 cù
一蹴而就 cù
璀璨 cuǐ
皴裂 cūn
忖度 cǔn duó
蹉跎 cuōtuó
痤疮 cuó
挫折 cuò
答应 dā
一沓钱 dá
呆板 dāi
逮老鼠 dǎi
大夫（医生）dài
逮捕 dàibǔ
殚思极虑 dān
虎视眈眈 dān
肆无忌惮 dàn
重担 dàn
当（本）年 dàng
当真 dàng
档案 dàng
悼念 dào
追悼 dào
提防 dī
堤岸 dī
的当 dí
并蒂莲 dì
缔造 dì
嗲声嗲气 diǎ
掂掇 diānduo
玷污 diàn
订正 dìng
装订 dìng
恫吓 dònghè
胴体 dòng
句读 dòu
拥趸 dǔn
咄咄逼人 duō
踱步 duó
阿谀 ēyú
婀娜 ēnuó
讹诈 é
恶心 ě
扼要 è
恶霸 è
白发 fà
梵语 fàn
蜚声 fēi
绯闻 fēi
菲薄 fěi
沸点 fèi
氛围 fēn
敷衍塞责 fūyǎn
凫水 fú
怫然 fú
涪陵 fú
果脯 fǔ
束缚 fù
准噶尔 gá
言简意赅 gāi
大动干戈 gē
葛粉 gé
横亘 gèn
脖颈 gěng
哽咽 gěngyè
肱骨 gōng
供给 gōngjǐ
女红 gōng
提供 gōng
供认 gòng
勾践 gōu
佝偻 gōulóu
勾当 gòu
尽入彀中 gòu
呱呱坠地 gū
骨朵 gū
骨气 gǔ
蛊惑 gǔ
商贾 gǔ
桎梏 gù
纶巾 guān
盥洗 guàn
粗犷 guǎng
皈依 guī
瑰丽 guī
刽子手 guì
鳜鱼 guì
聒噪 guō
哈达 hǎ
尸骸 hái
罕见 hǎn
引吭高歌 háng
沆瀣一气 hàngxiè
平巷 hàng
呵欠 hē
干涸 hé
隔阂 hé
上颌 hé
一丘之貉 hé
负荷 hè
附和 hè
喝采 hè
发横财 hèng
飞来横祸 hèng
道行 heng
哄抢 hōng
起哄 hòng
一哄而散 hòng
囫囵吞枣 húlún
水浒传 hǔ
芝麻糊 hù
瓠子 hù
徘徊 huái
足踝 huái
盘桓 huán
豢养 huàn
病入膏肓 huāng
讳疾忌医 huì

诲人不倦 huì　污秽 huì　隐晦 huì　浑水摸鱼 hún

混淆 hùnxiáo　混浊 hùn　搅和 huo　和面 huó

豁达 huò　霍乱 huò　窗明几净 jī　放荡不羁 jī

畸形 jī　跻身 jī　羁绊 jī　通缉 jī

无稽之谈 jī　汲取 jí　即兴 jí　佶屈聱牙 jí áo

棘手 jí　嫉妒 jí　狼藉 jí　贫瘠 jí

给予 jǐyǔ　脊梁 jǐ　人才济济 jǐ　成绩 jì

古迹 jì　觊觎 jìyú　鲫鱼 jì　事迹 jì

汗流浃背 jiā　夹道 jiā　雪茄 jiā　夹袄 jiá

草菅人命 jiān　歼灭 jiān　缄默 jiān　渐染 jiān

信笺 jiān　眼睑 jiǎn　间断 jiàn　僭越 jiàn

离间 jiàn　太监 jiàn　姣好 jiāo　咬文嚼字 jiáo

矫枉过正 jiǎo　缴纳 jiǎo　围剿 jiǎo　地窖 jiào

发酵 jiào　校对 jiào　比较 jiào　秸秆 jiē

结实 jiē　开花结果 jiē　反诘 jié　攻讦 jié

孑孓 jiéjué　拮据 jiéjū　桔梗 jié　事情结果 jié

押解 jiè　情不自禁 jīn　衣襟 jīn　尽管 jǐn

旌旗 jīng　粳米 jīng　颈项 jǐng　杀一儆百 jǐng

长颈鹿 jǐng　痉挛 jìng　抓阄 jiū　韭菜 jiǔ

针灸 jiǔ　既往不咎 jiù　马厩 jiù　内疚 jiù

狙击 jū　咀嚼 jǔjué　沮丧 jǔ　矩形 jǔ

龃龉 jǔyǔ　踽踽独行 jǔ　前倨后恭 jù　镌刻 juān

隽永 juàn　书卷 juàn　猖獗 jué　诡谲 jué

角色 jué　角逐 jué　崛起 jué　矍铄 jué

攫取 jué　倔强 juéjiàng　一蹶不振 jué　龟裂 jūn

细菌 jūn　隽秀 jùn　同仇敌忾 kài　顑颔 kǎnhàn

鸟瞰 kàn　不卑不亢 kàng　窠臼 kē　坎坷 kě

恪守 kè　可汗 kè　溘然长逝 kè　铿锵 kēngqiāng

倥偬 kǒngzǒng　眍瞜 kōulou　财会 kuài　脍炙人口 kuàizhì

市侩 kuài　岿然 kuī　窥探 kuī　傀儡 kuǐlěi

感喟 kuì　邋遢 lā • ta　拉家常 lā　丢三落四 là

落下了几个字 là　青睐 lài　褴褛 lánlǚ　书声琅琅 láng

痨病 láo　唠叨 láo　烙印 lào　落色 làoshǎi
落枕 lào　奶酪 lào　勒索 lè　勒紧 lēi
果实累累 léi　羸弱 léi　擂鼓 léi　累计 lěi
罪行累累 lěi　擂台 lèi　罹难 lí　暴戾 lì
妆奁 lián　潋滟 liànyàn　入殓 liàn　靓女 liàng
量入为出 liàng　打量 liang　寂寥 liáo　瞭望 liào
镣铐 liào　趔趄 liè·qie　仓廪 lǐn　囹圄 língyǔ
蒸馏 liú　一绺头发 liǔ　雕镂 lòu　露底 lòu
贿赂 lù　绿林好汉 lù　原形毕露 lù　棕榈 lǘ
捋胡须 lǚ　掠夺 lüè　捋袖子 luō　裸视 luǒ
荦荦大端 luò　抹桌子 mā　阴霾 mái　埋怨 mán
耄耋 màodié　联袂 mèi　闷热 mēn　扪心自问 mén
愤懑 mèn　郁闷 mèn　蒙头转向 mēng　蒙难 méng
靡费 mí　奢靡 mí　靡丽 mǐ　萎靡不振 mǐ
静谧 mì　分娩 miǎn　腼腆 miǎntiǎn　乜斜 miē
幽冥 míng　酩酊 mǐngdǐng　荒谬 miù　哭天抹泪 mǒ
含情脉脉 mò　抹墙 mò　蓦然回首 mò　牟取 móu
模样 mú　按捺 nà　老衲 nà　羞赧 nǎn
不屈不挠 náo　呶呶不休 náo　泥淖 nào　木讷 nè
气馁 něi　恁高 nèn　拘泥 nì　匿名 nì
亲昵 nì　隐匿 nì　拈花惹草 niān　啮齿 niè
嗫嚅 nièrú　泥泞 nìng　宁死不屈 nìng　忸怩 niǔní
执拗 niù　驽马 nú　疟疾 nüè　虐待 nüè
傩文化 nuó　诺言 nuò　怯懦 nuò　讴歌 ōu
呕吐 ǒu　怄气 òu　扒手 pá　迫击炮 pǎi
澎湃 pài　蹒跚 pánshān　心宽体胖 pán　滂沱 pāngtuó
彷徨 páng　咆哮 páoxiào　炮烙 páoluò　炮制 páo
胚胎 pēi　喷香 pèn　香喷喷 pēn　抨击 pēng
纰漏 pī　土坯 pī　砒霜 pī　毗邻 pí
否极泰来 pǐ　癖好 pǐ　开辟 pì　媲美 pì
扁舟 piān　大腹便便 pián　胼胝 piánzhī　剽窃 piāo
饿殍 piǎo　骠勇 piào　撇开 piē　一瞥 piē

撇嘴 piě	嫔妃 pín	乒乓 pīngpāng	屏风 píng
湖泊 pō	朴刀 pō	居心叵测 pǒ	糟粕 pò
琥珀 pò	解剖 pōu	前仆后继 pū	匍匐 púfú
玉璞 pú	溥 pǔ	瀑布 pù	曝晒 pù
一曝十寒 pù	沏茶 qī	栖息 qī	蹊跷 qīqiao
休戚与共 qī	亓 qí	歧途 qí	颀长 qí
绮丽 qǐ	休憩 qì	修葺 qì	迄今为止 qì
关卡 qiǎ	悭吝 qiān	虔诚 qián	掮客 qián
缱绻 qiǎnquǎn	天堑 qiàn	戕害 qiāng	勉强 qiǎng
牵强附会 qiǎng	襁褓 qiǎng	翘首 qiáo	地壳 qiào
讥诮 qiào	翘板 qiào	切菜 qiē	胆怯 qiè
惬意 qiè	锲而不舍 qiè	提纲挈领 qiè	侵略 qīn
衾枕 qīn	引擎 qíng	亲家 qìng	茕茕孑立 qióng
祛除 qū	黢黑 qū	曲折 qū	清癯 qú
水到渠成 qú	通衢大道 qú	曲高和寡 qǔ hè	龋齿 qǔ
面面相觑 qù	怙恶不悛 quān	债券 quàn	商榷 què
逡巡 qūn	麇集 qún	冉冉 rǎn	攘除 rǎng
妖娆 ráo	围绕 rào	丰稔 rěn	荏苒 rěnrǎn
稔知 rěn	烹饪 rèn	妊娠 rènshēn	仍然 réng
冗长 rǒng	耳濡目染 rú	孺子 rú	繁文缛节 rù
阮 ruǎn	偌大 ruò	散装 sǎn	散会 sàn
丧钟 sāng	缫丝 sāo	堵塞 sè	稼穑 sè
刹车 shā	芟除 shān	潸然泪下 shān	扇风 shān
禅让 shàn	讪笑 shàn	嬗变 shàn	赡养 shàn
年少 shào	折本 shé	退避三舍 shè	威慑 shè
人参 shēn	妊娠 shēn	莘莘学子 shēn	海市蜃楼 shèn
千乘之国 shèng	似的 shì	舐犊之情 shì	谥号 shì
教室 shì	狩猎 shòu	姝丽 shū	倏忽 shū
枢纽 shū	刷白 shuà	涮羊肉 shuàn	游说 shuì
吮吸 shǔn	瞬间 shùn	数见不鲜 shuò	朔方 shuò
螺蛳 sī	似乎 sì	怂恿 sǒngyǒng	宿仇 sù
塑料 sù	簌簌 sù	虽然 suī	半身不遂 suí

鬼鬼祟祟 suì	婆娑 suō	趿拉 tā	一塌糊涂 tā
鞭挞 tà	拓本 tà	叨扰 tāo	丝绦 tāo
饕餮 tāotiè	熏陶 táo	体己 tī	剔除 tī
体恤 tǐ	倜傥 tìtǎng	孝悌 tì	恬不知耻 tián
暴殄天物 tiǎn	轻佻 tiāo	调皮 tiáo	妥帖 tiē
请帖 tiě	字帖 tiè	绿汀 tīng	悲恸 tòng
如火如荼 tú	荼毒 tú	湍急 tuān	颓废 tuí
蜕变 tuì	朝暾 tūn	囤积 tún	崴脚 wǎi
纨绔 wánkù	瓜蔓 wàn	崴嵬 wēiwéi	逶迤 wēiyí
崔嵬 wéi	圩田 wéi	推诿 wěi	猥琐 wěisuǒ
因为 wèi	有条不紊 wěn	齆声齆气 wèng	斡旋 wò
龌龊 wòchuò	好高骛远 wù	深恶痛绝 wù	厌恶 wù
独辟蹊径 xī	膝盖 xī	檄文 xí	潟卤 xì
兄弟阋墙 xì	呷啜 xiā	狡黠 xiá	厦门 xià
罅隙 xià	屡见不鲜 xiān	翩跹 xiān	纤维 xiān
籼米 xiān	垂涎三尺 xián	弓弦 xián	舷窗 xián
鲜见 xiǎn	霰弹 xiàn	关饷 xiǎng	枵腹从公 xiāo
骁勇 xiāo	混淆 xiáo	筱竹 xiǎo	肖像 xiào
白头偕老 xié	采撷 xié	挟持 xié	颉颃 xiéháng
叶韵 xié	机械 xiè	亵渎 xièdú	纸屑 xiè
歆羡 xīn	囟门 xìn	省亲 xǐng	珍馐 xiū
半宿 xiǔ	乳臭未干 xiù	铜臭 xiù	星宿 xiù
远岫 xiù	长吁短叹 xū	自诩 xǔ	抚恤金 xù
和煦 xù	酗酒 xù	煊赫 xuān	大事渲染 xuàn
炫耀 xuàn	眩晕 xuàn	穴位 xué	噱头 xué
戏谑 xuè	徇私舞弊 xùn	逊色 xùn	殉情 xùn
睚眦必报 yázì	亚洲 yà	倾轧 yà	揠苗助长 yà
咽喉 yān	湮没 yān	殷红 yān	百花争妍 yán
河沿 yán	妍媸 yánchī	筵席 yán	芫荽 yán·sui
梦魇 yǎn	奄奄一息 yǎn	俨然 yǎn	衍变 yǎn
偃旗息鼓 yǎn	吊唁 yàn	下咽 yàn	酽茶 yàn
赝品 yàn	安然无恙 yàng	怏怏不乐 yàng	杳无音信 yǎo

窈窕 yǎotiǎo	发疟子 yào	鹞鹰 yào	因噎废食 yē
揶揄 yéyú	陶冶 yě	拜谒 yè	呜咽 yè
笑靥 yè	摇曳 yè	耀晔 yè	谒见 yè
甘之如饴 yí	颐和园 yí	迤逦 yǐlǐ	旖旎 yǐnǐ
后裔 yì	络绎不绝 yì	奇闻轶事 yì	肄业 yì
熠熠闪光 yì	游弋 yì	造诣 yì	自怨自艾 yì
荫蔽 yīn	喑哑 yīn	一望无垠 yín	荫凉 yìn
应届 yīng	应用 yìng	佣金 yòng	黑黝黝 yǒu
良莠不齐 yǒu	宽宥 yòu	尔虞我诈 yú	年逾古稀 yú
始终不渝 yú	文娱 yú	向隅而泣 yú	逾越 yú
愉快 yú	伛偻 yúlǚ	与其 yǔ	参与 yù
驾驭 yù	卖儿鬻女 yù	彧彧 yù	老妪 yù
寓情于景 yù	鹬蚌相争 yù	熨帖 yù	鱼跃鸢飞 yuān
断瓦残垣 yuán	艺苑 yuàn	苑囿 yuànyòu	头晕 yūn
红晕 yùn	晕船 yùn	酝酿 yùnniàng	愠色 yùn
柳荫匝地 zā	扎小辫 zā	登载 zǎi	拒载 zài
怨声载道 zài	载歌载舞 zài	装载 zài	暂时 zàn
臧否 zāngpǐ	宝藏 zàng	确凿 záo	咋舌 zé
啧啧称赞 zé	谮言 zèn	憎恶 zēng	赠送 zèng
咋呼 zhā	驻扎 zhā	札记 zhá	轧钢 zhá
择菜 zhái	占卜 zhān	精湛 zhàn	客栈 zhàn
破绽 zhàn	蘸水 zhàn	着数 zhāo	着凉 zháo
沼泽 zhǎo	召开 zhào	肇事 zhào	折腾 zhē
贬谪 zhé	动辄得咎 zhé jiù	蛰伏 zhé	铁砧 zhēn
装帧 zhēn	甄别 zhēn	箴言 zhēn	缜密 zhěn
日臻完善 zhēn	饮鸩止渴 zhèn	赈灾 zhèn	挣扎 zhēng
症结 zhēng	拯救 zhěng	诤言 zhèng	挣脱 zhèng
症候 zhèng	脂肪 zhī	踯躅 zhízhú	近在咫尺 zhǐ
标识 zhì	博闻强识 zhì	虫豸 zhì	对峙 zhì
鳞次栉比 zhì	刀耕火种 zhòng	中肯 zhòng	胡诌 zhōu
啁啾 zhōujiū	车轴 zhóu	甲胄 zhòu	压轴 zhòu
伫立 zhù	杼梭 zhù	贮藏 zhù	拖拽 zhuài

莺啼鸟啭 zhuàn　　撰写 zhuàn　　谆谆教诲 zhūn　　笨拙 zhuō
弄巧成拙 zhuō　　穿着打扮 zhuó　　着陆 zhuó　　灼热 zhuó
卓越 zhuó　　趑趄 zījū　　髭须 zī　　桑梓 zǐ
渣滓 zǐ　　油渍 zì　　恣意 zì　　诹询 zōu
箭镞 zú　　作坊 zuō　　帝祚 zuò　　柞蚕 zuò

二、容易读错的地名

秘鲁 Bì　　华山 Huà　　梁山泊 pō　　耒阳 Lěi
柏林 Bó　　北碚 bèi　　蚌埠 Bèngbù　　亳州 Bó
郴州 Chēn　　东阿 ē　　东莞 guǎn　　涪陵 Fú
邗江 Hán　　黄陂 pí　　珲春 Hún　　监利 Jiàn
鄄城 Juàn　　井陉 xíng　　莨山 Làng　　丽水 Lí
临汾 fén　　六安 Lù　　角直 Lù　　渑池 Miǎn
闽侯 hòu　　番禺 Pān　　鄱阳湖 Pó　　任丘 Rén
三亚 yà　　十里堡 pù　　嵩山 Sōng　　莎车 Shā
台州 Tāi　　汶川 Wèn　　瓦窑堡 bǔ　　莘庄 Xīn
鸭绿江 lù　　兖州 Yǎn　　湛江 Zhàn　　浙江 Zhè

三、容易读错的姓氏

卞 Biàn　　缪 Miào　　朴 Piáo　　鲍 Bào
谌 Chén　　褚 Chǔ　　郝 Hǎo　　华 Huà
岑 Cén　　令狐 Líng　　戚 Qī　　那 Nā
仇 Qiú　　单 Shàn　　佟 Tóng　　解 Xiè
燕 Yān　　尉迟 Yùchí　　宁 Nìng　　冼 Xiǎn
员 Yùn　　恽 Yùn　　臧 Zāng　　翟 Zhái
诸葛 gě　　庾 Yǔ　　於 Yū

四、容易读错的历史专有名词

单于 Chányú	妲己 Dájǐ	鞑靼 Dádá	皋陶 Gāoyáo
镐都 Hào	大宛 yuān	高句丽 gōu	回纥 hé
可汗 Kèhán	阿房宫 páng	老聃 dān	郦食其 Lìyìjī
蔺相如 xiàng	墨翟 dí	毛遂 suì	靺鞨 Mòhé
莫邪 yé	哪吒 Nézhā	女娲 wā	秦桧 huì
龟兹 Qiūcí	吐谷浑 yù	瓦剌 là	玄奘 zàng
阏氏 Yānzhī	张说 yuè	李逵 kuí	

五、容易读错的化学类用字

铵 ǎn	胺 àn	钯 bǎ	苯 běn
甙 dài	胨 dòng	铬 gè	钆 gá
腈 jīng	嘌呤 piàolìng	钋 pō	朴硝 pò
锖色 qiāng	羟 qiǎng	氰 qíng	噻 sāi
苏打 dá	羧 suō	羰 tāng	烃 tīng
氙 xiān	酏 yǐ	锗 zhě	酯 zhǐ

第二编 容易写错的字

ā	ái ái	ài	ǎi
（腌）臜	白雪（皑）（皑）	（爱）护	暮（霭）
ài	ài	ān	áng
狭（隘）	（暧）昧	（庵）堂	斗志（昂）扬
áo	áo	áo	ǎo
（遨）游	（翱）翔	（鏖）战	翁（媪）
ào	ào	ào	bā
（拗）口	（傲）慢	（奥）妙	（疤）痕
bá	bá	bài	bài
（拔）除	（跋）涉	一（败）涂地	（拜）访
bān	bàn	bāng	bāo
生（搬）硬套	花（瓣）	（邦）交	（包）罗万象
bāo	bào	bào	bēi
（褒）贬	未窥全（豹）	（暴）殄天物	（卑）鄙
bèi	běn	bí	bì
（贝）壳	变（本）加厉	（鼻）子	（庇）护
bì	bì	bì	bì
惩前（毖）后	（敝）帚自珍	刚（愎）自用	麻（痹）大意
bì	biāo	bīn	bǐng
（弊）病	（彪）炳	（斌）蔚	（秉）烛
bō	Bó	bù	bù
（拨）云见日	（亳）州	（步）伐	（部）落
cǎi	Cài	cān	cán
（采）摘	（蔡）锷	风（餐）露宿	风卷（残）云
cán	càn	càn	cāng
（蚕）茧	（粲）然一笑	璀（璨）	（仓）库
cè	cè	cè	chā
（厕）所	（恻）隐之心	束手无（策）	（插）叙
chá	chà	chái	chán
观（察）	宝（刹）	（豺）狼	（缠）绕
chén	chéng	chěng	chī
望（尘）莫及	（承）上启下	驰（驰）	（嗤）笑
chì	chì	chǒng	chǒu
（叱）咤风云	（斥）责	（宠）幸	（丑）陋

chū	chú	chù	chuán
（初）级	（厨）房	（矗）立	（椽）子
chuāng	chuí	chún	cōng
满目（疮）痍	（垂）直	（淳）朴	烟（囱）
còu	cù	cuàn	cuàn
紧（凑）	老陈（醋）	抱头鼠（窜）	（篡）改
cuī	cuì	dá	dǎo
（崔）巍	（脆）弱	一（沓）钞票	舞（蹈）
dàn	dé	dé	dēng
（诞）生	（得）天独厚	品（德）	（登）峰造极
dèng	dī	dí	dǐ
板（凳）	水（滴）石穿	（嫡）系	（诋）毁
dǐ	diàn	diàn	dié
（抵）抗	（垫）付	（奠）基	（叠）床架屋
dǐng	dòng	dōu	dōu
（鼎）足而立	（栋）梁	（兜）售	（兜）圈子
dòu	dū	duàn	dùn
疑（窦）	（督）促	绸（缎）	停（顿）
duǒ	duò	é	è
（躲）藏	懒（惰）	（讹）诈	（厄）运
è	è	èr	fá
怒不可（遏）	惊（愕）	（贰）臣	惩（罚）
fān	fán	fàn	fēi
三（番）五次	（蕃）芜	模（范）	（妃）嫔
fèi	fèi	fèng	fū
（肺）腑	（废）寝忘食	（俸）禄	（敷）衍
fú	fù	fù	fù
（服）膺	天（赋）	作茧自（缚）	颠（覆）
fù	gài	gài	gān gà
（馥）郁	乞（丐）	（钙）化	（尴）（尬）
gǎng	gāo	gē	gé
（港）湾	病入（膏）肓	心如刀（割）	（隔）绝
gé	gēng	gēng	gēng
胶（鬲）之困	年（庚）	（耕）地	鸡蛋（羹）
gōng	gōu	gǒu	gū
（恭）维	（篝）火	一丝不（苟）	（辜）负
gǔ	gǔ	gù	guǎ
（汩）没	一（鼓）作气	（雇）佣	（寡）不敌众

guǎ	guāi	guān	guàn
沉默（寡）言	（乖）张	（冠）冕堂皇	（贯）通
guàn	guī	guī	guǒ
（灌）溉	（归）还	（龟）甲	包（裹）
hān	hān	hán	hàn
（酣）畅	（憨）态可掬	（含）蓄	（翰）林
hào	hé	hè	hēng
（号）令如山	一丘之（貉）	沟（壑）	（亨）通
hóu	hóu	hú	hú
（侯）门似海	咽（喉）	（狐）狸	酒（壶）
huàn	huāng	huáng	huī
变（幻）莫测	（荒）无人烟	信口雌（黄）	国（徽）
huǐ	huì	huì	huò
（毁）灭	（彗）星	聪（慧）	（豁）然开朗
jī	jī	jī	jī
歌（姬）	（赍）志	无（稽）之谈	（羁）旅
jī	jí	jí	jí
京（畿）	（即）使	（即）日	（吉）祥
jí	jí	jí	jí
立（即）	（佶）屈聱牙	（急）迫	荆（棘）
jí	jǐ	jì	jì
聚（集）	（脊）梁	禁（忌）	（既）然
jì	jì	jì	jiā
（祭）祀	发（髻）	自古（暨）今	（佳）节
jiā	jiān	jiān	jiān
（嘉）奖	（尖）酸刻薄	（歼）灭	（兼）收并蓄
jiǎn	jiǎn	jiàn	jiàn
请（柬）	节（俭）	（建）设	贫（贱）
jiāng	jiāng	jiàng	jiāo
（将）来	万寿无（疆）	（酱）油	（浇）灌
jiē	jié	jié	jié
昭然若（揭）	团（结）	（捷）足先登	（洁）净
jīn	jǐn	jìn	jìng
（矜）持	严（谨）	沉（浸）	（竞）争
jìng	jiǒng jiǒng	jiǒng	jiǒng
（竟）然	（炯）（炯）有神	（窘）迫	（迥）异
jiǔ	jiǔ	jiù	jū
针（灸）	（韭）菜	脱（臼）	关关（雎）鸠

jù	jù	jù	jù
（具）体	家（具）	（聚）会	面面（俱）到
juàn	juàn	jué	jué
试（卷）	（眷）顾	诡（谲）	（觉）察
jué	jūn	jūn	kǎn kǎn
（矍）铄	细（菌）	千（钧）一发	（侃）（侃）而谈
kǎo	kè	kòu	kòu
（考）试	（恪）守	贼（寇）	豆（蔻）年华
kuǎn	kuí	kuí	lǎ
（款）待	（葵）花	（魁）首	（喇）叭
là	lài	lán	lí
（辣）椒	万（籁）俱寂	（阑）珊	（黎）明
lí	liǎn	liàn	liàn liàn
樊（篱）	收（敛）	（练）习	（恋）（恋）不舍
liáng	liáo	liáo	lín
偷（梁）换柱	民不（聊）生	（潦）草	莅（临）
lǐn	lóng	lǒng	Lú
（凛）然	（隆）刑峻法	（垄）断	（庐）山
lú	lù	lǚ	mā
（炉）火纯青	俸（禄）	（旅）行	（抹）布
mán	mǎng	mǎo	mào
（瞒）天过海	鲁（莽）	毕（昴）	（茂）盛
mào	mào	měi	mèi
（冒）险	相（貌）	（美）丽	愚（昧）
mèi	mèi	méng	Mì
襟（袂）	梦（寐）以求	启（蒙）	（汨）罗江
miǎn	miè	mò	mù
冠（冕）堂皇	（蔑）视	唾（沫）	和（睦）
mù	náo	náo	nǎo
爱（慕）	百折不（挠）	（挠）头	玛（瑙）
niǎo	niǎo	niè	nìng
（鸟）罗	（袅）娜	（啮）齿动物	奸（佞）
nòng	nüè	nüè	pán
（弄）巧成拙	（疟）疾	（虐）待	（蹒）跚
pèi	pēn	pìn	píng
充（沛）	（喷）泉	（聘）请	（平）添
pō	pǒ	qī	qī
（泼）辣	居心（叵）测	（漆）黑一团	（沏）茶

qí （歧）视	qí （歧）义	qì 收（讫）	qì （契）约
qiā （掐）断	qiāng （戕）害	qiè （锲）而不舍	qīn （侵）略
qín （勤）奋	qīng （青）睐	quān （圈）套	quán （蜷）缩
quàn 债（券）	quē （缺）乏	què 麻（雀）	què 声名（鹊）起
rán 虬（髯）	rǎn 传（染）	rǎn （染）房	rǎo （扰）乱
rào 围（绕）	rě （惹）是生非	rèn 缝（纫）	rèn 发（轫）
róng （融）洽	sà sà 秋风（飒）（飒）	sāo （骚）扰	sàng （丧）失
shài （晒）太阳	shàn （善）良	shàn （擅）长	shē （赊）欠
shè （涉）世未深	shèn 海市（蜃）楼	shì 优（势）	shì 解（释）
shǔ 马铃（薯）	shù 别（墅）	shù （戍）边	shuāi （衰）弱
shuǎng （爽）朗	sù 追（溯）	suī 恣（睢）无忌	suì 作（祟）
sǔn 竹（笋）	suō （蓑）衣	suǒ （琐）屑	tāo （韬）光养晦
téng （誊）写	tī 玲珑（剔）透	tì 喷（嚏）	tiān 如虎（添）翼
tú 如火如（荼）	tuī 僭（忒）	tūn 忍气（吞）声	tuó （驮）运
wō （窝）火	wò 肥（沃）	wǔ （武）器	wù xū （戊）（戌）变法
xī 熟（悉）	xī xī （熙）（熙）攘攘	xǐ 迁（徙）	xì 嫌（隙）
xiá 闻名（遐）迩	xiá （瑕）疵	xiá 应接不（暇）	xiàn 肉（馅）
xiàn （羡）慕	xiāo （宵）衣旰食	xié （协）调	xiè （卸）任
xiōng （胸）膛	xuān （宣）泄	xuān 寒（暄）	yān 语（焉）不详

yàn　yīng	yǎng	yàng	yáo
（燕）舞（莺）歌	（仰）望	荡（漾）	（繇）戍
yáo	yǎo	yē	yè
（尧）舜	（舀）水	因（噎）废食	摇（曳）
yè	yí	yǐ	yì
拜（谒）	（颐）指气使	不能自（已）	（屹）立
yì	yì　yì	yì	yì
（抑）扬顿挫	神采（奕）（奕）	安（逸）	劳（逸）结合
yíng	yōu	yú	yú
（迎）接	利害（攸）关	向（隅）而泣	丰（腴）
yù	yuè	zǎi	záo
富（裕）	（粤）语	（宰）相	穿（凿）附会
zǎo	zào	zéi	zhà
红（枣）	香（皂）	窃（贼）	叱（咤）风云
zhǎn	zhǎn	zhào	zhé
灯（盏）	（展）览	（肇）事	（谪）戍
zhé	zhēn	zhǐ	zhì
（蛰）伏	装（帧）	（抵）掌而谈	（炙）手可热
zhōu	zhǒu	zhuì	zhuó
（周）边	敝（帚）自珍	累（赘）	（琢）磨
zī	zǐ	zuǎn	zūn
（孳）乳	渣（滓）	编（纂）	（遵）循

第三编 容易写错的词

āi
（唉）声叹气

ǎi
和（蔼）可亲

ǎi
（蔼）然

ài
（艾）滋病

ān
（谙）熟

ān
万马齐（喑）

àn
（黯）然失色

áo
独占（鳌）头

bá
飞扬（跋）扈

bá
（跋）山涉水

bá
（拔）刀相助

bǎi
纵横（捭）阖

bài
（稗）官野史

bān
（班）门弄斧

bān
以见一（斑）

bǎn
（阪）上走丸

bǎn
长（坂）坡

bāng
洋泾（浜）

bǎo
永（葆）青春

bào
自（暴）自弃

bào
（暴）发户

bèi
关怀（备）至

bèi
并行不（悖）

bèi
英雄（辈）出

bì
原形（毕）露

bì
（毕）竟

bì
民生凋（敝）

bì
奴颜（婢）膝

bì
大有（裨）益

bì
金（碧）辉煌

bì
遮天（蔽）日

bì
原物（璧）还

biān
针（砭）时弊

biàn
明（辨）是非

bō
调（拨）

bó
赌（博）

bó
（驳）杂

bó
（舶）来品

bó
脉（搏）

bó
锡（箔）

bó
赤（膊）上阵

bù
按（部）就班

bù
开诚（布）公

bù
三（部）曲

bù
（部）署

bù
商（埠）

bù
对（簿）公堂

cái
大（材）小用

cái
因（材）施教

cái
别出心（裁）

cǎi
无精打（采）

cǎi
兴高（采）烈

cǎi
丰富多（彩）

cǎi
理（睬）

cán
（残）酷

cǎn
（惨）无人道

cāng
（沧）海桑田

cāng
（沧）桑

cè
凄（恻）

cè
缠绵悱（恻）

chá 玻璃（碴）	chá 检（察）院	chá 明（察）暗访	chá 审（查）
chá 胡子（茬）	chái 骨瘦如（柴）	chán （蝉）联	chǎn （谄）媚
chāng 为虎作（伥）	cháng 扬（长）而去	cháng 何（尝）	cháng 如愿以（偿）
cháng 好景不（长）	cháng （长）年累月	chè 天崩地（坼）	chè （掣）肘
chè （撤）销	chè 清（澈）见底	chēn （嗔）怒	chén 良（辰）美景
chèn （称）心如意	chèn （谶）语	chēng （瞠）目结舌	chéng 老（成）持重
chéng 相辅相（成）	chéng 墨守（成）规	chéng 计日（程）功	chěng 驰（骋）疆场
chī 鞭（笞）	chī （嗤）之以鼻	chí 一张一（弛）	chí 疾（驰）
chí 矜（持）	chǐ 人所不（齿）	chǐ 豆（豉）	chǐ （褫）夺
chǐ 不足（齿）数	chōng 首当其（冲）	chōng （憧）憬	chóng （重）峦叠嶂
chóu 一（筹）莫展	chóu 觥（筹）交错	chóu （稠）人广众	chú （刍）荛
chú （刍）议	chú （橱）柜	chù 相形见（绌）	chù 家（畜）
chù 发（怵）	chù 罢（黜）	chuān （川）流不息	chuàn （串）门
chuáng 石（幢）	chuí （椎）心泣血	chuí 鼓（槌）	chuō （戳）穿
chuò （辍）学	chún （醇）厚	cí 婉约其（辞）	cí 积极修（辞）
cí 强（词）夺理	cí 义不容（辞）	cí 信口（雌）黄	cì　cì （刺）（刺）不休
cuàn （窜）改文件	cuàn （篡）改历史	cuì 出类拔（萃）	cuì 鞠躬尽（瘁）
cuì 精（粹）	cuō 切（磋）	cuō （蹉）跎	dài 责无旁（贷）

dài 严惩不（贷）	dài 以逸（待）劳	dài 披星（戴）月	dài 感恩（戴）德
dài （戴）罪立功	dài 交（代）清楚	dān dān 虎视（眈）（眈）	dān （耽）搁
dān （殚）精竭虑	dàn 荒（诞）不经	dàn 肆无忌（惮）	dàn 皮（蛋）
dāng 螳臂（当）车	dāng 以一（当）十	dāng 锐不可（当）	dāng 独（当）一面
dǎng 排（挡）	dàng 排（档）	dàng 腾挪跌（宕）	dǎo 投机（倒）把
dǎo 循规（蹈）矩	dào （到）底	dǐ 官（邸）	dǐ 中流（砥）柱
dì 一语破（的）	dì （娣）姒	dì 及（第）	dì （棣）棠
dì 芥（蒂）	dì （睇）眄	diān （掂）量	diān （巅）峰
diàn （玷）污	diàn （惦）记	diàn （玷）辱	diāo （雕）虫小技
diào 提心（吊）胆	diào （掉）以轻心	diào 尾大不（掉）	diào （掉）书袋
dié （迭）起	dié 城（堞）	dié 通（牒）	dié （叠）床架屋
dié 重（叠）	dié 层（叠）	dié 重门（叠）户	dié 更（迭）
dǐng dǐng 大名（鼎）（鼎）	dòng 汗牛充（栋）	dú 连篇累（牍）	dú 穷兵（黩）武
dù 欢（度）	dù （渡）过难关	duàn 一刀两（断）	duō duō （咄）（咄）逼人
é 巍（峨）	è 白（垩）纪	è （噩）耗	ěr 偶（尔）
ěr （迩）安远至	fá （阀）门	fān 三（番）两次	fān （幡）然悔悟
fán 不同（凡）响	fán 要言不（烦）	fǎn 举一（反）三	fáng 冷不（防）
fáng （妨）碍	fēi （蜚）声	fěi （菲）薄	fěi （悱）恻

fěi	fěi	fèi	fèi
（斐）然	（匪）夷所思	（废）寝忘食	浪（费）
fen	fén	fèn	fèn
部（分）	治丝益（棼）	缘（份）	安（分）守己
fèn	fèn	fēng yōng	féng
（奋）发图强	恰如其（分）	（蜂）（拥）而至	阿谀（逢）迎
fū	fū	fū	fú
（肤）浅	（趺）坐	入不（敷）出	深（孚）众望
fú	fú	fú	fú
（服）帖	（怫）然	（茯）苓	（辐）射
fú	fǔ	fǔ	fù
（伏）尸百万	（府）绸	破（釜）沉舟	趋炎（附）势
fù	fù	fù	fù
牵强（附）会	一（服）中药	物（阜）民康	反（复）无常
fù	fù	fù	fù
无以（复）加	名（副）其实	（副）本	（副）食
fù	fù	fù	fù
一（副）手套	（覆）水难收	翻云（覆）雨	颠（覆）
fù	fù	gāi	gài
（覆）盖	（馥）郁	言简意（赅）	英雄气（概）
gān	gǎn	gāng	gāng
立（竿）见影	秸（秆）	金（刚）石	花石（纲）
gāng	gāng	gāng	gāo
（纲）纪	井（冈）山	金（刚）钻	（膏）粱子弟
gào	gén	gèn	gēng
（诰）命	捧（哏）	（亘）古未有	贵（庚）
gēng	gěng gěng	gěng	gōng
（赓）续	（耿）（耿）于怀	（哽）咽	鬼斧神（工）
gōng	gōng	gōng	gōng
（工）于心计	前倨后（恭）	卑（躬）屈膝	事必（躬）亲
gòng	gòu	gòu	gòu
上（供）	（诟）病	污（垢）	（媾）和
gū	gǔ	gǔ	gǔ
待价而（沽）	悬梁刺（股）	（蛊）惑人心	一（鼓）作气
gù	gù	gù	guà
明知（故）犯	依然（故）我	沉（痼）	算（卦）

guǎ （剐）蹭	guān 羽扇（纶）巾	guàn 鱼（贯）而行	guàn 恶（贯）满盈
guàn （灌）输	guàn 醍醐（灌）顶	guāng 发扬（光）大	guǎng 粗（犷）
guī 萧（规）曹随	guǐ 步入正（轨）	guǐ （诡）计	guǐ （诡）秘
guǐ 日（晷）	guì 米珠薪（桂）	guō （聒）耳	guō （聒）噪
guǒ 食不（果）腹	guǒ （蜾）蠃	hān （憨）态可掬	hán （涵）容
hàn 精（悍）	hàn （焊）接	hàn （颔）首	hàn （翰）墨
hāo 蓬（蒿）	hào （皓）首穷经	hào （皓）月当空	hé 貌（合）神离
hé 中（和）	hé 饱（和）	hé （和）盘托出	hé 弹（劾）
hé 隔（阂）	hé 闸（盒）	hé （涸）泽而渔	hè 曲高（和）寡
hè 随声附（和）	he 凑（合）	hēng 万事（亨）通	hōng （哄）堂大笑
hóng 宽（宏）大量	hóng 声音（洪）亮	hóng 声如（洪）钟	hóng （洪）炉燎发
hóng 霓（虹）	hóng （鸿）沟	hóng （鸿）儒	hóng （鸿）篇巨制
hú 醍（醐）灌顶	hú 茶（壶）	hu 诈（唬）	hu 马（虎）
huà （画）地为牢	huán 惨绝人（寰）	huàn 风云变（幻）	huàn （涣）然冰释
huàn （焕）然一新	huàn 精神（焕）发	huàn （涣）散	huāng 病入膏（肓）
huáng 张（皇）失措	huáng 富丽堂（皇）	huáng 城（隍）	huáng 彷（徨）
huáng 惊（惶）失措	huáng （磺）胺	huáng 蚂（蝗）	huī 心（灰）意懒
huī （诙）谐	huī huī （恢）（恢）有余	huì 融（会）贯通	huì （荟）萃
huì 杂（烩）	huì 直言不（讳）	huì 韬光养（晦）	huì （晦）气

huì （蕙）质兰心	huì 风雨如（晦）	hún （浑）身是胆	hún hún （浑）（浑）噩噩
Hún （珲）春市	hùn 插科打（诨）	jī 珠（玑）	jī （犄）角
jī 侦（缉）	jī （畸）形	jī （激）浊扬清	jī （缉）拿
jī （跻）身	jī （辑）录	jí 迫不（及）待	jí （及）早
jí jí （岌）（岌）可危	jí 若（即）若离	jí （即）使	jí 可望而不可（即）
jí （亟）待	jí （疾）风劲草	jí 痛心（疾）首	jí （集）思广益
jí 剪（辑）	jí 贫（瘠）	jí 杯盘狼（藉）	jí 典（籍）
jí 愤世（嫉）俗	jí 大声（疾）呼	jí 眼（疾）手快	jì 不（计）其数
jì 故（伎）重演	jì （纪）年	jì （纪）实	jì 黔驴（技）穷
jì 模范事（迹）	jì 无（济）于事	jì （既）然	jì 一如（既）往
jì 丰功伟（绩）	jì 纲（纪）	jì 传（记）	jì （纪）录片
jì （继）往开来	jì 光风（霁）月	jiā （浃）辰	jiā （浃）沦肌髓
jiā 胡（笳）	jiā （跏）趺	jiā （嘉）宾	jiā （嘉）奖
jiá 豆（荚）	jiá （戛）然而止	jiǎ （岬）角	jiǎ 肩（胛）骨
jiǎ 不（假）思索	jiān 草（菅）人命	jiān 信（笺）	jiān （湔）雪
jiān 三（缄）其口	jiān （坚）壁清野	jiān （缄）口不言	jiǎn 挑肥（拣）瘦
jiǎn （简）朴	jiǎn 精兵（简）政	jiǎn 精（简）	jiǎn 挑三（拣）四
jiǎn 披沙（拣）金	jiàn 蜜（饯）	jiàn 唇枪舌（剑）	jiàn （健）忘

jiàn	jiàn	jiàn	jiāo
糟（践）	肌（腱）	（僭）越	（茭）白
jiāo	jiǎo	jiǎo	jiǎo
（骄）阳	（侥）幸	（矫）揉造作	（矫）健
jiǎo	jiǎo	jiē	jiē
挖墙（脚）	（绞）尽脑汁	（疖）子	麦（秸）
jié	jié	jié	jié
开源（节）流	目不交（睫）	直（截）了当	（截）然不同
jié	jié	jiè	jīn
（孑）然一身	攻（讦）	枕（藉）	一诺千（金）
jīn	jīn	jǐn	jìn
情不自（禁）	弱不（禁）风	饥（馑）	精（进）勇猛
jìn	jìn	jìn	jīng jīng
（觐）见	（噤）若寒蝉	不（近）人情	（兢）（兢）业业
jǐng	jǐng	jìng	jìng
陷（阱）	以（儆）效尤	大相（径）庭	耳根清（净）
jìng	jìng	jìng	jìng
不（胫）而走	（痉）挛	（竟）然	毕（竟）
jìng	jìng	jìng	jìng
有志（竟）成	事过（境）迁	物（竞）天择	穷原（竟）委
jiǒng	jiū jiū	jiū	jiù
（迥）然不同	（赳）（赳）武夫	抓（阄）	既往不（咎）
jū	jū	jū	jǔ
（雎）鸠	蹴（鞠）	（鞫）为茂草	含英（咀）华
jù	jù	jù	jù
才（具）	家（具）	前（倨）后恭	面面（俱）到
jù	jù	jù	jù
（据）为己有	龙盘虎（踞）	一应（俱）全	百废（待）兴
juān	jué	jué	jué
细大不（捐）	（诀）别	（绝）对	大放（厥）词
jué	jué	jué	jué
竭（蹶）	一（蹶）不振	永（诀）	赞不（绝）口
jué	jūn	jùn	jùn
纵横（决）荡	千（钧）一发	（峻）急	疏（浚）
jùn	kān	kān	kàng
（竣）工	不（刊）之论	（堪）舆	不卑不（亢）

kǎo	kào	kē	kē
（拷）贝	（犒）劳	（科）头跣足	不落（窠）臼
kè	kè	kēng	kǒng
（刻）苦	（刻）不容缓	一声不（吭）	（倥）偬
kōu	kòu	kū	kù
（眍）瞜凹相	不折不（扣）	（骷）髅	纨（绔）子弟
kuài	kuài	kuài	kuāng
狡（狯）	（脍）炙人口	外（快）	（诓）骗
kuí kuí	kuì	kuì	kǔn
众目（睽）（睽）	昏（聩）无能	功亏一（篑）	（壸）闱
lā	là	là	lài
（邋）遢	（蜡）梅	心狠手（辣）	死皮（赖）脸
lán	lán	lán	lán
蔚（蓝）	（谰）言	狂（澜）	花（篮）
lán	lán	lán	làn
（篮）球	斑（斓）	青出于（蓝）	（滥）觞
làn	láng láng	lǎng lǎng	léi
（滥）调	书声（琅）（琅）	（朗）（朗）上口	（嫘）祖
léi	léi	lǐ	lǐ
（缧）绁之忧	（羸）弱	赔（礼）道歉	鞭辟入（里）
lǐ	lǐ	lì	lì
知书达（理）	强词夺（理）	鼎（力）相助	色（厉）内荏
lì	lì	lì	lì
变本加（厉）	再接再（厉）	（励）精图治	（利）害得失
lì	lì	lì	lì
老骥伏（枥）	暴（戾）恣睢	史无前（例）	骈（俪）
lì	lì	lì	lì
伶牙（俐）齿	火中取（栗）	淬（砺）	风声鹤（唳）
lì	lì	lì	lián
雷（厉）风行	披肝（沥）胆	铺张扬（厉）	藕断丝（连）
lián	lián	lián	liàn
浮想（联）翩	（联）袂	并（联）	（炼）句
liàn	liáng	liáo liáo	liáo
简（练）	黄（粱）美梦	（寥）（寥）无几	穷困（潦）倒
liáo	liè	liè	lín
眼花（缭）乱	寒风凛（冽）	泉水清（冽）	（琳）琅满目

lín
（嶙）峋

lín
甘（霖）

lín
遍体（鳞）伤

lín
凤毛（麟）角

lín
毗（邻）

líng
高屋建（瓴）

Líng
（零）售

lìng
巧言（令）色

liú
（流）连忘返

liú
蒸（馏）水

long
窟（窿）

lǒng
得（陇）望蜀

lù lù
庸庸（碌）（碌）

lù
（勠）力同心

Lu
骨（碌）

luán
禁（脔）

lún
语无（伦）次

lún
囫（囵）吞枣

lún
满腹经（纶）

lún huàn
美（轮）美（奂）

lún
巧妙绝（伦）

luó
门可（罗）雀

luò
脉（络）分明

lǚ
衣衫褴（褛）

lüè
浮光（掠）影

lüè
攻城（略）地

Màn
（曼）妙

màn
轻歌（曼）舞

màn
滋（蔓）

màn
无理（谩）骂

màn
傲（慢）

màn
（漫）山遍野

màn
（蔓）延

mǎng
（蟒）袍玉带

máo
初出（茅）庐

máo
时（髦）

máo
名列前（茅）

mǎo
（铆）钉

mào
广（袤）

mào
（贸）然从事

mèn
愤（懑）

měng
（懵）懂

mí
（弥）天大谎

mí
（谜）语

mí
所向披（靡）

mí
（糜）烂

mí
风（靡）一时

mí
羁（縻）

mǐ mǐ
（靡）（靡）之音

mǐ
（靡）日不思

mì
奥（秘）

mì
（秘）而不宣

mì
绝（密）

mì
安（谧）

mì
甜言（蜜）语

mián
（绵）里藏针

miǎn
（勉）为其难

miǎn
冠（冕）堂皇

miǎn
（缅）怀

miǎo
岁（杪）

miǎo
虚无缥（缈）

miǎo
（藐）视

míng
莫可（名）状

míng
（明）信片

míng
自（鸣）得意

míng
（冥）思苦想

míng
（溟）蒙

míng
死不（瞑）目

míng
（明）哲保身

míng
莫（名）其妙

mó
临（摹）

mó
（膜）拜

mó	mó	mó	mó
（摩）拳擦掌	（摩）肩接踵	口（蘑）	（摩）崖
mò	mò	mò	mò
（蓦）然回首	（漠）不关心	（墨）守成规	民（瘼）
mò mò	mò	mò	móu
（默）（默）无闻	近（墨）者黑	（没）齿难忘	（牟）取暴利
móu	mǔ	mù	mù
未雨绸（缪）	大（拇）指	（募）捐	（慕）名而来
mù	nà	nà	nà
肃（穆）	腽（肭）	百（衲）本	按（捺）不住
nài	nài	nǎn	nǎng
无可（奈）何	俗不可（耐）	（赧）颜	（曩）日
nǎo	nǎo	nǎo	nè
懊（恼）	（恼）羞成怒	玛（瑙）	木（讷）
nì	nì	niè	niè
亲（昵）	（溺）爱	杌（陧）	圭（臬）
niè	niè niè	niè	niǔ
（颞）颥	（蹑）手（蹑）脚	分（蘖）	（狃）于成见
niǔ	niǔ	nóng	nú
（忸）怩不安	枢（纽）	（脓）肿	妻（孥）
nú	nú	nǔ	nuò nuò
罪不及（孥）	（驽）钝	强（弩）之末	唯唯（诺）（诺）
ōu	ōu	ōu	ōu
（讴）歌	茶（瓯）	金（瓯）无缺	斗（殴）
ǒu	ǒu	òu	pái
（呕）心沥血	无独有（偶）	（怄）气	（俳）优
pán	páo	páo	péi
坚如（磐）石	越俎代（庖）	如法（炮）制	（赔）礼
péng	péng	peng	péng
（蓬）筚生辉	（澎）湃	斗（篷）	（膨）胀
pī	pī	pī	pǐ
（纰）漏百出	（披）沙拣金	（霹）雳	嗜痂成（癖）
pǐ	pì	pì	pì
颓（圮）	鞭（辟）入里	开天（辟）地	荒（僻）
pì	pì	pì	piān
（譬）如	（辟）谣	（辟）邪	（翩）跹

piān piān （翩）（翩）起舞	piǎo 饿（殍）遍野	pín 东施效（颦）	pīng （娉）婷
píng 草（坪）	píng （凭）眺	píng （凭）借	píng （平）心而论
pǒ 心怀（叵）测	pò 糟（粕）	póu （抔）饮	póu 一（抔）黄土
pū 前（仆）后继	pū pū 红（扑）（扑）	pū 颠（扑）不破	pū （扑）朔迷离
pú pú 风尘（仆）（仆）	pú （匍）匐	pú （璞）玉浑金	pǔ 黄（浦）江
pǔ 鸭（蹼）	qī （沏）茶	qī （蹊）跷	qí 出（其）不意
qí （崎）岖	qí 星罗（棋）布	qí 夸夸（其）谈	qǐ （启）用试卷
qǐ （起）用干部	qì 付（讫）	qì （迄）今	qì 修（葺）
qì （器）宇轩昂	qì 默（契）	qì 雕（砌）	qì 起（讫）
qià （恰）如其分	qià （洽）谈业务	qián （钤）记	qiǎn （谴）责
qiǎn （缱）绻	qiàn （纤）夫	qiàn 勾（芡）	qiǎn 狐（肷）
qiàn （歉）收	qiāng （蜣）螂	qiáng jí （樯）倾（楫）摧	qiǎng （襁）褓
qiāo （硗）确	qiāo 雪（橇）	qiáo （乔）装打扮	qiáo （荞）麦
qiáo （憔）悴	qiào 讥（诮）	qié （伽）蓝	qiè 露（怯）
qiè 提纲（挈）领	qìn 胡（吣）	qīng 山（清）水秀	qǐng （顷）刻之间
qǐng 碧波万（顷）	qǐng （謦）欬	qìng （罄）竹难书	qióng qióng （茕）（茕）孑立
qiú （犰）狳	qū 委（曲）求全	qū 并驾齐（驱）	qū 首（屈）一指
qū 卑躬（躬）膝	qū （屈）折语	qū （屈）指可数	qū （胠）箧

qū	qú	quān	quán
（祛）疑	清（癯）	怙恶不（悛）	（诠）才末学
quàn	què	quē	què
入场（券）	（却）之不恭	乙（炔）	鸠占（鹊）巢
què	què	què	què
商（榷）	宫（阙）	前（阕）	欢呼（雀）跃
rán	ráng	rǎng rǎng	ráo
防患未（然）	（禳）解	熙熙（攘）（攘）	（桡）骨
rén	rěn	rěn	rěn
当（仁）不让	（荏）苒	（荏）弱	色厉内（荏）
rèn rèn	rèn	rèn	rèn
（任）劳（任）怨	（韧）劲	（韧）带	发（轫）
rèn	róng	róng	róng
烹（饪）	投笔从（戎）	人参鹿（茸）	峥（嵘）
róng	róng	róu zuò	róu
（熔）古铸今	（融）为一体	矫（揉）造（作）	杂（糅）
róu	róu	rú	rú
（蹂）躏	（鞣）料	含辛（茹）苦	耳（濡）目染
rú	rú	rù	rù
（孺）子	（蠕）动	坐（蓐）	（缛）礼烦仪
ruì	rùn	ruò	sāi
方（枘）圆凿	（闰）年	（偌）大	（腮）颊
sāi	sǎn	sàng	sào
鱼（鳃）	（馓）子	（丧）心病狂	（瘙）痒
shā	shā	shà	shà
羽（纱）	大（煞）风景	（歃）血为盟	（煞）费苦心
shà	shān	shān	shān shān
（霎）时间	阑（珊）	（潸）然泪下	（姗）（姗）来迟
shàn	shàn	shàn	shàn
（讪）笑	（讪）脸	（善）罢甘休	（缮）甲治兵
shàn	shàn	shàn	shàn
（擅）壑专丘	（嬗）变	（赡）养	丰（赡）
shāng	shǎng	shàng	shāo
国（殇）	激（赏）	礼（尚）往来	喜上眉（梢）
shāo	shāo	shāo	shāo
（稍）纵即逝	斗（筲）穿窬	（筲）箕	（艄）公

shāo 鞭（鞘）	shào （潲）色	shē （赊）账	shē （畲）族
shè 跋（涉）	shè 威（慑）	shè （赦）免	shè （摄）人魂魄
shēn 引（申）	shēn 三令五（申）	shēn 奋不顾（身）	shēn 终（身）受益
shěn 精（审）	shèn （蜃）景	shèn （瘆）人	sheng 外（甥）
shēng 舍（生）取义	shēng 谈笑风（生）	shēng 终（生）事业	shēng 歌舞（升）平
shèng （圣）手	shèng 名（胜）古迹	shèng （盛）况空前	shǐ 驾（驶）
shǐ 鬼（使）神差	shì 告（示）	shì 身体姿（势）	shì 大（是）大非
shì 有（恃）无恐	shì （弑）君	shì 手不（释）卷	shì 吞（噬）
shì 惹（是）生非	shì 无（事）生非	shì （拭）目以待	shì （视）死如归
shì （适）得其反	shǒu 额（手）称庆	shǒu （首）屈一指	shǒu 搔（首）弄姿
shū 不辨（菽）麦	shū 布衣（疏）食	shú （赎）买	shú 私（塾）
shú （赎）罪	shǔ 中（暑）	shǔ 部（署）	shǔ 行（署）
shǔ （署）名	shǔ 番（薯）	shǔ （曙）光	shù 富（庶）
shù （漱）口	shù 独（树）一帜	shù 卫（戍）区	shuǎ （耍）弄
shùn （瞬）息万变	sī （司）空见惯	sī （厮）混	sī （嘶）喊
sī （厮）杀	sì （肆）无忌惮	sì （嗣）响	sōng 雾（凇）
sōng 吴（淞）口	sǒng 毛骨（悚）然	sòng 朗（诵）	sōu （搜）罗人才
sōu　sōu 凉（飕）（飕）	sū 蟮（酥）	sū （酥）软	sù 起（诉）

sù	sù	suàn	Suī
（溯）源穷流	（夙）兴夜寐	装（蒜）	（睢）县
suī	suǐ	suì	suì
恣（睢）无忌	精（髓）	鬼（祟）	作（祟）
suì	suì	sūn	suō
（隧）道	深（邃）	猢（狲）	（蓑）笠
suō	suǒ	tā	tǎ
（蓑）衣	烦（琐）	（趿）拉	水（獭）
tà	tà	tà	tāi
（沓）来踵至	杂（沓）	纷至（沓）来	舌（苔）
tái	tán	tán	tán
蒜（薹）	（昙）花一现	（檀）香	天方夜（谭）
tǎn	tǎn	tàn	tàn
偏（袒）	（袒）胸露背	木（炭）	（碳）素
tāng	táng	táng	tang
（蹚）水过河	荒（唐）无稽	（唐）突	名（堂）
táng	táng	táo	táo
炉（膛）	紫（糖）色	嚎（啕）	酕（醄）
táo táo	téng	tí	tí
其乐（陶）（陶）	（誊）写	前（提）	（提）纲
tí	tì	tián	tián
（题）词	破（涕）为笑	（恬）不知耻	义愤（填）膺
tiāo	tiáo	tiào	tiē
轻（佻）	（笤）帚	（眺）望	妥（帖）
tiē	tiē	tiē tiē	tiè
张（贴）	俯首（帖）耳	服服（帖）（帖）	字（帖）
tíng	tíng	tíng	tíng
教（廷）	（庭）除	分（庭）抗礼	蜻（蜓）
tíng	tíng tíng	tǐng	tōng
雷（霆）万钧	（亭）（亭）玉立	（铤）而走险	（通）盘
tóng	tǒng	tǒng	tòng
（瞳）孔	竹（筒）	（筒）瓦	千古一（恸）
tú	tú	tú	tú
（荼）毒	滩（涂）	（屠）门大嚼	如火如（荼）
tú	tuí	tuì	Tuó
（荼）毒生灵	（颓）唐	（蜕）化变质	华（佗）

tuó
（陀）螺

tuó
秤（砣）

tuó
蹉（跎）岁月

tuó
（鸵）鸟

tuò
击（柝）

tuò
（跅）弛不羁

wǎi
海参（崴）

wǎi
（崴）泥

wān
（豌）豆

wán
（顽）童

wǎn
（宛）若

wǎn
（惋）惜

wǎn
凄（婉）

wǎng
（枉）费心机

wǎng
欺（罔）

wǎng
凄（惘）

wǎng
置若（罔）闻

wàng
痴心（妄）想

wàng
名门（望）族

wēi
（葳）蕤

wēi
（巍）峨

wéi
（闱）墨

wéi
（桅）杆

wéi
（唯）命是听

wéi wéi
（惟）妙（惟）肖

wéi
（嵬）目鸿耳

wěi
推（诿）

wěi
（萎）缩

wěi
（萎）靡不振

wěi
（猥）亵

wěi
甘冒不（韪）

wei
刺（猬）

wēn
（瘟）神

wēng wēng
（嗡）（嗡）响

wěng
（蓊）郁

wèng
（瓮）城

wèng
（蕹）菜

wō
（莴）苣

wō
（倭）寇

wō
折臂（踒）足

wò
运筹帷（幄）

wò
优（渥）

wò
（斡）旋

wò
达（斡）尔族

wū
（钨）丝

wū
（钨）砂

wū wū
爱（屋）及（乌）

wú
（毋）庸置疑

wú
（芜）杂

wú
（蜈）蚣

wǔ
（怃）然

wù
山（坞）

wù
（晤）面

wù
心无旁（骛）

wù
好高（骛）远

wù
趋之若（鹜）

wù
宁缺（勿）滥

xī
潮（汐）

xī
（稀）世之珍

xī
分崩离（析）

xī
（恓）惶

xī
偃旗（息）鼓

xī
（奚）落

xī
（淅）沥

xī
白（皙）

xī
月明星（稀）

xī
祖（裼）裸裎

xī
（豨）莶

xī
另辟（蹊）径

xī xī
（嘻）（嘻）哈哈

xí
（袭）故蹈常

xí
沿（袭）

xí
传（檄）而定

xí
（檄）文

xǐ
（铣）床

xǐ
（徙）善远罪

xiá
促（狭）

xiá
闻名（遐）迩

xiá
（瑕）疵

xiá
（瑕）瑜互见

xiá
无（暇）顾及

xiá
目不（暇）接

xiān
翩（跹）

xián
（娴）熟

xián
船（舷）

xiǎn
（猃）狁

xiǎn
（跣）足

xiǎn
苔（藓）

xiàn
汗（腺）

xiàn
图穷匕（见）

xiāng
（厢）房

xiāng
（镶）嵌

xiáng
周（详）

xiáng
（祥）和

xiǎng
月（饷）

xiǎng
坐（享）其成

xiàng
识（相）

xiàng
征（象）

xiàng
佛（像）

xiàng
（橡）皮

xiàng
肖（像）

xiāo
（骁）勇善战

xiāo
倾（销）

xiāo
（销）声匿迹

xiāo
（箫）韶九成

xiāo
气冲（霄）汉

xiāo xiāo
（哓）（哓）不休

xiǎo
（晓）谕

xiào
不（肖）子孙

xiào
胁肩谄（笑）

xiào
（啸）傲湖山

xié
歪风（邪）气

xié
（胁）肩累足

xié
（挟）嫌

xié
（偕）行

xié
（谐）声

xiè
缧（绁）

xiè
（卸）妆

xiè
不（屑）一顾

xiè
（懈）怠

xīn
气门（芯）

xīn
徙（薪）曲突

xīn
（馨）香

xīn
（欣）喜若狂

xīn
欢（欣）鼓舞

xìn
（囟）门

xīng xīng
（惺）（惺）相惜

xīng sōng
睡眼（惺）（忪）

xíng
模（型）

xíng
如影随（形）

xìng
（兴）致索然

xìng
（悻）然

xiōng xiōng
气势（汹）（汹）

xiū
（休）养生息

xiù
（绣）球

xiù
（锈）病

xū xū
气喘（吁）（吁）

Xū
（盱）眙

xū
颛（顼）

xū
殷（墟）

xū
长（吁）短叹

xǔ
自（诩）

xǔ xǔ
（栩）（栩）如生

xù
（绪）余

xù 手（续）	xù （蓄）怨	xuān （宣）泄	xuān （喧）闹
xuān （喧）嚣	xuān （喧）宾夺主	xuān 寒（暄）	xuān （煊）赫
xuán （璇）玑	xuàn （炫）耀	xuàn （渲）染	xūn　xūn 醉（醺）（醺）
xún （循）序渐进	xún （寻）章摘句	xùn （汛）期	xùn 雅（驯）
xùn （徇）私舞弊	xùn 不（徇）私情	yá （睚）眦必报	yá　yá （牙）（牙）学语
yà 倾（轧）	yà 惊（讶）	yà （揠）苗助长	yān （湮）没无闻
yán （妍）蚩好恶	yán 蜿（蜒）	yán 屋（檐）	yǎn （俨）乎其然
yǎn 敷（衍）塞责	yǎn 梦（魇）	yàn （赝）品	yáng （佯）攻
yáng 徜（徉）	yàng　yàng （怏）（怏）不乐	yáo 玉（珧）	yáo （徭）役
yǎo （杳）无音信	yè 拜（谒）	yè 集（腋）成裘	yī 作（揖）
yī 开门（揖）盗	yí 逶（迤）	yí （贻）笑大方	yí （圯）桥
yǐ （旖）旎	yǐ 由来（已）久	yǐ （倚）老卖老	yǐ 夜（以）继日
yì 游（弋）	yì 不可思（议）	yì （屹）立	yì （呓）语
yì 造（诣）	yì 苦心孤（诣）	yì （驿）站	yì 演（绎）
yì 疆（埸）	yì 一劳永（逸）	yì （肄）业	yì 词不达（意）
yì （弈）棋	yì　yì 神采（奕）（奕）	yì 深情厚（谊）	yì 辞严（义）正
yì 深明大（义）	yīn 绿树成（阴）	yīn 绿草如（茵）	yīn （茵）席之臣
yín 一望无（垠）	yǐn 上（瘾）	yīng （膺）篆受图	yíng 坟（茔）
yíng （荧）惑	yíng （萤）火虫	yíng （萦）绕	yíng （楹）联

yìng 化学反（应）	yìng 反（映）意见	yōng 疽（痈）	yōng （壅）塞
yōng 蜂（拥）而至	yǒng 歌（咏）	yǒng 怂（恿）	yōu （优）柔寡断
yōu 生死（攸）关	yōu （幽）静	yōu （悠）长	yóu 怨天（尤）人
yóu 记忆（犹）新	yóu 过（犹）不及	yǒu 良（莠）不齐	yòu 苑（囿）
yú 滥（竽）充数	yú 阿（谀）	yú 向（隅）而泣	yú 始终不（渝）
yú （逾）期	yú 负（隅）顽抗	yù （预）示	yù 手（谕）
yù 视（阈）	yù 手头宽（裕）	yù （毓）子孕孙	yù 钟灵（毓）秀
yù 鬼（蜮）伎俩	yuán （元）气大伤	yuán 断壁颓（垣）	yuán 滚（圆）
yuán （缘）木求鱼	yuán 世外桃（源）	yuán （辕）门	yuán 幅（员）辽阔
yuán （圆）满	yuán 汤（圆）	yún 耕（耘）	yǔn （殒）命
yùn （蕴）藏	zā （咂）嘴	zào 干（燥）	zào 暴（躁）如雷
zào 烦（躁）	zèn mán （谮）下（谩）上	zé zé 人言（啧）（啧）	zhā 面包（渣）
zhá 书（札）	zhá （轧）钢	zhà 敲（诈）	zhà （榨）取
zhái （择）菜	zhān zhān （沾）（沾）自喜	zhān （谵）妄	zhān （粘）连
zhǎn （斩）钉截铁	zhǎn yì （斩）将（刈）旗	zhǎn （崭）露头角	zhàn （蘸）火
zhāng 改弦更（张）	zhāng （樟）脑	zhǎng （涨）潮	zhàng 仪（仗）
zhàng （账）款	zhàng 鼓（胀）	zhàng 一叶（障）目	zhàng 肿（胀）
zhàng 明火执（仗）	zhàng （账）号	zhāo （昭）然若揭	zhào （诏）令
zhé 动（辄）得咎	zhé 海（蜇）	zhé （谪）居	zhě （褶）皱

zhè （蔗）糖	zhēn 装（帧）	zhēn （甄）别	zhēn （箴）言
zhēn （箴）末	zhěn （轸）念	zhěn （畛）域	zhěn （缜）密
zhèn （振）聋发聩	zhèn （震）耳欲聋	zhèn 坐（镇）	zhèn zhèn （振）（振）有词
zhēng 旁（征）博引	zhēng （狰）狞	zhēng （症）结	zhěng （拯）溺扶危
zhèng （郑）重其事	zhèng （诤）友	zhí （执）意	zhí 仗义（执）言
zhǐ （旨）趣	zhǐ （咫）尺天涯	zhì （志）喜	zhì 出奇（制）胜
zhì 轩（轾）不分	zhì （致）远任重	zhì （置）办	zhì 精诚所（至）
zhì （至）于	zhì 以（致）	zhì 仁（至）义尽	zhì 停（滞）不前
zhì 利令（智）昏	zhōng （衷）肠	zhōng 莫（衷）一是	zhōng 一见（钟）情
zhōng 言不由（衷）	zhǒng 接（踵）而来	zhōu （诌）上抑下	zhōu zhōu 文（绉）（绉）
zhōu 绿（洲）	zhū （侏）儒	zhū （株）连蔓引	zhǔ 高瞻远（瞩）
zhù （伫）立	zhù 孤（注）一掷	zhù （蛀）虫	zhuàn 编（撰）
zhuàn （馔）玉炊珠	zhuāng 梳（妆）打扮	zhuàng 招摇（撞）骗	zhuì （缀）集
zhuì zhuì （惴）（惴）不安	zhuó 真知（灼）见	zhūn zhūn （谆）（谆）教导	zhuó （擢）发难数
zī （辎）重	zī zī （孳）（孳）汲汲	zǐ 床（笫）之私	zì （恣）意妄为
zǔ 刀（俎）余生	zuǎn 编（纂）	zuì （蕞）尔	zuò 胡（作）非为
zuò （作）弊	zuò （坐）落	zuò （做）游戏	zuò 当（作）
zuò （做）寿	zuò （做）贼心虚	zuò （作）壁上观	zuo 做（作）

第四编　容易写错笔顺的字[1]

序号	部件	笔画数	跟随式笔顺	字例（包含笔画、部件相似的字）
1	匚[2]	2	一 匚	区匹巨叵匝臣匠匡匭医匿
2	丂[3]	2	一 丂	亏兮巧号考朽污拷烤铐聘
3	〢[4]	2	丨 〢	临坚肾贤竖监紧鉴
4	刂[5]	2	丨 刂	帅归师
5	冂[6]	2	丨 冂	冈同网罔尚
6	乂[7]	2	丿 乂	义区刈父爻凶风艾史交赵爽攀
7	九	2	丿 九	丸仇艽旯旭旮
8	匕	2	丿 匕	化龙吪华花货靴牝讹哗桦烨[8] 仑比北尼老死此旨批屁论妣枇毗[9]
9	卩[10]	2	㇆ 卩	印卬卯却卵即卸卿
10	阝[11]	2	㇌ 阝	队阵防陆陲障隅　邓邨郊郱

① 此编为容易写错笔顺的字的跟随式笔顺答案［以笔画多少为序，“忄”除外。笔画顺序为：横竖撇点（丶、㇏）折］。每个部件之后列含该部件的字，或含与该部件笔画相似的部件的字若干，以作练习该部件书写之用，期能举一反三。有时也旁及其他部件的写法，如“乂”下的“区”，既涉及“乂”的写法，也涉及“匚”的写法。又如，在部件“月”之后，会列出“凡风凤用周”等并不含“月”的字，是因为“凡风凤用周”等字的首笔如“月”。有些字例可能重出，如“区”字分别出现在“匚”后和“乂”后。有些部件有包含与被包含的关系，如“卩”“卬”有包含和被包含的关系，之所以均作为部件，是因为“印”等从卩不从卬，而“仰”“迎”等从卬。例字一般只列简化字，个别没有含该部件简化字的列繁体字，如部件“鬯”列“郁”的繁体“鬱”。

② 三匡栏，音 fāng。

③ 音 kǎo，“考”的古字。“丂”不可写作“5”。

④ “〢”是部件“臣”的简化，注意同“刂”区别。临、坚、肾的繁体作臨、堅、腎，其他字类推。

⑤ “刂”是部件“𠂤”的简化，注意同“〢”区别。帅、归、师的繁体作帥、歸、師。

⑥ 同字框，音 jiǒng，左笔不能写作丿，与“月”“用”等的首笔区别。

⑦ 音 yì。

⑧ 撇和竖弯钩交叉，撇出头。

⑨ 撇和竖钩或竖弯钩不交叉，撇不出头。

⑩ 单耳旁，音 jié。

⑪ 双耳旁。在左者叫左耳旁，由“阜”演变而来；在右者叫右耳旁，由“邑”演变而来。

续表

序号	部件	笔画数	跟随式笔顺	字例（包含笔画、部件相似的字）
11	丩①	2	㇗ 丩	叫纠收赳
12	乃	2	㇋ 乃	仍扔艿孕氖奶
13	廴②	2	㇊ 廴	廷延廼建
14	㔾③	2	㇆ 㔾	厄仓创卮夗宛危范报服卷巹顾
15	士④	3	一 十 士	吉洁结桔壶秸　志壮壳声喜壹嘉
16	土⑤	3	一 十 土	去圣圭坐寺侍诗痔等　周袁幸
17	丌⑥		一 丆 丌	亓畀痹箅鼻
18	廾⑦	3	一 𠂇 廾	异弄奔弁弈算弊
19	尢⑧	3	一 𠂇 尢	尥尬尴
20	与	3	一 ㇉ 与	写屿玙欤
21	万	3	一 ㇇ 万	方厉劢迈朸砺疠
22	山	3	丨 ㇄ 山	屹岁岂岌屿岖岐岚岗岛岔岑
23	犭	3	㇒ ㇓ 犭	犯狈狄狂狃犹狍狠猥
24	丸	3	丿 九 丸	执纨孰
25	及	3	丿 乃 及	伋圾芨吸岌汲级极笈趿
26	丬⑨	3	丶 ㇀ 丬	壮妆状将
27	门⑩	3	丶 亻 门	闩闰闹闳闵闷闸闹闻阉阑
28	辶⑪	3	丶 ㇋ 辶	辽边迈过达迅连迎逢透
29	彐⑫	3	㇕ ㇕ 彐	归刍扫寻当妇邹帚雪侵寝
30	卂⑬	3	㇈ 𠃌 卂	讯汛迅茕
31	尸	3	㇕ コ 尸	尺尼局屁尿尾居
32	巳	3	㇕ コ 巳	包异导祀巷巽
33	也	3	㇆ 𠄌 也	匜他地池弛她驰
34	女⑭	3	ㄑ 女 女	妨妫妞妪姆妮姊姬　妆妻妾安姜

① 音 jiū，“纠”的古字，竖提与竖不交叉。不能写如阿拉伯数字“4”。

② 建之旁，音 yǐn，左下包围结构，先里后外。注意和“辶”的写法加以区别。

③ 音 xiān 或 jié。

④ 不要与“土”混淆。

⑤ 不要与“士”混淆。

⑥ 音 jī、qí，“丌”的撇和竖不出头，与“廾”区别。

⑦ 音 gǒng，撇和竖出头，与“丌”区别。

⑧ 音 wāng，“跛”的意思，字形注意与“九”区别。

⑨ 壮字旁，将字旁。

⑩ 先写点。

⑪ 走之旁，音 chuò，由“辵”演变而来。

⑫ 雪字底，音 jì或 xuě。“彐”的中横右不出头。

⑬ 音 xùn，“迅”的古字。

⑭ 女作独体字、在字的下部或作右偏旁时，横与撇只接触，不交叉，横向右略长；女字作左偏旁时，横与撇接触后，不向右长出，构成一定角度即可，横不改为提。

续表

序号	部件	笔画数	跟随式笔顺	字例（包含笔画、部件相似的字）
35	叉	3	㇇又叉	杈钗衩蚤
36	丰	4	一二三丰	丰蚌艳契 耒耕耙 邦帮绑 刊[①] 拜[②]
37	王	4	一二干王	玉主呈闰皇琵瑟 玻[③]珑班琇瑳瑰瑁
38	巿[④]	4	一冂巿巿	芾沛霈旆肺
39	五	4	一丆五五	伍吾圄
40	区	4	一㇇㐅区	匹巨叵匝臣匠匡匜医匿[⑤]
41	车	4	一𠂉𠫔车	连轰辇辈
42	车[⑥]	4	一𠂉车车	轨轩轫转轭轮轲轴较
43	戈[⑦]	4	一弋戈戈	戊戉戌戍戎戒成或戕 弋犬
44	牙	4	一𠃋于牙	伢讶邪芽呀迓穿鸦蚜衺雅
45	互	4	一𠄌丂互	椽掾缘篆
46	切	4	一七切切	彻沏砌窃
47	瓦[⑧]	4	一丆瓦瓦	瓩瓯翁瓴瓷瓶甍甕
48	止	4	丨⺊⺊止	正企此步武歧肯歫齿卸
49	冈[⑨]	4	丨冂冈冈	同网罔
50	牛	4	ノ𠂉𠂒牛	件牟牢牵犀犁犟犇[⑩]
51	牜[⑪]	4	ノ𠂉牛牜	牡牦牧物牯牲牳特牺
52	壬[⑫]	4	ノ二千壬	任廷饪茌妊淫衽
53	升	4	ノ二千升	陞昇
54	夭[⑬]	4	ノ二チ夭	乔吞忝 饫沃妖袄跃
55	长	4	ノ𠂉⻓长	伥帐怅张胀账
56	片	4	丿丿'片片	版牍牌牖

① 上笔是横不是撇。
② 左第一笔是横撇。
③ 作左偏旁的“王”末笔横画变提。
④ 一音 fú，原始人类遮住人体中间前部的树皮，后用于朝廷朝觐或祭祀时遮蔽在衣裳前面的一种服饰，小篆作巿；一音 bèi（又音 pō），草木茂盛的样子，小篆作巿，隶定为巿。巿、巿楷化均作巿，横上非点，中间竖笔出头。注意与“市”字的区别。
⑤ 上左下包围结构的字，先上后里再左下。
⑥“车”作偏旁在左时，末笔横变为提 。
⑦ 点在右上后写点。
⑧ 点在里面后写点。
⑨ 首笔为竖，与“月”等字区别。
⑩ “犇”字上面和右下的“牛”的笔顺是ノ𠂉𠂒牛，左下的“牛”的笔顺是ノ𠂉牛牜，见下部件“牜”。
⑪ “牛”作偏旁在左时，末笔横变为提。
⑫ “壬”的首笔是撇不是横。
⑬ 上边是撇不是横，与“天”“吞”等区别。

续表

序号	部件	笔画数	跟随式笔顺	字例（包含笔画、部件相似的字）
57	凶	4	ノ㐅区凶	汹匈胸　画[①]
58	月	4	丿⺆⺆月	肚肌肠期朗閒[②]　凡风凤用周[③]　有肖育肯育肩胃膏肾胥[④]
59	丹	4	丿⺆⺆丹	彤坍旃　青[⑤]请情晴清
60	风	4	丿几风风	飏飐飒飔飕飘飙
61	卬	4	ノ㇄卬卬	仰抑迎昂
62	内[⑥]	4	丨冂内内	离禽摛漓璃螭篱魑
63	方	4	丶亠亍方	放旗施旅族旌旋
64	火	4	丶丷少火	灰炙炖炬炎炭炼烤烧烨焰燎燮
65	为	4	丶丿为为	伪妫沩
66	斗	4	丶丶⺀斗	头买卖抖蚪
67	心	4	丶心心心	志芯忑忐忘沁忌忍态念忿恋德
68	小	4	亅小小小	忝恭慕
69	忄	3	丶丷忄	忪恼恢愧惧惬悯惯
70	丑	4	乛ㄇ丑丑	扭妞纽钮羞馐
71	爿[⑦]	4	㇗丩丬爿	戕牁牂奘寐臧寤　藏
72	办	4	㇇力办办	协胁
73	毌[⑧]	4	㇗口毌毌	贯惯
74	毋	4	㇗母毋毋	毒
75	甘	5	一十廿甘甘	柑疳泔酣邯某谋
76	世	5	一十廿廿世	泄迣屉绁枼碟蝶谍喋
77	凸	5	丨丨⺊凸凸	
78	业	5	丨丨丬业业	亚邺晋虚普谱噗濮璞蹼
79	甲	5	丨冂日日甲	狎舺柙匣押胛钾岬闸呷鸭
80	申	5	丨冂日日申	伸神审坤呻绅砷抻
81	电	5	丨冂日日电	黾渑绳蝇　奄俺淹掩　龟[⑨]阉

① 左下右包围结构的字，先里后外。
② “月”独立成字和在左右或在里面，首笔为撇。
③ 首笔为丿，与“冈”“同”等字区别。
④ “月”在下，本为从肉，楷书为⺝，首笔为竖。
⑤ “青”，《说文》析其结构为“从生丹”，“丹”今楷书为⺝，与月在下同形，左笔为竖。
⑥ 音 róu，同“蹂”，《说文》：“兽足蹂地。”与“内”区别。
⑦ 与“丬”同叫壮（壯）字旁、将（將）字旁，音 pàn。
⑧ 音 guàn，“贯穿”的“贯”的古字。
⑨ 注意“龟”下部中间的折笔上不出头。

续表

序号	部件	笔画数	跟随式笔顺	字例（包含笔画、部件相似的字）
82	田	5	丨 冂 日 田 田	画男甸界畚畿　囚[①]四团因回囡园围 困囵国固囹图圄圆囿圈
83	由	5	丨 冂 日 由 由	邮岫油柚铀袖釉　黄[②]寅
84	冉	5	丨 冂 内 冉 冉	再苒髯柟
85	禸[③]	5	丨 冂 内 禸 禸	禹偶属瑀踽龋 禺偶隅嵎寓遇愚耦藕
86	凹	5	丨 卜 卢 凹 凹	兕
87	生	5	丿 𠂉 仁 牛 生	胜性姓笙甥牲眚
88	印	5	丿 𠄌 E 白 印	茚鲫
89	乐	4	一 仁 乐 乐 乐	栎轹烁砾铄跞
90	鸟	5	丿 勹 勺 鸟 鸟	乌呜 鸠鸡鸤鸢鸣鸭鸥鸦鸩鸨鸳 鸵邬[④]
91	必	5	丶 乚 心 必 必	苾泌宓毖秘密谧蜜
92	出	5	乚 凵 屮 出 出	诎咄茁拙屈绌祟础粜黜
93	皮	5	乛 厂 广 庋 皮	坡披彼波玻破疲被颇
94	母	5	𠃊 口 母 母 母	每拇驰毒侮海悔毓
95	耳	6	一 丅 丌 开 耳 耳	耷[⑤]闻聱耸聂聋 耶[⑥]耻耿耽聃职聆聊聒联聪
96	虍[⑦]	6	丨 ⺊ 𠀀 卢 卢 虍	虎虑虏虐虔虚
97	曲	6	丨 冂 日 由 曲 曲	典蛐澧醴
98	年	6	丿 𠂉 仁 午 左 年	
99	臼	6	丿 亻 F 臼 臼 臼	臾舀臿倪舀舂陷滔舅鼠韬稻蹈
100	延[⑧]	6	丿 丆 下 正 延 延	埏涎诞蜒筵
101	舟	6	丿 丿 勹 内 舟 舟	辀盘　舢[⑨]舱舫舸舻舳舷舵艇艄艘
102	兆	6	丿 丬 丬 兆 兆 兆	佻挑洮逃姚桃眺窕祧跳
103	舛	6	丿 夕 夕 夕 舛 舛	荈舜桀瞬舞
104	夅[⑩]	6	丿 夕 夂 夂 夅 夅	降洚逄绛䂫

① 全包围的字先里后封口。
② “黄”的中间是“由”不是“田”。
③ 注意与“内”字的区别。
④ “乌”“鸟”作偏旁在左时末笔的横画要写成提。
⑤ “耳”独立成字或作偏旁在上、下、里面时，末笔皆为横略向上倾斜。
⑥ “耳”作偏旁在左时，末笔变为提。
⑦ “虍”的第三笔是横钩。
⑧ 注意“**止**”不可作“止”。
⑨ “舟”作左偏旁时中横右不出头。
⑩ 音 jiàng，“降”的古字。

序号	部件	笔画数	跟随式笔顺	字例（包含笔画、部件相似的字）
105	齐	6	丶 亠 㐅 文 产 齐	斋[①]　齎[②]
106	州	6	丶 丿 少 州 州 州	洲酬梆
107	聿[③]	6	㇕ ⺕ 彐 彐 聿 聿	建律津肆肄肇 庚秉捷唐康兼[④]
108	那	6	㇆ 刁 习 尹 那 那	哪挪娜
109	收	6	㇄ 丩 𠄌 ⺊ 收 收	叫纠赳
110	丞[⑤]	6	㇖ 了 矛 永 丞 丞	卺拯烝烝承蒸
111	戒	7	一 二 ⺁ 开 戒 戒 戒	弁异弃弄弇弈弊
112	吞[⑥]	7	一 二 チ 天 天 吞 吞	蚕忝添舔
113	巫[⑦]	7	一 丅 丌 丌 丌 巫 巫	诬鹀筮噬　小水永丞函承爽率燕
114	芈[⑧]	7	丨 ㇐ 丨 丬 丷 芈 芈	
115	辰	7	一 厂 厂 厂 厉 辰 辰	振辱唇娠晨蜃震
116	里	7	丨 冂 日 日 甲 里 里	理厘鲤锂俚埋狸哩娌　重量童垂
117	身[⑨]	7	丿 丨 门 门 自 自 身	射躬躯躲
118	坐	7	丿 人 从 从 丛 坐 坐	座
119	豸	7	丿 丶 丶 豸 豸 豸 豸	豺豹貂貌
120	免	7	丿 ⺈ 午 午 色 争 免	免兔勉挽娩 奂换涣焕唤痪 象像橡 鬼傀愧 卑婢碑[⑩]
121	卵[⑪]	7	丿 ㇄ 匚 卯 卵 卵 卵	孵
122	㡀[⑫]	7	丶 丷 丷 屵 㡀 㡀 㡀	敝撇蔽弊憋鷩瞥鳖鳖
123	非	8	丨 丿 亅 丰 丰 非 非 非	韭辈悲
124	齿	8	丨 ⺊ 止 止 步 齿 齿 齿	啮龁龃龄龆龇龈龉龊龋龌
125	垂	8	一 二 千 千 乖 乖 垂 垂	陲捶唾睡锤箠
126	乖	8	一 二 千 千 千 乖 乖 乖	乘剩

① 音 jī。下边部分先两边后中间。

② 音 jì。下边部分先两边后中间；中间部分则当先中间后两边（即刀𠂢，要先写丫，次写刀，后写𠂢）。《离骚》：“荃不察余之中情兮，反信谗而齎怒。”此字不在 8105 个通用规范汉字之列，因《离骚》中有此字，故列于此。

③“聿”需最后写竖笔。

④ 中间有竖笔穿过，“⺕”中横右要出头。

⑤ 先中间后两边。

⑥ 第一笔是横不是撇，与“乔”等区别。

⑦ 先中间后两边。

⑧ 音 mǐ。羊叫声；楚国祖先的族姓。

⑨“身”作左偏旁时横和撇向右都不出头。

⑩ 撇画贯穿上匡，上不出头。

⑪ 左边先写点再封口，右边先封口再写点。

⑫ 音 bì，“敝”的古字，中间一竖贯通。

序号	部件	笔画数	跟随式笔顺	字例（包含笔画、部件相似的字）
127	隹[①]	8	ノ 亻 亻 仁 仹 隹 隹 隹	隽雀集雅雄焦雇稚雏截霍
128	夜[②]	8	丶 亠 广 亡 疒 夜 夜 夜	掖腋液
129	虍[③]	8	丶 亠 广 广 疒 疒 疟 疟	虐谑
130	学[④]	8	丶 丷 ⺍ ⺍ 学 学 学 学	学觉鲎
131	肃	8	㇇ ⺕ ⺕ 聿 肀 肃 肃 肃	萧潇箫啸
132	函	8	㇇ 了 了 了 孑 氶 函 函	幽
133	革	9	一 十 艹 廿 廿 甘 苫 苩 革	靸靴靶靼鞅鞋靴鞭
134	炭	9	丨 山 山 屵 屵 岸 岸 炭 炭	碳
135	卸	9	ノ 𠂉 𠂉 午 午 缶 缶 卸 卸	御
136	臿[⑤]	9	ノ 二 千 千 壬 臿 臿 臿 臿	插歃
137	叟	9	丶 𠂇 𠂇 臼 臼 臼 申 叟 叟	搜馊廋嫂飕瞍瘦艘
138	鬼	9	ノ 丨 门 白 白 由 鬼 鬼 鬼	嵬愧瑰魂槐魅魄魁魃魉魈魏魑魍
139	差	9	丶 丷 兰 兰 兰 差 差 差 差	搓槎羞磋瘥蹉
140	叚[⑥]	9	㇕ ㇕ 户 户 户 户 户 叚 叚	假葭遐瑕暇霞
141	癶[⑦]	9	㇇ ㇇ 癶 癶 癶 癶 癶 癸 癸	揆葵睽戣暌　登凳澄橙瞪
142	既	10	㇕ ㇕ 彐 艮 艮 旡 既 既 既	既概簪溉慨暨
143	敖	10	一 二 丰 丰 考 考 考 敖 敖 敖	傲嗷慠遨骜獒熬謷鳌鳌　麦美妻[⑧]
144	冓	10	一 二 廾 卅 卅 井 冉 冓 冓 冓	媾靓篝
145	套	10	一 ナ 大 大 本 本 套 套 套 套	髟髡髯髻髫髭鬓鬣
146	党	10	丨 丨 ⺌ ⺌ 尚 尚 尚 尚 党 党	尚堂常尝棠　光当肖[⑨]
147	鬯	10	ノ 乂 乂 乂 乂 乂 凶 凶 鬯 鬯	鬱[⑩]
148	衰	10	丶 亠 亡 市 亩 亩 亩 衰 衰 衰	蓑缞榱簑
149	离[⑪]	10	丶 一 亠 文 亥 卤 卤 离 离 离	禽摛漓璃螭篱魑
150	脊[⑫]	10	丶 冫 冫 𠂇 𠂇 兴 兴 脊 脊 脊	塉嵴蹐膌瘠鹡
151	爽	11	一 丆 丆 丆 丆 丆 丆 丆 丆 爽 爽	

---

① 音 zhuī。《说文》认为是短尾鸟的总名。写法注意与“佳”字区别。

② 先写点再封口。

③ “乇”的中横左要出头。

④ 注意与“党”字头区别。

⑤ 音 chā，“插”的古字。

⑥ 音 jiǎ，“假（借）”的古字。左边竖画为第三笔，非第一笔。

⑦ 注意与“祭”上部的区别。

⑧ 两组字的共同点是中间为两笔，不是一笔通下来。

⑨ 注意与“学”字头区别。

⑩ 表香气的“郁”的繁体。

⑪ 注意末二笔与“内”的区别。

⑫ 先两边后中间。

续表

序号	部件	笔画数	跟随式笔顺	字例（包含笔画、部件相似的字）
152	兜	11		蔸挽篼
153	祭[①]	11		蔡察
154	凿	12		
155	鼎	12		鼐
156	弼	12		彘辔粥盥羸赢嬴鬻[②]
157	寝	13		
158	臧	14		藏
169	燕	15		鄢嚥嬿曣
160	噩	16		鳄[③]

---

① 上部注意与“癸”的写法区别。

② 由三个部件构成的部分的书写顺序（如：[illegible]、[illegible]、[illegible]、[illegible]等）由左到右，与“脊”“坐”的先两边后中间和“丞”“巫”等的先中间后两边的写法不一样。

③“鳄”的异体。

附：汉字为什么要按笔顺书写

汉字要按笔顺书写，因为汉字是由笔画组成的，在书写的时候，要考虑到人的生理特点、视觉特点、笔画之间映带的特点以及文字的大小和平衡的特点，还要兼顾到书写的最短路径。所以《现代汉语通用字笔顺规范》中规定了笔顺的基本规则：“从上到下，从左到右，先横后撇，先撇后捺，先外后内，先进后关，先中间后两边。”

“从上到下，从左到右”就是考虑到了人的生理特点和视觉特点。因为从生理上讲，一般人用右手写字，写横画总是从左往右行笔，写竖画总是由上往下行笔。这个规则同时也考虑到了视觉的特点，从左往右写横画的时候，写出的笔画都在视线之内，视觉可以控制横画的长短，如果从右往左写，拿笔的手挡住了写出的笔画，就不好控制笔画的长短了。

“先撇后捺”，是为了照顾笔画间的映带关系做出的要求，因为写字的大势是从左到右，捺画在最后写就比较容易过渡到后面的笔画或者后面的字的起笔。

“先横后撇，先外后内，先进后关，先中间后两边”主要是从文字的大小和平衡的角度讲的。“先横后撇”，是因为用横画确定一个字的位置和大小比较方便，横画的长短就决定了字的中心和大小，横画写好了，也能比较好地把握文字的平衡。如写“大”字，必定先写横画，再让撇画在横画的中间稍左交接，就能把“大”写得和预想的一样大小，而且安稳。

“先外后内”“先进后关”也是同样的道理，包围或半包围结构的字，先把外面部分写了，就把字的大小控制好了，里面的笔画再多，都得在圈定的这个范围里安排好。如“圈”字，如果先写里面部分，大小就不好控制。

“先中间后两边”则主要是从平衡的角度讲的，中间的写好了，中心和重心就定下来了，再写两边就不会出现失衡的现象。如“乖”，先写了“千”，这个字的框架结构和重心就确定下来了，再写“コ匕”就比较好安排，不至于东歪西倒，字形失衡。

有些字的笔顺可能被认为理据不充分，如“火”，为什么不按从左到右的原则写作丶 丿 少 火，而要写作丶 丷 少 火？为什么“忄”不按从左到右或先中间后两边的原则写，而要按先两边后中间的原则写作丶 丷 忄？这是因为有些字的笔顺兼顾了行书的笔顺，而行书有一个“最短线路”的原则，即以两笔之间或整字笔画的最近距离作为确定笔画先后的依据。如“火”字行书，晋王羲之《盐井帖》写作“”，就是先写两边再写中间的。元赵孟頫《纨扇帖》中“”字上下两个“火”点和短撇的连带更是明显。“忄”的行书，元赵孟頫《致中峰明本十一札》“”中的，王羲之《重告帖》中的，都是先写两点再写竖的。当然这种原则也没有贯穿到底，如“王”的行书是先一横再竖，而楷书则规定是先两横再竖。

如果笔顺书写得当，字形结构就会安排得比较合理，写出的字就会显得清晰、整齐、匀称、美观，给人以良好审美体验，还能够提高写字的速度。

第五编　容易用错的词

一、指出下面句子中误用的词并分析误用的原因，加以改正

1. 当然，中国古代天文学还包涵更广泛的内容，如中国古代特有的、精良的天文仪器的设计与制造，关于宇宙理论的探讨，以及对一系列天象特别是奇异天象的长期系统的观测与记录等，它们与历法一起，组成了中国古代天文学丰富多彩的体系。

【修改】改“包涵”为“包含”。

【解析】包含，是包括、含有的意思，是一个较小的相对独立的内容包括在一个较大的更宽泛的范畴之内。“包涵”的“包”和“涵”在现代语词中都只取其“宽容”的词素义，所以“包涵”在现代汉语里只用来表示希望别人包容、原谅的意思，用于客套话“请多多包涵”之类。误例中的“中国古代天文学”是一个很宽泛的范畴，里面有很丰富的内容，如“天文仪器的设计与制造”“关于宇宙理论的探讨”“天象的观测与记录”等，都在这个大的范畴里面，所以应该用“包含”。当然，旧时“包涵”中的“包”和“涵”都有包括、容纳之义，用同“包含”。此处立足于现代汉语规范用法进行辨析。两个词现代汉语的读音也略有区别，“包涵”可以读同“包含（bāohán）”，更多的时候是读“涵”为轻声，所以，《现代汉语词典》“包涵”的注音为“bāo · hán”（凡例说“一般轻读、间或重读的字，注音上标调号，注音前再加圆点”）。

2. 勤奋努力是一个人走向成功所必须的条件。而在有了些许成绩之后，我们必需谦虚谨慎，戒骄戒躁，方能有更大的作为。

【修改】“必须”改作“必需”。“必需”改作“必须”。

【解析】“必须”是副词，修饰动词或动词性短语，句中作状语，意为“一定要”，表示事理上和情理上的必要，是主观要求。“必需”为动词，在句中一般作谓语，或作定语，意思是“一定要有的，不可缺少的”，是客观要求。

3. 她是我爱过的唯一的女人，是我愿为之痛苦到死的女人，突然之间，她却变成了一个毫无廉耻的淫妇，成了年轻人的笑柄，成了众人所不耻的狗屎堆！

【修改】改“不耻”为“不齿”。

【解析】“不耻”“不齿”都是古代汉语遗留下来的用法。“不耻”中的“耻”是形容词的意动用法，即“以……为耻”，“不耻”就是“不以……为耻”，如“不耻下问”“不耻相师”“不耻最后”“不耻言利”“虽贫不耻”等。“齿”和“牙”本有分工，“齿”指门牙，“牙”指臼齿，后来统言不别，泛指“牙齿”。开口即露齿，所以把“开口”叫“启齿”，如“不便启齿”“难以启齿”。因牛马幼小时年生一齿，故可数齿以知牛马的年岁，“马齿”即马的年龄。后来移而指人的年龄，如“姓名年齿”“问询年齿”“不拘年齿”“论年齿”

等。年齿相若者即同辈之人，故又引申为同类，“朋齿”就是朋友辈。再又引申为并列，如《左传》“不敢与诸任齿”，即“不敢和诸任姓国并列”。由愿意并列引申为录用、收纳，如“皆齿用之”“望加收齿”等，“终身不齿”就是终身不再录用。愿意并列是表示尊重，不愿与之并列，就成了贬义，表示鄙视。如“君子不齿”“同僚不齿”“百姓不齿”，也可用被动句式，如“为君子所不齿”“为人类所不齿”“为百姓所不齿”。误例自然应该写作“不齿”。

4. 海秀西路海秀桥路段路面出现塌陷现象，多辆由西向东经过该路段的大巴车陷落坑中进退不得。

【修改】“大巴车”改为“大巴”。

【解析】“大巴”“中巴”“小巴”的“巴”是“巴士（英文 bus）”的简称，指公共汽车，后面再加“车”是叠床架屋。

5. 挑着一筐梨的小贩刚放下挑子，一个带袖章的城管走了过来。

【修改】“带”改为“戴”。

【解析】“戴”作动词的一个意思是把东西放在头、面、颈、胸、臂等处。如“戴帽子、戴眼镜、戴领巾、戴领带、戴红花、戴袖章”，并引申出虚拟的如“戴高帽子、戴绿帽子”。“不共戴天”的“戴天”是头顶着天，“披星戴月”也是因为月在人头顶上。“戴罪立功”的“戴罪”是顶着、承担着罪名。“戴孝”是身穿孝服、臂缠黑纱等表示哀悼，常常写作“带孝”，不过讲“带孝”还指不穿孝服，不戴黑纱，但在一定的期间内在很多方面有所节制的守孝方式，譬如不唱歌跳舞，不理发等，如果说“带着孝”就更明确了。如果不用“着”字，说成“带孝”，那就感觉和“戴孝”是可以通用的，其实还是有区别的。一般来说，“戴”是加于身的，“带”是携于身的。前者是特意的，后者是随意的。凡加于身的东西，一般都有固定的位置：帽子戴在头上，眼镜戴在鼻梁上，项链戴在脖子上，大红花戴在胸前……而携于身的东西，则可以酌情处置，或者口袋里装着，或者挎包里藏着，甚至于手里提着，肩上挎着……手铐既可以戴，也可以带。但戴手铐的是犯罪嫌疑人，带手铐的一般都是警察。20 世纪 80 年代初的电影《带手铐的旅客》，根据剧情，当是《戴手铐的旅客》。

6. 贵公司如果要在这里开洋行、办工厂，我们一定鼎力协助。就是这个招工不好办。老实说，我这个团想补充点人，还招不起来。难民虽说不少，都是流民。这寻母口有（引者注：地名）户口的，只有百来户人家。不好办哪。

【修改】改“鼎力”为“竭力”。

【解析】“鼎”本是古代煮食物或盛食物的器物。传说大禹分天下为九州，收九州之铜，铸九鼎，象九州，历商至周，鼎都是国之重器，被奉为王位和国家政权的象征。周代在分封诸侯时，将重器作为地位和权力的象征赐给诸侯，诸侯又同样将重器赐给下属，这就是“分器”；天子还可赏赐诸侯，诸侯也可赏赐大夫自铸铜器以旌功记绩。由于钟鼎重器象征着地位和权利，故后来“鼎”可以指宰相、三公等权倾朝野之人，如“鼎位”“鼎辅”“鼎台”，也可用“鼎司”“鼎臣”等表示重臣，于是，“鼎”就常用作敬词，是对别人身份的一种认同。“鼎扎”，旧时书信中敬称对方的来信。“鼎言”表示有分量的言论，常用于请人说话帮助的敬词。“鼎荐”表示请求对方大力推荐。“鼎力”是对人有所请托，表示感谢的敬词，可以用在请托之时，如“还请鼎力相助”；也可用在事成之后，如“感谢您的鼎力相助”，总之，是感谢对方的大力相助，而这个“大”的意思也是由“地位高、权力大”引申出来的。只能对支持和帮助你的人说，而不能用于自己。面对别人的求助，自己只能说“竭力”“尽力”“全力”“不遗余力”。例中说“我们一定鼎力协助”，这是高看了自己，误用。

7. 培养一代新风，不只是学校的事，而是整个社会的事。

【修改】“而”改为“而且”。

【解析】“而”表转折关系，“而且”表递进关系。从意念上看，“学校的事”和“整个社会的事”是递进关系，而关联词“不只”也标志是递进关系，应与“而且”搭配。

8. 奶奶和我住在一楼，爸爸、妈妈住在两楼。我们家最近买了二台新电脑。妈妈买了一丈两尺的布料做了一件风衣。过二天我们学校就开学了，学校离我们家有两百两十公里，上学的时候，我和邻居小华二个人将结伴而行。

【修改】“两楼”改作“二楼”；“二台”改作“两台”；“两尺”改作“二尺”；“二天”改作“两天”；“两百两十公里”改作“两百二十公里”；“二个人”改作“两个人”，或去掉。

【解析】序数词里只用“二”，不用“两”，如“第二”“二哥”“二中”“二组”“二楼”等；一般量词前用“两”不用“二”，如“两本书”“两台电脑”“两天”“两个人”；在连用度量衡单位的数目及多位数中，“二”可以用在任何一个位置，如“二斤二两”“二万二千”“一丈二尺”“二百二十”；而“两”只能用在最前一位数，如“两斤二两”“两万二千”“两百二十”。

9. 狄拉克经过多年研究，终于发明了又一种新的基本粒子。

【修改】“发明”改为“发现”。

【解析】“发明”是指创造新的事物和方法，是从无到有；“发现”是指经过研究、探索等，看到或找到前人没有看到的事物或规律，而那事物或规律则是固有的。

10. 个人情绪的发泄应当以不伤害他人的利益和情感为原则。

【修改】“发泄”应改为“宣泄”。

【解析】“宣”是敞开的意思，“宣泄”只是舒散、吐露心中的积郁和不快，意义比较轻，而“发”则有发作、发起，尽情而为之义，“发泄”意义比较重，往往会伤害他人的利益和情感。

11. 韩非是先秦法家学说的集大成者，他的法制思想对秦王朝的建立起了很大的作用。

【修改】“法制”改为“法治”。

【解析】“法制”指法律制度，“法治”指根据法制来治理国家。

12. 她几次挑起话头，想和女儿谈谈，可是女儿的反映却很冷淡。

【修改】“反映”改为“反应”。

【解析】“反应”是指“事情所引起的意见、态度或行动”，常用作名词；“反映”则是“比喻把客观事物的实质表现出来”，常用作动词。

13. 商品价值、抽象劳动、具体劳动等，属于政治经济学的范围。

【修改】“范围”改为“范畴”。

【解析】“范围”的意思是周围界限，而“范畴”的意思是人的思维对客观事物的普遍的本质的概括和反映，在某种意义上可理解为概念。“范围”较为具体，“范畴”较为抽象。

14. 这家工厂排放的废气，严重地污染了环境，妨碍了工人的健康。

【修改】“妨碍”改为“妨害”。

【解析】“妨碍”的意思是“使事情不能顺利进行，阻碍”，不能和“工人的健康”搭配；“妨害”是“有害于”的意思，即“对……有害”。

15. 他们仿造古画很有功夫，可以说惟妙惟肖，简直达到乱真的程度。

【修改】“仿造”改为“仿制”。

【解析】“仿造”和“仿制”都是动词，表示仿照已有式样制造。“仿造”多用于大型器物或建筑；“仿制”则多用于细小一些的物品和美术品之类。

16. 事情的过程已经证明你错了，你还分辨什么？

【修改】“分辨”改为“分辩”。

【解析】“分辨”和“分辩”都有把事情弄清楚的意思。“分辨”是区分、辨别，客观性比较强；“分辩”是辩白、解释，主观性比较强。

17. 秋风过处，落叶纷纭。

【修改】“纷纭”改为“纷纷”。

【解析】“纷纭”“纷纷”都表示多而杂乱。“纷纷”着重指多而错落不齐，适用范围较宽，可以用来形容具体的言论、动作、行为，也可以用来形容自然界的事物、往下落的东西，可以说成“乱纷纷”“纷纷扬扬”；“纷纭”着重指多而不一致，适用范围较窄，多用来形容言论或事情的头绪多而杂，常与“复杂”并用。

18. 我们不能因为他的一点错误就否决他的全部，要多看看他身上的优点。

【修改】“否决”改为“否定”。

【解析】“否决”只带“议案”之类的宾语；“否定”是指“否认事物的存在或事物的真实性”，跟“肯定”相对。

19. 我夫人是江苏人，去年 11 月的时候，我们一家回江苏，晚上在饭店吃饭，第一次点了螃蟹。

【修改】“夫人”改作“爱人”或“妻子”。

【解析】“爱人”适用范围广，可指妻子或丈夫，多用于口语和一般场合，不带庄重色彩，还可指未婚的恋人，也可指情人。“夫人”不能指“恋人”和“情人”。“夫人”本指古代诸侯的妻子，明清时一二品官员的妻子封夫人，后用来尊称一般人的妻子，适用范围较窄，且只指成年男子的妻子，多用于书面语和外交场合、贺电、贺词、新闻报道等，有庄重色彩。谦虚一点的人或讲究一点的人是不用“夫人”来指自己的妻子的。

20. 老人没有子女，病中全靠街坊邻居尽心扶植。

【修改】“扶植”改为“扶持”。

【解析】“扶持”是扶助、护持，给予帮助、呵护；“扶植”是扶助培植，使其由弱小到强大，如扶植新生力量。

21. 偷税犯罪分子贺某几年来无证倒买倒卖货物，从中偷税达 13 万元，被判处有期徒刑一年，还被追缴了全部偷税款。法律的威力，不仅使违法犯罪分子认罪伏法，教育了纳税人，还为税务工作人员撑了腰。

【修改】改“伏法”为“服法”。

【解析】伏法，犯人被执行死刑。例中犯罪分子是“被判处有期徒刑一年”，故当为“服法”，指服从法律判决。

22. 基德被关进了伦敦的新门监狱，由于所有的证据都被贝洛蒙拿走了，他无法证实自己的清白，……曾经的海军英雄、大名鼎鼎的基德船长成了政治的牺牲品，于1701年5月23日被绞死在泰晤士河边。……基德虽然已经服法，但是他多年来劫掠的财宝却始终下落不明。

【修改】改“服法”为“伏法”。

【解析】例中基德被判绞刑，自是“伏法”。“伏法”是犯人被依法执行死刑，“服法”是服从法律判决，文中既说“所有的证据都被贝洛蒙拿走了”，又说基德是“成了政治的牺牲品”，那就是被陷害的，基德就不会服从判决。

23. 远远望去，门上贴着一幅对联：向阳门第春常在，积善人家庆有余。

【修改】“幅”改为“副”。

【辨析】“幅”“副”从读音来看，声调不同。“幅”读 fú，“副”读 fù。从使用来看，适用范围不同。“幅”，《说文解字》解释为“布帛广也”，本义指布匹等纺织品的宽度，借用作量词，用于布帛、字画等，如“一幅窗帘”“几幅画”等。“副”，《说文解字》解释为“判也”，本义是剖开、裂开之意，因而用于成双成对的东西，如“一副手套”“两副对联”等；用于配套的东西，如“一副麻将”“一副骨架”等；也可用于指面相、表情等暗含多种因素的对象，如“那副模样”“那副笑脸”“一副学生腔”等。

24. 那个秃疮头，眼里流着泪，结结巴巴地求饶：上官金童……不，不，上官公子，饶命吧，小人家中，还有八十的老母需要抚养……

【修改】改“抚养”为“赡养”。

【解析】“赡”是“供给”的意思，在古汉语中，“赡养”的对象比今日宽泛，可以供养士兵、也可供养家人，甚至还可以指教育熏陶。现代汉语中“赡养”则特指子女对父母在物质上和生活上应该承担的责无旁贷的帮助，如“赡养父母”。“抚养”在古汉语中既可以指对部下或百姓的爱护体恤，也可指对年幼者的抚育教养。现代汉语中“抚养”则仅仅指对子女的爱护与教养（包括国家对烈士遗孤的抚养）。无论古今，“抚养”都不能用于子女对父母，而在现代汉语里，“赡养”和“抚养”更是泾渭分明。例中的“抚养”用错了对象。

25. 可能是一时疏忽，你的文章中有几处不大通畅的语句，我斗胆加以斧正。

【修改】“斧正”改为“改正”。

【解析】“斧正”是敬辞，用于请人修改自己的文章。

26. 这个经历了八百年风雨腐蚀的土塔究竟能保存多久，实在难以预料。

【修改】“腐蚀”改为“侵蚀”。

【解析】“腐蚀”主要属于化学变化，而土塔为风雨所损主要属于物理变化。“侵蚀”意思是暗中一点一点地侵占或逐渐侵害使受到损坏。

27. 土壤经过改善，更适合种植小麦。

【修改】“改善”改为“改良”。

【解析】“改善”和“改良”都是动词，指改变原有的情况，使变得理想一些。区别在于，“改善”着重指改得更完善、更好一些，对象常是较抽象的事物，如生活、关系、条件、待遇、方法等。“改良”着重指去掉事物的个别缺点，使它更适合要求，对象常是较具体的内容，如土壤、作物、产品、品种等，有时也指社会等。

28. 价值最初是在商品交换中概括出来的一个经济学概念。

【修改】“概括”改为“抽象”。

【解析】“概括”和“抽象”都是动词。“概括”是从大量资料中整理出少量的核心的东西，比如概括一篇文章的主要内容。“抽象”是和“具体”相对的。抽象是从众多的事物中抽取出共同的、本质性的特征，而舍弃个别的非本质的特征。比如苹果、香蕉、梨子、葡萄、樱桃等，它们共同的特性是可以吃的、含水分较多的植物果实，给个概念叫“水果”，得出“水果”概念的过程就是“抽象”。

29. 本质上不同的事物，应该个别对待，不应该混为一谈。

【修改】“个别”改为“各别”或“分别”。

【解析】“个别”有两个义项，一是“单个，各个”，一是“极少数，少有”。“各别”有“各不相同”“分别”的意思。

30. 就这样，他说我写，不大会儿的功夫，一份报告就写出来了。

【修改】“功夫”改为“工夫”。

【解析】“功夫”指做事所耗费的时间和精力，或通过努力而达到的某种造诣、本领；“工夫”指占用的时间或空闲时间。“功夫”还可单用一个“功”字来作为致力的程度讲，如“用功”，“工夫”则没有类似用法。“功夫”可以说“真功夫”“硬功夫”“死功夫”，“工夫”只能说有或无。

31. 工厂抓生产，既要注意功效，也要讲究质量，二者不可偏废。

【修改】“功效”改为“工效”。

【解析】“功效”侧重指方法、事物本身的性能、作用及其所能达到的效果，如：“这种新药对治疗心脏病有特殊功效。”“工效”就是“工作效率”。

32. 大型动画片《人猿泰山》即将在南京各大影剧院公演。

【修改】“公演”改为“公映”。

【解析】“公演”意谓公开演出，多用于戏剧等；“公映”意谓（影片）公开放映，仅指影片。

33. 许多出租汽车单位设立了监督电话，以便与乘客勾通情况，监督自身的服务质量。

【修改】“勾通”改为“沟通”。

【解析】“勾通”意为“暗中串通，勾结”，为贬义词，如“有些人以为是罗家的佃户勾通了外来的土匪”。“沟通”意为“使双方能通连”，对象可以是思想、文化，也可以是地区等。

34. 当她写东西写得疲倦了的时候，她还会沿着我们窗后的那条柏油小路慢慢地踱来踱去。有时是彻夜不眠后的清晨，有时甚至是月黑风高的夜晚，哪怕是在冬天，哪怕峭厉的风像发狂的野兽似的吼叫，卷着沙石噼里啪啦地敲打着窗棂……那时，我只以为那不过是她的一种怪僻，却不知她是去和他的灵魂相会。

【修改】改“怪僻”为“怪癖”。

【解析】“僻（pì）”，指性情古怪，跟一般人合不来。“怪僻”是形容一种性情，形容词，可以受程度副词修饰，如“很怪僻”“十分怪僻”。“癖（pǐ）”是指癖好、癖习、癖性，长期形成的特殊嗜好和特殊习惯，有好的，如爱书成癖；有坏的，如嗜酒成癖。“怪癖”就是古怪的癖好，在一般人看来认为是不正常的。名词，可以受数词修饰，如“一个怪癖”“许多怪癖”“种种怪癖”。

35. 关于乡镇企业非法用地和农村居民非法占地建房的处罚，法律仅规定了拆除和没收，这在农村很难操作。

【修改】“关于”改为“对于”。

【解析】“关于”和“对于”都是介词，区别在于：表示关涉，用“关于”不用“对于”，如：“关于织女星，民间有个美丽的传说。”指出对象，用“对于”不用“关于”，如：“对于文化遗产，我们必须进行研究分析。”兼有两种情况的可以用“关于”，也可以用“对于”，如：“关于（对于）订立公约，大家都很赞成。”

36. 她把心血全都贯注在孩子身上。

【修改】“贯注”改为“灌注”。

【解析】“贯注”是精神、精力非常集中，较多用于表示精神和心理的活动，还有语义、语气连贯、贯穿的意思，例如：“文章一气贯注下来。”“灌注”是浇进、注入的意思，多用于具体事物，也可用于抽象事理。

37. 这条公路贯串本省十几个县。

【修改】“贯串”改为“贯穿”。

【解析】“贯穿”表示穿过，连通，如“这条公路贯穿本省十几个县”。“贯串”表示连贯，如“这篇文章前后的意思贯串不起来”。在表示“从头到尾穿过一个或一系列事物”的时候，“贯串”“贯穿”都可以用，如：“团结协作的精神贯穿（贯串）在整个工程的各个环节。”“这部小说的各篇各章都贯串（贯穿）着一个基本主题。”

38. 某记者问（法国前总统萨科齐）：“您在去年十一月首次对中国进行国是访问时曾参观过在建的‘鸟巢’体育场，您对北京奥运筹备有何感想?”

【修改】“国是”改为“国事”。

【解析】“国事”，指国家大事、政事，可以是国家的重要事务，也可泛指一切与国家有关的事情。“国是”，指国家的大政方针。二者有时可以互换，如人大代表们在一起“共商国是”，也可以说成“共商国事”。用“国是”的地方一般可以用“国事”，但用“国事”的地方不一定能用“国是”。比如较具体的事务，就不能用“国是”。如：“周恩来因忙于国事，废寝忘食。”此处的“国事”改作“国是”就不妥当，因为周恩来作为总理，除了很多国家大政方针要考虑外，可能还要考虑一些小的但关乎全局的事情，如外宾接待的礼节等，这就不能叫“国是”。可以说“国事访问”，而不可说“国是访问”。“莫谈国事”也不宜说成“莫谈国是”。

39. 这种说法只说明那是一个“过度时期”，而没有说明是从什么状况到什么状况的过度。

【修改】两个“过度”俱改为“过渡”。

【解析】“过度”的意思是“超过适当的限度”；“过渡”原指由江河的此岸到达江河的彼岸，后引申为事物由一个阶段或一种状态转入另一个阶段或一种状态，本来用来指空间的，后引申用来指时间了，常与“时期”“地带”“内阁”等词语搭配。

40. 谁都很难猜透他说这话的含义。

【修改】“含义”改为“含意”。

【解析】“含义”侧重于表示一定事物对象的意思内容，具有“所指的意义客观而确定地存在”的意味。“含意”侧重于意义是什么，有“需主观加以捉摸、理解”的意味。

41. 他的话方音很重，何况又说得快，我几乎没有听懂。

【修改】“何况”改为“况且”。

【解析】“何况”和“况且”都是连词，表示后面所述是前面所述的进一层和补充追加的事实。“何况”强调另外提出一个新的有利因素，带反问的、进逼的语气，用在复句中时，常同前一分句中的“尚且”“都”“也”等相呼应，如：“再大的困难我们都克服了，何况这么点儿小事!”“况且”强调又有另一层，含有“而且”的意味，一般不需要用别的词呼应。

42. 既然叫“中学生文库”，就要编得合适中学生阅读。

【修改】“合适”改为“适合”。

【解析】“合适”的意思是“符合实际情况或客观要求”，是形容词；“适合”的意思是“符合（实际情况或客观要求）”，是动词，能带宾语。

43. 为了躲避敌人的追捕，她化妆成一个阔太太，打扮得珠光宝气。

【修改】“化妆”改为“化装”。

【解析】“化妆”专指用脂粉等修饰容貌，使美丽。“化装”本指演员修饰外貌，使变得像所扮演的角色，有时指改变原来的样子，从容貌、衣着、身份等方面假扮成另一种人，使人难以辨认，目的在欺骗对方。

44. 世俗流传太白以捉月骑鲸而终，本属荒谬。

【修改】“荒谬”改为“荒诞”。

【解析】“荒谬”和“荒诞”都是形容词，都表示不合情理。“荒谬”强调错误，用于言辞所表示的思想认识，含贬义，常与“绝伦”搭配为固定语。“荒诞”强调很不真实，很不近情理，多用为贬义，有时也可以无褒贬。

45. 凡在本店购货满 300 元者，本店将惠赠一份精美礼品。

【修改】“惠赠”改为“敬赠”。

【解析】“惠赠”（惠存、惠顾）表达的是对方对我方的行为，是敬辞。例中的“惠赠”还可改为“奉赠”“奉送”“赠送”等词。

46. 洋泾浜是上海外滩的一段，位于洋泾浜（河名，早已填没）和黄浦江会合处。

【修改】改“会合”为“汇合”。

【解析】汇合、会合在意义上有重合之处，也有不可替换之处。“汇”的对象可以是物（如江河、道路的交汇等），也可以是人，而“会”只指人。重合之处在于指人员汇聚的时候，汇聚、会聚，汇集、会集，汇演、会演，会合、汇合可通用。不过“汇”一般用在人比较多的时候，如“游行队伍从大街小巷汇集到天安门广场”，两三个人不用“汇”而用“会”，如“会谈”“会晤”“我们俩在张家界会合了”。这是因为“汇”主要用于“河流”，人多且流动的时候，便与水的流动类似，故可通用，但水流的汇合不能用“会”。如误例。在读秀中输入“黄浦江汇合处”和“黄浦江会合处”，前者出现 222 次，后者出现 49 次，可见主流的用语习惯是正确的，而误用的比例也是比较高的。

47. 赵明十分诧异地问：“难道他现在还没有想好考文科或者理科?”

【修改】“或者”改为“还是”。

【解析】两个词都表示选择，一般在陈述句中用“或者”，在疑问句中用“还是”。

48. 每个生命肌体内部的遗传密码都是统一的。

【修改】“肌体”改为“机体”。

【解析】“肌体”指身体，也可用来比喻组织机构。“机体”是具有生命的个体的统称，包括植物和动物，也叫有机体。

49. 全新的载体可以激发优秀传统文化的因子，使之释放出夺目的光彩。

【修改】“激发”改为“激活”。

【解析】“激发”是“刺激使奋发”或“使分子、原子等由能量较低的状态变为能量较高的状态”的意思。“激活”是“刺激有机物体内某种物质，使其活跃地发挥作用”。例中将“优秀传统文化”比喻为“有机物”，因此当用“激活”。

50. 我们一定要鼓足干劲，不失时机地搞好春耕生产，为争取全年的农业丰产打下坚固的基础。

【修改】“坚固”改为“坚实”。

【解析】“坚固”的意思是“结合紧密，不容易破坏”，如堤坝坚固，不适合修饰“基础”；“坚实”的意思是“坚固结实”，适合修饰“基础”。

51. 这就是说，一旦你选择了计算科学作为你终生为之奋斗的专业领域，就等于你选择了一条布满荆棘的道路，一条充满艰难的人生之路。

【修改】“艰难”改为“艰辛”。

【辨析】“艰难”侧重在困难，表示困难多、条件差等，如“他艰难地往前面挪动着脚步”“日子过得非常艰难”；“艰辛”侧重在辛苦，表示花费精力多，多用于工作、劳动、学习等方面。

52. 这本书在世界文学史上并没有什么地位，但经林纾用他那简捷的文字一译，立刻增色不少，引起很多人的注意。

【修改】“简捷”改为“简洁”。

【解析】“简捷”意思是说话直截了当，不拐弯抹角。“简洁”意思是说话、行文等简明扼要，没有多余的内容。

53. 李工程师写的这份产品说明书比较啰唆，还是余工程师写得比较简略。

【修改】“简略”改为“简洁”。

【解析】“简略”的意思是言语、文章的内容简单，不详细，有言未尽意之义。“简洁”指说话、行文等简明扼要，没有多余的内容。

54. 舒乙先生最后讲到：母亲的一生是完美的一生，她有一个完美家庭，一个完美追求，一个完美事业，最后画上一个完美的句号。

【修改】“讲到”改为“讲道”。

【解析】“讲”“道”同义，是一个并列式合成词。相关的还有“谈道、说道、叫道、喊道、嚷道、问道、答道、写道、唱道、安慰道、感叹道”等组合。但“道”在这些组合中，“说”的意思明显趋于弱化，只是受双音节趋势的影响，“谈”“讲”“说”这些单音节词的后面加上“道”

凑成双音节更上口一些。“说到（讲到）”是说及的意思，后面往往是说及的对象或者内容，例如：“我们刚才还说到你。”“我们上一堂课讲到同义词，现在先复习一下。”此外，“说到（讲到）”还表示说这件事“到达”的地方、时间等，如：“说到（讲到）哪儿也是这个理儿。”“他一直说到五点钟才散会。”

55. 宋蔼龄……想到了一项无人交待但必须要做的工作，那就是整理孙中山的简历，以便随时向新闻界公布，让全体中国人也让全世界认识孙中山、了解孙中山。

【修改】改“交待”为“交代”。

【解析】交代，指前后任相接替，移交。例如：“予伏念皇天命予为子，更命太皇太后为新室文母太皇太后，协于新故交代之际，信于汉氏。”前后任接替的时候，必交付符印、文卷等，于是“交代”便有了交付、交递之义；前后任接替的时候，前任还得对后任就一些要特别上心的事情加以叮嘱，这样“交代”就有了“嘱咐”的意思；前后任接替的时候，前任还得对后任说明、解释相关事宜，如有亏空也得坦白，于是“交代”就有了“说明、解释、坦白”的意思。这正是《现代汉语词典》“交代”条下所列的三个义项：

① 把经手的事务移交给接替的人：~工作。

② 嘱咐：他一再~我们要注意工程质量。

③ 把事情或意见向有关的人说明；把错误或罪行坦白出来：~政策 | ~问题。也作交待。

第三个义项后面虽然注明“也作交待”，但《词典》是把“交代”作为推荐词形，也就是作为建议书写形式和作为标准书写形式的，所以我们也建议大家在用到第三个义项的时候用“交代”而不用“交待”。

那么什么时候用“交待”呢？一、表示应付、交差的意思，如“如果能把这件事办成了，我这一任也就算有个交待了”；二、完结（指结局不如意的，含诙谐意），如“要是飞机出了事，这条命也就交待了”。

56. 我国大型深水港——山东石臼港的建设进展顺利，截止9月中旬，已完成施工计划的90%。

【修改】“截止”改为“截至”。

【解析】“截止”偏重“止（停止或结束）”，意思是（到一定期限）就停止或结束；“截至”偏重“至（到）”，意思是到某个时候止告一段落，但事情并未结束或停止，相当于截止到（某个时候）的意思。可以说“于某月某日截止”或“截至某月某日”，而不能说“于某月某日截至”。凡是可以说成“截止到……”的，就用“截至”，反之，就用“截止”。

57. 在抗洪前线，人们打破了单位的界线，不分彼此，互相支援，协同作战。

【修改】“界线”改为“界限”。

【解析】“界线”指分界的边线，区别两种不同事物的标志或特点，比较具体。“界限”指一定范围的限制，主要用于抽象事物。“单位的界限”是不具体的，“国境线”“球场的分界线”是具体的。

58. 《西游记》第十四回：老母道：“我有这一领绵布直裰，一顶嵌金花帽。……长老啊，你既有徒弟，我把这衣帽送了你罢。……我那里还有一篇咒儿，唤做‘定心真言’，又名做‘紧箍儿咒’，你可暗暗地念熟，牢记心头，再莫泄漏一人知道。”在观音菩萨教授唐僧咒语之后，唐僧让孙悟空去取干粮，包裹里面有衣服和紧箍咒，孙悟空好动，发现紧箍咒后，问唐僧并说紧箍咒好玩让送与他，于是自己便戴上了紧箍咒。

【修改】“紧箍咒”都应改为“金箍”。

【解析】孙悟空头上戴的是金箍。紧箍咒是指唐僧用来使孙悟空头上的金箍缩紧的咒语，紧箍咒只能念，不能戴，常用以比喻束缚人或使人难受的事物。

59. 由于交通事业的迅速发展，进而为城乡物资交流提供了更为有利的条件。

【修改】“进而”改为“从而”。

【解析】“进而”重在表递进关系，“从而”可以表目的关系，还可以表因果关系。误例是因果复句。

60. 这是该镇进行的第七批农村青年集体婚礼。

【修改】“进行”改为“举行”。

【解析】“进行”与后面搭配的成分要构成动宾关系，而且宾语必须是动词，或者至少是动名兼类词，如“进行研究”“进行讨论”“进行斗争”，而例句中“进行”后面跟的“婚礼”是典型的名词，搭配不当。“举行”是及物动词，可以带名词性宾语，“举行……婚礼”合乎规范。

61. 要防止个别企业、个别人借改革之机鲸吞国家财产。

【修改】“鲸吞”改为“侵吞”。

【解析】“鲸吞”是形容像鲸一样地吞食，多用于比喻吞并土地等；“侵吞”指暗中非法占有别人的东西或公共的财产、土地等。

62. 这么大声音，你竟然没听见？

【修改】“竟然”改为“居然”。

【解析】都是副词，都指出乎意料，表示由于事情的结果与原来估计的相反而感到意外的语气，很多情况下可以换用。相比之下，在表示斥责的语气时，“居然”的语气更重一些。如“你竟然把叔叔骗了”，责备的语气比较轻，甚至可能还有欣赏的成分在里面，即“你竟然连叔叔都骗到了”。而“你居然把叔叔骗了”，则有“你连叔叔都敢骗”的意思。又如：“他恬不知耻，居然堂而皇之地坐在正中。”用“居然”更能表达对这种行为的愤怒和不齿。另外，从前后的搭配看，“居然”可以用于主语前，如“这么大声音，居然你没听见”。“竟然”一般不这样用。

63. 亲戚这层关系就把人千丝万缕地纠葛在一起了。

【修改】“纠葛”改为“纠缠”。

【解析】“纠葛”是名词，常作“产生”“发生”等动词的宾语；常同“爱情”“感情”等词搭配，不能受“把人”这样的介宾短语的修饰。“纠缠”是“绕在一起；搅扰，找人麻烦”的意思，动词。

64. 经过半年多的努力，在四川省土生土长的小列，终于获得了在北京的居留权。

【修改】“居留”应改为“居住”。

【解析】“居留”的意思是“停留居住”，一般指一个国家的公民停留居住在另一个国家，“居留权”即指一国政府根据本国法律规定给予外国人的在本国居留的权利。“居住”是“较长时期地住在一个地方”。“居住权”是指对他人所有的住房及其附属设施占有、使用的权利。

65. 两边的山坡上、镇子里，到处堆积着缴获的枪支弹药，到处聚积着俘虏兵。

【修改】“聚积”改为“聚集”。

【解析】二者都有聚拢的意思。“聚集”强调的是“集合”，对象是人。“聚积”强调的是积累，对象是物。

66. ① 那个餐馆太坑人了，我绝不会再去那里吃饭了。② 太阳决不会从西面升起。

【修改】“绝”和“决”调换位置。

【解析】“决不”是“坚决不”“决心不”的意思，带有感情色彩，经常跟“再”结合在一起。“绝不”是“在任何情况下都不会”，没有感情色彩。

67. 科学对社会的影响，一方面决定于自身的发展水平，另一方面决定于被公众理解的程度。

【修改】“决定”改为“取决”。

【解析】当“决定”意为“某事物成为另一事物的先决条件，起主导作用”时，主语为施动者，宾语为受动者，如：“存在决定意识。”当“取决”意为“由某方面或某种情况决定”时，后面多跟有“于”字，主语为受动者，介词“于”引出施动者。

68. 空气和阳光从门的上半截往里灌，或者通过气窗、天花板和矮墙之间的空档进入店堂，半人高的矮墙上面有便于装卸护窗板的滑槽，结实的护窗板清早卸下，傍晚装上之后再用铁闩锁得严严实实。

【修改】改“空档”为“空当”。

【解析】“空当（kòngdāng）”指空隙，适用范围很宽，既可指时间上的空隙，如“说话的空当”；也可指空间上的空隙，如“把球传到空当”。而“空档（kòngdàng）”的适用范围很窄，有两个用法，一是没有新影视片上演或播出的时间段，如“现在出现了新影视片上映的空档”；二是某种物资短缺的时间段，如“倘能抓住初冬晚春时节蔬菜供应不足的空档，效益会更可观”。现在人们由这两个用法引申变化，常常把两个阶段之间放空的一段时间，或者某一个环节的缺失、某一类产品的缺失叫作“空档”，也讲得过去，这样一来，“空档”的使用范围就扩大了。如“我的摄影技术能把一个普通女孩儿拍成天使，许多人想找我拍还预约不到我的空档呢”“造成监督环节上的空档”“制度建设上的空档”“管理的空档”，“可造 1000 吨级船舶的小厂全国星罗棋布，而一些大厂从经济效益考虑，造的大多是 1 万吨以上的大船，因而，3000 至 7000 吨级的中型船舶是一个空档，而国内交通运力市场又亟需装备这类中型船舶”等。“空档”的意义往往抽象一些，比较短的时间和具体的空隙不宜用“空档”，如“姜文瑜说话的速度比连珠炮更精彩，她几乎找不到插话的空档”“她座位下的空档处塞了一个大帆布袋”中的“空档”都应该用“空当”。

69. 二见泽一（引者注：人名）又踩车闸（引者注：即车刹），挂上空档，让引擎空转，最后挂上低档，让车全速行驶。

【修改】改“空档（kòngdàng）”为“空挡（kōngdǎng）”，“低档”为“低挡”。

【解析】“空档”释义见前条。“空挡”的“挡”指汽车的挡位，汽车有很多挡位，如手动挡车就有一挡、二挡、三挡、四挡、五挡，还有倒车挡和空挡。“空挡”指汽车或其他机器上，当从动齿轮与主动齿轮分离时机器的状态。例中字写作“档”，误。

70. 张大千仔细看了看石质、形状和款式，连声赞道：“好，好，果真是宋赵佶的一方御砚。”

【修改】“款式”改为“款识”。

【解析】“款式”是“格式，样式”。“款识”有两个意义，一是指钟、鼎等器物上的文字，凹进去的字（阴文）谓款，凸出来的字（阳文）谓识；一是指书信、书画上的落款，“识”是标记的意思。“识”音“zhì”。

71. 很多人说李某某很能拉拢人心，果然不假。

【修改】“拉拢”改为“笼络”。

【解析】“拉拢”和“笼络”都是动词，指为了对自己有利，用手段使别人向自己方面靠拢，都有贬义。“拉拢”强调出于不正当的目的，把别人拉到自己一边来，手段直接，含有“对别人有所求或有所利用”的意味，对象是人，也可用于单位、团体、国家之间，但不用于人心。“笼络”强调以讨好等手段，把别人的感情争取过来，使别人亲近自己，从而对自己有利，手段隐蔽，意思比“拉拢”轻，对象是人心、感情等。

72. 婚姻登记机关可以根据当事人或厉害关系人的申请宣告婚姻无效吗？

【修改】“厉害”改为“利害”。

【解析】“利害”有两个读音：一个读音是“害”读轻声，这时“利害”和“厉害”音义同，都是形容词，意思是“难以对付或忍受，剧烈”。另一个读音是“害”读第四声，意思是“利益和害处”。

73. 湛江电视台的少儿节目为广大少年儿童提供了丰富多彩的精神粮食。

【修改】“粮食”改为“食粮”。

【解析】 都是名词，都可以指供食用的谷物、豆类、薯类等。“粮食”适用范围宽，泛指供人、畜食用及工业加工用的谷物、豆类、薯类等，通用于书面语和口语，可与“制品”“作物”“部门”等词语搭配，没有比喻用法。“食粮”适用范围窄，指供人食用的粮食，通用于书面语，常与“精神”“文化”等词语搭配，比喻不可缺少的抽象性概括性的事物，例如：“书是人类的精神食粮。”

74. 邻近建军节，湛江市党政拥军慰问团慰问了南海舰队。

【修改】“邻近”改为“临近”

【解析】“邻近”适用范围较窄，一般只用于空间位置接近。除作动词外，还可用作名词，表示周围、附近的意思。例如：“邻近有家大商场。”“临近”没有名词用法，只有动词用法。“临近”适用范围较宽，既可用于空间位置接近，又可用于时间接近。

75. 感谢各位领导的聆听。

【修改】删掉“的聆听”，或改作“感谢倾听”，或只用“谢谢”。

【解析】“聆听”,是一种自觉地用心地专注地听。《说文》：“聆，听也。从耳令声。”“令”除了表音之外还有表义的作用，即“使自己听”，所以，“聆”是自己听从自己内心的驱使而专注地听。正因为如此，“聆听”只能是对自己的行为的描述，一般用于下对上、晚辈对长辈，如“聆听教诲”，而不能用于描述别人对自己的行为，即使自己是尊者、领导，也不能说感谢别人聆听之类的话，因为你没有权利强迫别人专注地听你的讲座、报告，你也不能说有足够的自信让每一个人都专注地听你的讲座、报告。现在常见的多媒体课件或演示稿的最后一张 PPT 上的“谢谢聆听”的说法都是错误的。正因为是对自己的行为的描述，也就可以描述自己专注地听各种声音，甚至包括自然之声，也包括自己内心的声音。

76. 许多人埋怨他们太忙，找不到时间阅读。

【修改】“埋怨”改为“抱怨”。

【辨析】两个词都有因不满意而发出怨言的意思，但使用的语境有微妙的区别。从语义轻重来看，有的认为此重彼轻，有的认为此轻彼重，其实两个词的语义轻重往往会依说话人的语气、语境等不同而变化。不过，从下面的角度可以看出二者的差异：

一是从语义的重点来分析，“抱怨”重在表达“不满”，“埋怨”重在“责怪”。“责怪”的对象是人，“不满”的对象可以是物。凡“埋怨”对象是物的都可以换成“抱怨”，有一些例子用“抱怨”明显会好一点，更符合语感。如：

有人埋怨生活的这片土地贫穷落后，可自己却不愿为之吃苦流汗治穷致富。

过了十八天“秋老虎”，就没有人再去埋怨阳光的酷热了。

二是从对象所处的位置来分析，当言语行为发生时，“埋怨”的对象总是在场，“抱怨”的对象则未必在场。二者所蕴含的言语行为活动的性质是不一样的，“埋怨”是对话，“抱怨”是陈述。如：

黄总收到一封旅客来信，抱怨一位空姐对病人索取药品不够热心。

妈妈向我抱怨：“他总是挑食，不喜欢的就一口不吃，宁愿饿着。”

“我丈夫已经好几天没有回家睡觉了。”麦卡锡的妻子抱怨道。

下面的“埋怨”都应该改为“抱怨”：

做妻子的，埋怨自己丈夫不够体贴；做丈夫的埋怨自己妻子不够温柔；做老板的埋怨员工不够聪明，工资太高；做员工的埋怨老板，太苛刻，工资太低；做客户的埋怨商家不够诚信；做企业的埋怨消费者太过刁蛮。

但是如果是第三者对“抱怨”者说话时，则往往将“抱怨”改成“埋怨”。如：

她老在我面前抱怨她先生太忙，很少回家。我劝导她说：“你也不要一味埋怨你先生。”

“只能怪你自己没有处理好，不能埋怨别人。”

三是从受益的角度来讨论，“抱怨”的不满情绪是从说话者自身利益出发而产生的，受益者一定是说话者，而“埋怨”的不满情绪的产生或以说话者利益为出发点，或以听话者利益为出发点，出发点的不同导致了“埋怨”的受益者既可能是说话人，也可能是听话人。而听话人与不满情绪的对象重合，于是出现了接受不满反而受益的奇怪现象，“埋怨”不全是损害客体行为的动词，比如当对象受益时，就只能用“埋怨”。如：

人群中有几个人埋怨我不该放司机走，多少也要让他赔偿点损失。（受益者是说话人）

医生埋怨说：“怎么到了肝硬化腹水才来看病?”（受益者是听话人）

总的来说，“抱怨”是对他人陈述自己感到不满的使自己的利益受到损害的人和事物的行为、属性，以表达自己的不满。“埋怨”则是对对方的行为不满而加以指责。

题干中的“许多人”是对自己的工作状况不满，语义重在不满，而不是责怪，所以应该用“抱怨”。

77. 沙漠一直蔓延到了遥远的天边。

【修改】“蔓延”改为“漫延”。

【解析】“蔓延”是如蔓草滋生，连绵不断之意，如蔓延滋长、火势蔓延、势力蔓延、病毒蔓延等。“漫延”是水满溢而向周围扩散，如“洪水漫延”，泛指向四周扩散或连绵不断，如“沙漠一直漫延到了遥远的天边”。还有一个词“曼延”也容易混淆。“曼”有“延长，拉长”的意思，与“延”同义，所以“曼延”是同义连用，也是连绵不断的意思，如“戈壁曼延”“云气曼延”等，在这个意义上，“漫延”和“曼延”可以通用，如也可以说成“沙漠一直曼延到了遥远的天边”。

78. 你对待工作如此态度，莫非不感到惭愧吗？

【修改】“莫非”改为“难道”。

【解析】“莫非”多用于疑问句中表示疑问或揣测的语气，一般不表示反问语气，如：他将信将疑地说：“莫非我听错了？”“难道”多用于反问句，表示反问语气。

79. 中国人的耐心、韧性、吃苦耐劳，真是天下无双。

【修改】“耐心”改为“耐性”。

【解析】“耐心”的意思是心里不急躁，不厌烦，是形容词，常作谓语或状语；“耐性”的意思是能忍耐、不急躁的性格，是名词，常作主语或宾语。例中能和“韧性”“吃苦耐劳”构成并列短语的，应该是“耐性”。

80. 景观的包容性很强，囊括很多自然和人文的因素。

【修改】“囊括”改为“包括”。

【解析】“囊括”的意思是“把全部包罗在内”；“包括”的意思是“包含（或列举各部分，或着重指出某一部分）”。既然是“很多”，那就不是“全部包罗”。

81. 老大爷笑着对他说：“你才五十出头，还年青嘛!”

【修改】“年青”改为“年轻”。

【解析】“年青”和“年轻”都表示年纪不大。但是，“年青”侧重指年龄处在青少年时期，如“年青的一代，你正年青”。比喻的用法表示充满活力、精神振奋、前程远大，如：“革命人永远是年青。”“年轻”虽然多指十几岁到二十几岁，如“组织部来了个年轻人”，但是不一定指处在青少年时期。可以说五六十岁的人“年轻”，例如：“你还年轻，还可以干几年。”一般不能说四十来岁以上的人“年青”。此外，“年轻”可以用来比较，如“你比我年轻”“你比他年轻五岁”“看上去你比我年轻”“越活越年轻”。“年轻”前面可以用表示程度等的副词来修饰、限定，如“很年轻”“非常年轻”“不年轻”。还如：“卡瑞尔已经走了，——他是为我唱过送葬歌的两个同伴中年轻的那一个。”“阿爸年轻的时候，不但是个驯马手，还是个百发百中的猎人呢。”“年轻”可以重叠成“年轻轻”，如：“你们瞧小高，年轻轻的，怎么那样保守?”要注意的还有：“年轻力壮”里的“轻”不要写成“青”，“年纪轻”不要写成“年纪青”，“年轻人”不宜写成“年青人”。

82. 这茶叶因保管不善，吸收了异味，其品位大受影响。

【修改】“品位”改为“品味”。

【解析】“品位”是名词，“品味”有动词用法，也有名词用法。“品味”的动词用法是品尝，和“品位”不会混淆，但“品味”作名词时和“品位”就有了纠缠。一般来说，“品位”侧重于质量或位次的高低，如“艺术品位”“谈吐有品位”；“品味”则侧重于品质、风味。如果侧重指档次也可用“品位”，如“这些白酒放了好几十年了，品位较高”“这些白酒放了好几十年了，品味较好”，前者指质量档次高，后者指口味好。

83. 1952年，张爱玲移居香港，六十年代定居美国。期间她仍创作不辍。

【修改】“期间”改为“其间”，或“这期间”。

【解析】“期间”指某段时间里面，不可单独作状语，不可用于句首，前面一般有表时间段的词作修饰语，如：农忙期间、春节期间。“其间”指“那中间”或“某一段时间”，“其”是指示代词，指代前面的先行词，用“其间”的时候，那个时间范围或空间范围一定出现了。

84. 为提高生产能力，我们厂从今年年初开始起用了新的生产流水线。

【修改】“起用”改为“启用”。

【解析】“启用”，开始使用，用的对象多指物。“起用”包含两个意思：① 提拔任用；② 重新任用已退职或被免职的官员或职员。起用的对象是人，如“起用一批新人”。

85. 宽阔的车间，一百多人围坐在机器旁，倾听董事长的谈话。

【修改】改“倾听”为“聆听”。

【解析】《现代汉语词典》解释“倾听”：“细心地听取（多用于上对下）：听取群众意见。”“倾”是倾斜之意，是指上位的人放下架子、降低身段去听取下位的人的意见，自己的身子倾斜之后，就和别人一样高了，平等了，不是居高临下了，别人才能倾吐心声。正因为如此，“倾听”应该是第三者或者卑者描述尊者或领导者的行为，而不是尊者或领导者描述自己的行为，如领导者自己说“我们要善于倾听老百姓的意见”，那就是领导者自认为高老百姓一等，是不合适的。

86. 曾经瓜分过非洲的西方国家，或许依旧怀有一种难以割舍的“后院情节”。

【修改】改“情节”为“情结”。

【解析】情节，指事情的变化和经过，或指犯罪或犯错误的具体情况。情结，指不能释怀的情感。例中显然是指一种不能释怀的情感。“后院”指屋后的院子，后来比喻内部，如“后院起火”指家里发生纠纷，闹矛盾。“后院”一般是很安全的地方，一些非洲国家一度因为弱小、贫穷，在西方国家面前只能仰其鼻息，西方国家认为是能够完全掌控和任意欺凌这些国家且不会反叛，所以将其视为自己的后院，甚而成为一种“后院情结”，如果这些国家不服从，西方国家就会不习惯，不能接受。

87. 科技人员在工作之余通过劳动获取合理报酬的权力应当得到尊重。

【修改】“权力”改为“权利”。

【解析】“权力”指政治上的强制力量或职责范围内的支配力量。“权利”指公民或法人依法行使的权力和享受的利益。弄不清楚的时候，可将“权力”换成“力量”，将“权利”换成“利益”，看看通不通。

88. 在今天举行的决赛中，我国选手有实力染指金牌的项目是女子 100 米蝶泳和女子马拉松比赛。

【修改】“染指”改为“夺取”或“摘取”。

【解析】“染指”比喻分取非分的利益，做了不应该做的事情，是贬义词。

89. 砂糖放在热水中很快就会融化。

【修改】“融化”改为“溶化”。

【解析】“溶化”和”融化”都有使固体化开，变为液体的意思，都是动词。“溶化”可以指某种固体放在液体中溶解开。“融化”一般只指冰、雪、霜等变成水，如：“沙河里的冰块快融化完了。”另外，“融化”常有比喻用法，如：“麦田、小河、帆船、远山，简直是一幅图画展现在面前，我的心融化在画里了。”这种用法不宜用“溶化”。

90. 他善于左手横拍，风格凌厉，球路刁钻。

【修改】“善于”改为“擅长”。

【辨析】“善于”“擅长”都表示在某方面有特长的意思。“善于”侧重在对某一领域、某一类别的工作，或某一件事情有心得、有研究，做得好，如“善于运用比喻修辞手法”“善于做思想政治工作”“善于团结群众”“善于调节自己的情绪”“善于随机应变”“善于扬长避短”“善于抓大事”“善于宏观谋划”等，适用范围比较广。“擅长”多用于具体的技能方面，如“擅长书法”“擅长音乐”“擅长绘画”“擅长夜战”“擅长逻辑推理”等。“善于”既可以是现在的状况，也可以是努力的方向，如“要善于发现别人的优点”；“擅长”则只是现在的状况。“善于”后面的宾语一般是动宾短语，或者是状中短语，不能直接跟名词，如不能说“善于篮板球”“善于钢琴”，必须说“善于抢篮板球”“善于弹钢琴”；“擅长”可以跟名词，可以说“擅长篮板球”“擅长钢琴”。

91. 以后，努尔哈赤与舒尔哈齐都以建州卫都督的身分，多次进京“朝贡”。

【修改】改“身分”为“身份”。

【解析】从意义来看，两个词都可以用。从使用频率来看，检索北京大学现代汉语语料库，“身份”的使用条数为 20 677 条，“身分”为 2044 条，“身份”的使用频率高于“身分”，宜以“身份”作为推荐词形。《现代汉语词典》即将“身份”作为推荐词形，在“身分”下解释为：“同‘身份’。”

“分”有 fēn、fèn 两个读音，“份”只有 fèn 的读音。古代“份”读同“彬（bīn）”，是“彬”的异体字（《说文解字》把“彬”作为“份”的重文）。今天的“份”的意义古代都是由“分”承担的，所以《现代汉语词典》在“分（fèn）”后的第四个义项说“旧同‘份’”。如：① 整体里的一部分。《左传·昭公二十二年》：“四国皆有分，我独无有。”② 作量词用。一份报纸，一份礼。③ 身份。《礼记·礼运》：“故礼达而分定。”孔颖达疏：“分，谓尊卑之分。”这样，在现代汉语里，作为词素参与构词的时候，“分”读作 fèn 时表达的意义就和“份”表达的意义容易混淆，现列举如下：

当用“分”（fèn）的：

分量、分子（知识分子）、分内、分外、安分、辈分、本分、部分、成分、充分、处分、福分、过分、名分、情分、水分、糖分、天分、缘分、职分、安分守己、非分之想、恰如其分……

当用“份”的：

份额、份饭、等份、股份、身份、双份、省份、年份、月份、份子（合伙送礼时各人分摊的部分）、随份子等。

有时候，虽然都是表示整体里的一部分，如“成分”“分子”等，但用“分”的具体内涵比较抽象，用“份”的具体内涵则比较具体，如“股份”。

“分”误用为“份”的比较多，如“分量”误作“份量”（北京大学现代汉语语料库“分量”2837 条，“份量”1048 条。以下各词后面括号内所列频次皆见北京大学现代汉语语料库，个别不是以该词形式出现，但比较少）；“知识分子”（9446）误作“知识份子”（46）；

“安分”（2249）误作“安份”（65）；“本分”（1207）误作“本份”（181），余不一一。

92. 《胡厥文生涯：从资本家到副委员长》

【修改】“生涯”改作“生平”。

【解析】“生平”侧重指一个人生活的整个过程，一辈子。“生涯”侧重指从事某种活动或职业的生活，如“教书生涯”“舞台生涯”。

93. 追求不对称美是当今的一种时髦。

【修改】“时髦”改为“时尚”。

【解析】“时髦”形容人的装饰衣着或其他事物入时。如“穿着时髦”。“时尚”指当时的风尚，是名词；作形容词时指合于时尚。

94. 本条例自公布之日起实行。

【修改】“实行”改为“施行”。

【解析】“施行”指法令、规章等公布后一定的时候开始生效，着重在执行，是按照某种法令、规章、制度、方式、办法去做，还可用于手术、急救等。“实行”着重在用行动来实现，是使思想上的东西变成现实；适用于自身的有意识的一切活动，不管大事小事、公事、私事，适用范围比较大，但不用于手术、急救等。

95. 某某这次物理试验考试不及格。

【修改】“试验”改为“实验”。

【解析】“实验”作为动词，着重指为检验某种理论或假设是否正确而在特定条件下进行某种操作或活动，意在实地验证，多用于科学研究方面，可构成“实验员”“实验室”等合成词。作为名词，着重在为检验某种理论或假设是否正确而在特定条件下进行的验证，如：“经过多次实验，证明这种新材料具有防火功能。”“上化学课时，老师总要指导学生做实验。”

“试验”作为动词，着重指为考察或了解某事物的性能或某事的结果而进行的活动，意在试探观察，活动是在实验室或小范围内进行，能构成“试验场”“试验田”等合成词。作为名词，指对新发明、生产的仪器、设备、武器装备等进行试运行检验。试验含有试试、试行的意思，如：“新车要先试验刹车性能。”“这次试验是在对外界保密的情况下进行的。”

96. 李易安在她的《金石录后序》中，描写他们初婚贫困的时候，怎样喜爱字画，又买不起字画！以后生活转好，怎样地慢慢收集字画，以及金石艺术品，为着这些宝物，他们盖起书楼，来保存，来布置；字里行间，横溢着他们同居的快乐与和平的幸福。

【修改】改“收集”为“搜集”。

【解析】“收集”“搜集”是极容易用错的一组词。都有将某一类分散的东西收拢聚集的意思，区别在于：①“收集”的对象虽分散但收集者知道其所在地，或知道在某一个范围之内，或知道在某一类人手中等等，可以派专人去收集，或者发文告要求相关人员送达某地，如“收集方案”“收集意见”“收集废品”等；“搜集”的对象往往是重要的、珍贵的、稀有的，难以得到的东西，不仅分散，还没有明确的地域和具体对象，甚而比较隐秘，难辨真伪，如“搜集证据”“搜集情报”“搜集手迹”等。②“收集”难度小；“搜集”难度大。例中讲到李清照和她的丈夫赵明诚（金石学家）收藏“字画以及金石艺术品”的过程用“收集”就不妥当。赵明诚《金石录序》说：“于是益访求藏蓄，凡二十年而后粗备。上自三代，下迄隋唐五季，内自京师，达于四方，遐邦绝域，夷狄所传，仓史以来古文奇字，大小二篆，分隶行草之书，钟鼎、簠簋、尊敦、甗鬲、盘杅之铭，词人墨客诗歌、赋颂、碑志、叙记之文章，名卿贤士之功烈行治，至于浮屠、老子之说，凡古物奇器、丰碑巨刻所载，与夫残章断画磨灭而仅存者，略无遗矣。”李清照《金石录后序》说：“后二年，出仕宦，便有饭蔬衣練，穷遐方绝域，尽天下古文奇字之志。”“穷遐方绝域，尽天下古文奇字之志”之艰辛，其藏品“上自三代，下迄隋唐五季……略无遗矣”之丰富，自是遐方绝域，荒村僻壤，市井里闾，王公侯门，踏破铁鞋，穷年矻矻，广为搜求所得，绝非一般的“收集”能够实现。又如“昂台尔马欢喜精美的小摆饰，因为他有很精细的头脑，鉴赏得极其准确，用他那种施于商业交易上的猎犬嗅觉巧妙地收集了好些东西”之“收集”亦误。不过有些工作难易兼有，则“收集”和“搜集”可以并用。如果是按期订购邮票，或者一些不爱好集邮的朋友将自己的邮票主动送上门来，可以叫“收集邮票”；如果需要时时用心，处处留意，四面求访，八方联络才能获得邮票呢，则只能是“搜集邮票”。“收集信息”是指一般性的收集信息，如“收集一下这几天周边几个县的天气信息”；“搜集信息”则指需要付出努力，甚至需要通过一些手段，或者需要利用专业的识别、分析、处理能力才能做到的，如“搜集一下对方的相关商业信息”。

97. 现在，我书写的七字墓碑，正树立在状元坟，树立在层层墓碑的包围之中。

【修改】改两处“树立”为“竖立”。

【解析】在古代汉语中，“树立”和“竖立”都可以表示抽象的建立、建树的意思，也都可以表示具体的使物体与地面垂直的意思，不过现代汉语中有了分工：具体的看得见的东西竖起来用“竖立”，如“竖立牌楼”“竖立塑像”“竖立石碑”等；抽象的用“树立”，如“树立榜样”“树立典型”“树立品牌”“树立风范”“树立形象”“树立威信”“树立敌人”“树立对立面”等。误例中的两处“树立”都应该作“竖立”。即使在涉及“丰碑”“旗帜”这些看似具体的物象时如果用的是比喻义，也仍然宜用“树立”，如“他为我国的教育事业树起了一座丰碑”“为全国环保工作树立了一面旗帜”中的“丰碑”“旗帜”都是带有比喻性质的，当用“树立”。

98. 张晓庆成为湖南首位“农民工”全国人大代表，在为期 15 天的人大会议期间，她代表进城务工人员发声，站在他们的角度提交提案，审议政府工作报告。

【修改】“提案”改为“议案”。

【解析】根据《全国人民代表大会议事规则》，人大代表提出的是“议案”。而“提案”是政协委员和参加政协的各党派、各人民团体以及政协各专门委员会，向政协全体会议或者常务委员会提出的书面意见和建议。“议案”和“提案”在提出的主体、内容的要求、通过的方式、时限的要求以及法律效力等方面都有区别。

99. 四年前，他得知自己金榜提名，却被别人冒名顶替。

【修改】“提名”改为“题名”。

【解析】“提名”指在评选或选举前提出有当选可能的人或事物的名称，如：“刘贤先生已经被提名为董事长候选人。”“题名”指为留纪念或表示表扬而写上姓名，书写名称。

100. 多方证实，MH370 航班在越南胡志明市管制区同管制部门失去通讯联络，并失去雷达信号，客机未进入中国空管情报区。

【修改】“通讯”改为“通信”。

【解析】“通信”特指用电波、光波等传送语言、文字、图像等信息。“通讯”是“通信”的旧称，全国科学技术名词审定委员会于 2006 年审定公布“通信”为规范词形，“通讯”则专指一种新闻体裁。

101. 她推脱身体不好，不肯参加这次又脏又累的建厂劳动。

【修改】“推脱”改为“推托”。

【解析】“推脱”指推卸、推辞，使与自己无关，推脱的对象多是责任、问题，如“这一次大火，你作为领导有不可推脱的责任”。“推托”指借故拒绝，即委婉表示不接受，推托的对象往往是别人让自己做而自己不愿意做的事。

102. 如果说猴子比人还聪明，那不是等于说人在蜕化?

【修改】“蜕化”改为“退化”。

【解析】“蜕化”指虫类脱皮，比喻人腐化堕落，如“蜕化变质分子”。“退化”指生物体在进化过程中某一部分器官变小，构造简化，机能减退甚至完全消失，如：“虽然它的四肢长而有力，但这种动物的大脑却退化了。”

103. 初中三年，我都是老师的宠儿，在同学中也很有威望，一直担任着班里和校团委的干部。

【修改】“威望”改为“威信”。

【辨析】“威望”指声威和名望，地位高名声好，多用于社会上有一定影响的人物，如：“他在学术界享有很高的威望。”“威信”指声威和信誉，具有一定的影响力和凝聚力，说话大家听。例中一个初三的学生是无所谓“望”的。

104. 学界资深人士称孙先生的《教育管理学》博大精深，是当今教育管理学界的问鼎之作，足见其造诣之深。

【修改】“问鼎”改为“扛鼎”。

【辨析】“问鼎”典出《左传·宣公三年》。春秋时，楚庄王陈兵洛水，向周王朝炫耀武力。周定王派使者慰劳楚师。楚庄王向使者询问周朝九鼎的轻重。楚王问鼎，有觊觎周王室之意。后用“问鼎”指图谋夺取政权。“鼎”比喻最高权力，后引申可以指最高荣誉，最高奖项，如冠军、金牌等。如果用于这些方面，则要注意两点：一是“问鼎”只是问，还未曾获得鼎，只是主观愿望，不是最终结果；二是“鼎”就是最高，后面不宜再加具体的表示奖项的名词，如“冠军”“金牌”“科技进步奖”之类，当然也不能和不是最高的事物连用，如“问鼎国家公职”。今天的媒体、出版物可谓充斥着“问鼎金牌”“问鼎冠军”“问鼎国际格林奖”等等用法，至于哪天积非成是，大家完全认同这种用法也未可知，但从学理上讲，我们还是建议不要这样用，可以说“此次参赛，你是否有问鼎之意？”“此次参赛，志在问鼎”等。下面这段话，“当下，她正积极筹划再战总统竞选，立志凭借自己的实力问鼎总统一职，入主白宫，一改美国无女性总统的历史”可以改作：“当下，她正积极筹划再战总统竞选，立志凭借自己的实力问鼎白宫，一改美国无女性总统的历史。”我们给出的误例中“问鼎之作”的说法如果是表达一篇文章或者一本书想在一个比赛中拿第一的意思，是没有问题的，但如果说作者的写作动机就是想在整个学界做魁首，则未必符合作者之意。作为恭维之辞，可用“扛（gāng）鼎之作”。“问鼎”是作者自己的期许，“扛鼎”是读者或学界的评价。（参见“鼎力”）

105. 象她这样的人，虽然形像好，却是金玉其外，败絮其中，难以担当重任。

【修改】“象”“像”调换位置。

【解析】“象”可以表示形状、样子，如“景象”“形象”“万象更新”等；还可以表示仿效、摹拟的意思，如“象声词”“象形”等。“像”一是表相似、好像的意思，如“月亮像玉盘”。二是指比照人物做成的图形，如“画像”“塑像”“像章”等。三是比如、比方的意思，表示举例，如：“我国的大城市很多，像北京、上海、重庆等。”最后，还可以表示揣测、估计的意思，如：“他东张西望，像是在找人。”

106. 美国的富人很多曾经是穷人，他们不是依靠继承遗产而毫不费力地过上富裕生活的。他们饱尝心酸，长期同逆境搏斗，对于贫困深有体会。

【修改】“心酸”改为“辛酸”。

【辨析】“心酸”形容人的内心悲痛；“辛”是酸、甜、苦、辣中的辣味，“辛酸”即指辣味、酸味，比喻痛苦悲伤，往往和不幸的经历有关。

107. 现在回头看自己过去写的东西，有很多错误，有的是自己学历不够，有的则是时代使然。

【修改】“学历”改为“学力”。

【解析】“历”指经历，“学历”指学习的经历，即接受教育的层次。如“本科毕业”“研究生毕业”。“力”是“力量”，是实际水平，“学力”指学问实际达到的程度。如“高中毕业同等学力”，是指没有在高中学习并且取得毕业的经历而实际上达到了高中毕业的程度。

108. 他自言曾当过元世祖忽必烈近身随从及扬州政要的光辉事迹也已淹没无闻。

【修改】“淹没”改为“湮没”。

【解析】“湮没”指埋没，多指由于时间、环境、时势等原因造成的“埋没”，可以用于具体事物，也可以用于抽象事物，具有较浓的书面语色彩，例如：“很多民间曲本都已湮没失传了。”“淹没”指水漫过，盖过；也形容一事物遮掩住或盖压过另一事物，例如：“他的声音淹没在热烈的掌声中。”“他的快乐常常被一种莫名其妙的恐惧情绪淹没，简直无法摆脱。”

109. 林丹劝他说：“俗话说：‘留得青山在，不怕没柴烧。’你还是跟俺一齐走罢！”

【修改】改“一齐”为“一起”。

【解析】“一齐”强调的是同时，或“不同的主体同时做一件事情”，如“战士们一齐高呼”；或“同一主体同时做几件事情”，如“我们不能所有的工作一齐抓”。用“一齐”时，前面的动作行为的主动者是没有主次之分的，往往用的是全称，如“战士们”“同学们”等等，前面不能有由“和、跟、同”等组成的介词结构，也不能直接和“在”结合。“一起”强调的是“空间上合在一处”或“在同一地点发生的事情”，如“他跟农民一起劳动了三个月”；也可以和“在”结合，如“住在一起”“放在一起”；还可以表示一共的意思，如“一起多少钱”。

110. 三个人忽然一起跪下，向陆小凤叩头道：“你是老子，我们都是你的龟儿子。”

【修改】改“一起”为“一齐”。

【解析】表达的意思是强调三个人同时跪下，应该用“一齐”。“一齐”和“一起”的辨析详见第 109 条。

111. 他摔断了右手，以至两三个月无法记笔记。

【修改】“以至”改为“以致”。

【解析】“以至”和“以致”都是连词。“以至”有两种基本用法：① 直到。一般表示从小到大，从少到多，从浅到深，从低到高，有时也用于相反的方向。例如：“你们这次去西北，可以去两所、三所，以至更多的高校去考察，把他们深化教改的好经验带回来。”“制定学校‘九五’师培计划，不但要考虑今年的发展需要，还要考虑明年以至今后几年的发展需要。”② 表示由于上述原因而造成的结果。例如：“知识更新太快了，以至很多教师要求到重点大学进修。”“现代科学技术发展日新月异，以至从前的梦想，现在都有可能成为现实。”“以致”没有“以至”的第一种用法，但同“以至”的第二种用法容易混淆。“以致”也可以表示由于上述原因而造成的结果，不过有“致使”“弄得”的意思，大多是不好的或说话人所不希望的结果。例如：“他整天沉溺于歌厅舞厅，以致荒废了学业。”“张宏斌考试作弊，以致受到勒令退学的处分。”

112. 企业要合法经营，不能靠歪门邪道来盈利。

【修改】“盈利”改为“营利”。

【解析】“盈利”包括两个意思：① 企业单位的利润；② 获得的利润。“盈利”是名词。如：“本月单位盈利 15 万元。”“营利”指谋求利润，是动词。“盈利”是结果；“营利”是手段目的。

113. 灵活性原则，这要求咨询者在不违反其他咨询原则的前提下，视具体情况，灵活地应用各种咨询理论、方法，采用灵活的步骤，以便最有效地取得咨询的效果。

【修改】“应用”改为“运用”。

【辨析】“应用”“运用”都可作动词，都有采用、使用的意思。它们的区别在于：“应用”侧重于将理论、技术用到实践中去，强调实用，多用于使用理论、技术、方案、成果等方面。“运用”侧重于使用，没有实践验证的意思，多用于使用方法、手段、材料、计谋等方面。“应用”指在实际或实践中的使用；“运用”有“根据事物的特性加以利用”的意思，包含着使用的技巧和方法。当和“灵活”连用的时候，只能用“运用”，不能用“应用”。

114. 新闻标题：2014 世界小姐大赛落幕　21 岁南非小姐折桂冠

【修改】“折桂冠”改为“折桂”。

【解析】“折桂”在科举时代指考取进士，现多借指竞赛或考试获第一名。如：“花滑世锦赛上金妍儿强势折桂。”“桂冠”指冠军，可摘、可夺、可赢，但不能说折。

115. 面对群众一封封的举报信，检察院决定对陆坦立案侦察。

【修改】“侦察”改为“侦查”。

【解析】“侦察”指为了弄清敌情、地形及其他有关作战的情况而进行的侦视察看活动，是军事用语。“侦查”指公安机关为了确定犯罪事实或犯罪人而进行调查，是法律用语。

116. 爬到山顶，小李对着群山大喊了一声，回声振荡山谷。

【修改】“振荡”改为“震荡”。

【解析】“振荡”指震动，或摆的运动、电流的周期性能变化。“震荡”指震动，动荡。

117. 1991 年 8 月 10 日，一条新华社电讯振动全球：中越两国外交部负责人在北京就政治解决柬埔寨和中越关系问题进行磋商。

【修改】“振动”改为“震动”。

【辨析】“振动”“震动”都指受外力的影响而动。“震动”有两种用法，一是指受外力（如地震、爆炸）影响而颤动或使颤动，程度较重，所波及的范围也较大，如“大地在震动”“爆炸声震动了整个山谷”。二是指重大的事情或消息等使人心不平静，如：“这件事在群众中引起很大震动。”例中用的是“震动”的第二种用法。“振动”是一个物理概念，指的是物体通过一个中心位置，不断地做反复运动，有一定的时间规律和周期，也叫振荡，如“自由振动”“振动电机”“振动控制系统”。

118. 现代化的北京迫切需要现代舞团，现代舞艺术更需要扎根于现代化的北京城，这已是无可质疑的事实。

【修改】“质疑”改为“置疑”。

【解析】“质疑”指提出疑问，请人解答，如“质疑问难”。“置疑”表示怀疑，多用于否定，如“毋庸置疑”。

119. 今年6月，业委会决定中止和原物业公司的合同关系，准备招聘新物业。

【修改】“中止”改为“终止”。

【辨析】“终止”“中止”都有停止的意思，区别在于：“中止”指暂时停止，但有可能继续。“终止”指彻底停止，不可能继续。要招聘新物业了，和原物业的合同关系肯定是“终止”而非“中止”。

120. 不吸烟饮酒的人，大都是自控力极强的人，一般可托终生。

【修改】改“终生”为“终身”。

【解析】“终生”是终其一生的意思，一般是贯穿整个生命的事情，如“奋斗终生”，“终生无不良习惯”等等。“终身”往往是从某一个时间点算起，一直到生命的终结，如“终身不嫁”“终身不娶”“终身不孕”“一日为师终身为父”“终身教授”“终身总统”“剥夺政治权利终身”等，分别指自婚嫁年龄开始、从到生育年龄开始、从“为师”开始、从做教授开始、从做总统开始、从服刑开始一直到生命的终结。误例中自然当用“终身”。有时候，“终生”“终身”不别，如“终生学习”“终生教育”也可说成“终身”。“终生铭记”“厮守终生”按上面的分析当写作“终身”，因为“终生铭记”是事情发生之后，直到生命结束一直铭记；“厮守终生”是在结婚之后直到生命结束一直在一起，但人们习惯用“终生”，原因可能是在于强调一辈子。

121. 我在闹市买了一套三居室住房，欢迎同仁到我家作客。

【修改】“作客”改为“做客”。

【辨析】 两个词的区别在于：一是词义不同。做客，指“访问别人，自己当客人”，如“我到亲戚家做客”；“作客”指“客居在别处”，如“父亲曾作客他乡”。二是“做客”相对于主人，“作客”相对于当地人。三是“做客”源于接受别人邀请或主动探访别人，以便沟通感情、交流思想等，与人际交往密切相关；“作客”则往往出于求学、谋生、创业之需，多与人生事业有关。四是“做客”是暂时的，“做客”之所通常是家庭、单位，如“他去朋友家做客”“王教授做客某电视台某论坛”；“作客”往往是长期的，“作客”之所通常是某地方、某区域，如：“这张照片是我作客巴黎时照的。”

附：索　引

此索引是为使用第二部分第五编“一、指出下面句子中误用的词并改正”的内容服务的，其中的词包括误用的词和正确的词，词后括号中的数字是对应的例句序号。如“爱人（19）”，“19”指“爱人”一词出现在第 19 例中。“包括（80）”，“80”指“包括”一词出现在第 80 例中。

二、分析下面各句中成语误用的原因

A

1. 哀兵必胜：“哀兵”不是败军、弱旅。《老子》中有“故抗兵相若，哀者胜矣”。陈鼓应认为“哀”是“慈”“慈悲”之义，任继愈认为“哀”是“悲痛”“悲愤”之义，指交战的旗鼓相当的两军中受到欺压而悲愤地奋起反抗的一方一定胜利。

2. 爱不释手：指喜爱某种东西，拿在手里舍不得放下，形容非常喜爱，只能用于可以拿在手里把玩的书、画、文玩之类具体的物品。幸福是一种感觉，不能搭配“爱不释手”。

3. 安之若素：安，安然、坦然；之，代词，指人或物；素，平常。指（遇到不顺利的情况或反常现象的时候）像平常一样对待，毫不在意。例中没有发生较大变故的意思。

B

4. 白驹过隙：只能形容时间过得快，不能形容时间短暂。

5. 白云苍狗：“白云苍狗”原作“白衣苍狗”，原指天上的浮云像白色的衣裳，顷刻之间又变成了苍狗，比喻世事变幻无常。例中误用为形容时间过得快。

6. 稗官野史：稗官，古代的小官；野史，古代私家编撰的史书。稗官所搜集的街谈巷议，指记载轶闻琐事的作品，可补正史之缺，是重要的史料，不是低俗读物，不含贬义。

7. 班门弄斧：班，鲁班，即公输盘，古代的巧匠。唐柳宗元《王氏伯仲唱和诗序》：“操斧于班、郢之门，斯强颜耳。”在鲁班门前挥舞斧头，比喻在行家面前卖弄本领。宋欧阳修在《与梅圣俞书》中写道：“昨在真定，有诗七八首，今录去，班门弄斧，可笑可笑。”“班门弄斧”一般用于三种情况：一是自谦，如上两例；一是责人，如明代诗人梅之焕《题李白墓》：“采石江边一堆土，李白之名高千古；来来往往一首诗，鲁班门前弄大斧。”就是梅之涣批评那些不知天高地厚竟然敢在李白墓上题诗的宵小文人的；一是诫人，告诉人们应该谦虚谨慎，如“在专家面前，我们应该谦虚求教，而不是班门弄斧，夸夸其谈”。但是绝不能用于自称班门。例中说“科学家和专家们……欢迎青年一代班门弄斧”，则是说科学家和专家以自己为班门，这是不妥当的。这句话可改作“科学家和专家们总是热诚欢迎青年上门切磋”等。

8. 暴虎冯河：暴虎，空手搏虎；冯河，徒步过河。比喻有勇无谋，冒险蛮干。贬义。例中当是要表示白手起家，艰苦奋斗的意思，可用“筚路蓝缕”“胼手胝足”之类词语。

9. 本末倒置：本，树根；末，树梢；置，放。“本末倒置”比喻颠倒了事物的轻重主次关系。例中认为“追求名利”与“实现人生价值”有直接关联，这个说法从价值观角度讲是不妥的。这一点姑且不论。仅从逻辑上讲，作者将“实现人生价值”视为本，将“追求名利”视为末，也是不妥当的。从“追求名利就是为了让自己获得更好的生活和实现人生价值”句看，“追求名利”是手段，“实现人生价值”是目的。它们是手段和目的的关系，不是本末关系。

10. 比翼双飞：只能形容夫妻、情侣。

11. 筚路蓝缕：语见《左传·宣公十二年》：“训之以若敖、蚡冒筚路蓝缕，以启山林。”若敖、蚡冒都是楚国的先君；筚路，柴车；蓝缕，敝衣。孔颖达正义：“以荆竹织门谓之筚门，则筚路亦以荆竹编车，故谓筚路为柴车。”后用来形容创业的艰难辛苦。主语一定是人。例中是说社会主义市场经济发展艰难，形成不易，与人无涉。筚路蓝缕一不是道路艰辛，二不是生活艰辛，三不是衣衫褴褛。

12. 敝帚自珍：敝帚，破旧的扫帚。家里的破扫帚自己也很珍惜。比喻自己的东西虽然不好，也十分珍惜。多用于自谦，尤多用于对自己作品的珍视和爱惜。例中把故乡比作敝帚不合适。一是敝帚只指私人物事，故乡是很多人共有的，不是私人物事；二是无论什么人与故乡都会有割不断的情怀，对于故乡，只会怀念和赞美，断不会视为敝帚；再者，“把故乡拿来敝帚自珍”于文法亦不通。“拿来”后面应跟动词或动宾词组，不应跟“敝帚自珍”这样的主谓结构。

13. 婢作夫人：唐张彦远《法书要录》引南朝梁袁昂《古今书评》：“羊欣书如大家婢为夫人。虽处其位，而举止羞涩，终不似真。”是说王献之的外甥羊欣模仿王献之的书法，犹如大户人家的婢女做了夫人，努力学夫人的做派，却总是学不来。后指刻意模仿，不能神似。本是比喻，而例中则只是讲春梅已由原来的婢女册为夫人（《金瓶梅》中的春梅在九十四回已被周守备册为夫人），并没有不像夫人的意思。

14. 鞭长莫及：借指尽管主观上想管，但是客观上力量达不到。题中既然用筷子头上裹布的方法可以擦到用手擦不到的地方，就不再是“鞭长莫及”了。应是“手不能及”。

15. 变本加厉：变本，即改变原来的；厉，猛烈。指情况变得比原来更加严重，包含有对比的意思。例中不存在对比，在校没有问题，在家里出了问题，不能说是变本加厉。

16. 别无二致：二致，不一致。指区分不出两者的差别，没有不一致的地方。郭沫若《海涛集·徐家埠》：“江西境内的风物，太平淡无奇了，这儿和长江沿岸所见到的别无二致。”用此词时必定出现另一个比较项。例中没有比较项。

17. 兵不血刃：兵，兵器。兵器的刃上未沾上血迹。指未经厮杀就取得胜利。作者记述这场比赛下半场用的标题是“冰岛队不放弃希望，进两球虽败犹荣”，并有这样的描写：“第84分钟，顽强的冰岛人再次进球。”既然冰岛队“不放弃希望”“进两球”“虽败犹荣”“顽强”，怎么会是“兵不血刃”呢？

18. 不耻下问：指不以向地位比自己低的人、学问比自己浅的人请教为耻辱。毛泽东青年时探求马列主义真髓应该只是同学之间的切磋，或向前辈学习。例中第一个“不耻下问”用错了。

19. 不孚众望：孚，为人所信服。不使群众信服。例中意思反了，应改为“深孚众望”或“不负众望”。

20. 不寒而栗：不冷而发抖，形容非常恐惧。恐惧，往往是惊吓所致，所以前面不能再说“吓得”。不寒就是“不冷”，所以不必再交代“尽管那天不冷”。当改作：“一天之中，有四百多人被杀。当地人听到这个消息后不寒而栗。”如是实写，确实因寒而栗，亦不能用。如：初春，乍暖还寒。他身着冬装，漫步在广阔的田野中，仍然觉得不寒而栗。

21. 不经之谈：经，经典。指没有经典作根据的言论，而没有经典作根据的言论是不值得相信的，因此“不经之谈”指没有经典作根据，不值得相信的言论。“内圣外王”的提法见于庄子，兴于儒家，不可说是没有经典作根据。“今天再谈内圣外王”只是不合时宜，而不是“不经之谈”。当然“不经之谈”也不能用来指“不经意的谈话”。

22. 不胫而走：胫，小腿；走，跑。没有腿却能跑。比喻事物不用推行，消息不用刻意传播，就到处流传。例中的意思是只要下决心推进政府预算改革，强化财政收支透明度，小金库现象自然就会消失，用“不胫而走”不妥，可以用“销声匿迹”。

23. 不绝如缕：多形容局面危急，后继乏人，或声音细微悠长。例中应该用“络绎不绝”。

24. 不刊之论：刊，消除。古代把字写在竹简上，有错误就削去。不刊，比喻不能改动或不可磨灭。褒义。例中用来表示不能刊发的粗制滥造的文字，误。另外，“不刊之论”是对别人的观点、著述的评价，不能评价自己。如“我的不刊之论是：在改善法律与制度之前，首先要确立这种以信赖为基础的企业家与工人的合作关系”就是不妥当的。

25. 不可理喻：不能用道理使之明白，即没法跟他讲道理。形容人愚昧、固执，蛮不讲理。不能用于历史事件。

26. 不可思议：原为佛教用语，指对佛的教义“思之不及，议之不得，故曰不可思议”（《五灯会元·马祖一禅师法嗣》），指思想、言语所不能达到的境界，后形容对事物的情况、发展变化或言论无法想象，难以理解。题中当用“不可理喻”。

27. 不名一钱：名，指以己名占有。意思是一个钱都没有，又作“不名一文”“不名一钱”“一钱不名”。例中可用“一文不值”。

28. 不情之请：不合情理的请求，向人求助时称自己的请求。自己的请求不一定不合情理，通常情况下也是可以得到满足的，只是客套话而已。不能用来评价别人的请求。例中应改作“贪婪之举”。

29. 不忍卒读：卒，尽、完，不忍心读完，形容文章内容悲惨动人。例中要表达的是没办法读下去的意思，当改作“不堪卒读”。

30. 不容置喙：不允许别人发表议论。“喙”是鸟兽的嘴，“置喙”就是插嘴。例中要表达的应是“不容置疑”。

31. 不衫不履：衫，上衣；履，鞋子。不穿上衣，不穿鞋子，衣冠不整。可以用来形容性情、行为、书法、行文等的洒脱不羁，不循常规，但不能指穷困潦倒。

32. 不以为然：不认为是正确的，表示不同意。例中的意思是“没当回事”，误用。

33. 不以为意：不把它放在心上，表示不重视，不认真对待。如“虽然朋友们都认为他是一个平庸的人，可他不以为意”。但例中张永红“甚至有几分不服，觉着王琦瑶把她看低了”，显然很在意王琦瑶的话，而且不同意王琦瑶的话，所以应该用“不以为然”才对。

34. 不赞一词：原指文章写得很好，别人不能再添一句话。现也指一言不发。不能理解为“不说一句赞成的话”或“不说一句赞美的话”。

35. 不知所云：形容说话内容混乱，不着边际，使人不知道说的是什么。这个词是用于批评说话人的，不是用来形容自己水平低，听不懂别人的话的。例中用以说明学生听不懂陈寅恪说什么，不合适。

36. 不足为训：足，值得。训，准则，典范。指不值得作为准则或者典范。例中的意思应当是惩罚太少，不能让学生引以为戒，起不到惩罚的作用。但误将“训”理解为“教训”了。

C

37. 惨淡经营：指苦心谋划，从事诗文创作或经营某种事业。惨淡是苦费心思、尽心竭力的意思，不能用来指生意萧条。

38. 侧目而视：侧目，有两个意思，一是畏惧，一是愤恨。例中是注目欣赏的意思。与两个意思皆不符。

39. 曾几何时：意思是才过去了多长时间，表示时间过去没有多久。例中当改为“过去，学习，学的是为人之道”。

40. 差强人意：差，稍微，比较；强，振奋。原意为还算能振奋人的意志，现在表示大体上还能够使人满意。例中用来表示“不如人意”，误。

41. 姹紫嫣红：形容各种颜色的花卉鲜艳美丽。例中用以形容“红梅”不妥。

42. 车载斗量：形容平凡的同类的人或东西很多，不足为奇。如：“像你这样的人，我们单位车载斗量。”不能用来表示负面的人和物，如题中用来表文盲之多，就不妥当；也不能用来表示非常正面的人或物，如：“人们说起共和国开国将军们的传奇故事，可谓如数家珍，车载斗量。”

43. 踌躇满志：踌躇，从容自得的样子。满志，心满意足的样子。形容对自己的现状和取得的成就非常得意。此处为误用。

44. 处心积虑：形容蓄谋已久，费尽心思，贬义。应改为“殚精竭虑”。

45. 春秋笔法：春秋，史书。经学家认为孔子修《春秋》常寓褒贬于一字一语之中，后来人们就用“春秋笔法”来表示将褒贬之义寓于曲折的文笔之中的书写历史的方法。例中的“笔法”是指中国书法特有的用线的方法，不能与“春秋”连用。

46. 蹉跎岁月：蹉跎，由本义“失足”引申指失时，虚度光阴。不能形容岁月艰难、艰苦。既然“所有这些一直深深地影响着我”，那就不是蹉跎岁月，只是艰难岁月。

D

47. 殚精竭虑：用尽精力，费尽心思。用于褒义。为误用。

48. 当仁不让：仁，指仁义之事。遇到应该做的事就积极主动去做，不推让。例中的占便宜之事不能用“当仁不让”。

49. 灯火阑珊：表示灯火将尽。例中误用以表示灯火辉煌之意。

50. 鼎力相助：鼎，本义是古代炊具，多用为宗庙的礼器，相传夏禹铸九鼎，历商至周，都作为传国的重器，因此象征王位和政权。又引申为大。“鼎力”就是大力，敬辞，往往在请求别人替自己做什么，或感谢别人为自己做了什么的时候，可以说“鼎力维持”“鼎力周旋”“鼎力协助”等。不能用来表示自己帮助别人。（参见“鼎力”）

51. 鼎足而立：鼎之足有三，故只能指三方并立，不能多也不能少。“女同事”与“男人们”，只有两方，不能形成鼎足。

52. 豆蔻年华：豆蔻，一种多年生草本植物，该成语用以比喻十三四岁的少女。例中用以指大学生，性别错（大学生兼有男女），年龄也错。

53. 多如牛毛：形容人或事物非常多，常用于平凡的对象，而不用于形容人们喜爱、珍惜的对象。有误。

E

54. 耳濡目染：耳朵经常听到，眼睛经常看到，不知不觉地受到影响。主语应该是受影响的一方，而不是实施影响的一方。可改作“由于长期耳濡目染父亲洒脱的言行和风格”。

55. 耳熟能详：指听得多了，能够说得很清楚、很详细。校园里的事，同学们更多的是亲身经历和目睹的。

56. 耳提面命：不仅是当面告诉他，而且是提着他的耳朵向他讲，形容长辈教导热心恳切。褒义。例中所用不当。

F

57. 翻云覆雨：手心向上时兴云，手心向下时作雨，比喻反复无常或玩弄权术，贬义。

58. 反戈一击：掉转武器向自己原来所属的阵营发起攻击。例中要表达的应为“反击”。

59. 方兴未艾：事物正在发展或者兴起，一时不会终止。褒义。例中“颇为严重”的“木屋问题”不能用“方兴未艾”。

60. 粉墨登场：粉墨，化妆用品，这里指用粉墨化妆。妆化好了，登场演戏。今多用于贬义，比喻坏人登上了政治舞台。德先生（民主）、赛先生（科学）、费小姐（自由）都是先进的理念，故为误用。

61. 风声鹤唳：听到风声和鹤叫声，都疑心是追兵，还没有见到敌军就已惊恐万状。形容极度疑惧或自相惊扰。“怨天尤人”是自己对生活不满意，又不检讨自己，归咎于命运和别人，和“风声鹤唳”无关。

62. 风雨如磐：风雨像磐石一样压在头上，形容风雨极大，这是写实；比喻黑暗势力的重重压迫，这是写虚。例中用“风雨如磐”形容不恰当，可改为“风风雨雨”。

63. 凤毛麟角：凤毛，凤凰的羽毛。麟角，麒麟的角。比喻珍贵而稀少的人或物。题中用来形容土星的部分神奇之处，不妥，可改作“冰山一角”。褒义，也不能比喻坏人坏事。

64. 附庸风雅：附庸，追随；风雅，文雅，多指才学。为了装点门面结交名士，从事有关文化的活动。贬义，例中误用为褒义。

65. 付之一笑：用一笑来回答，表示不值得理会或毫不介意。例中误用来表示积极地给予回应，表示肯定。

G

66. 改头换面：比喻只改外表和形式，内容实质不变，与“换汤不换药”同义，贬义。不表示旧貌换新颜。

67. 感同身受：原意是心里很感激，像亲身受到恩惠一样，专用于代替别人表示感谢。现在多指虽未亲身经历，但感受就同亲身经历一样。“感同身受”是自己的感受，不能“令对方”对自己“感同身受”，也不能“令对方”与自己一起“感同身受”。

68. 高屋建瓴：建，通“瀽”，倾倒，泼；瓴，装水的瓶子。从高屋顶上向下倒出瓶里的水，形容居高临下，其势不可阻挡。一说“瓴”是仰瓦，即瓦沟。这样，“建”就应该是建设、建置之义，即在高高的屋顶上建置瓦沟，其水之流下，势不可挡。从最早出处来看，《史记·高祖本纪》中有“（秦中）地势便利，其以下兵于诸侯，譬犹居高屋之上建瓴水也”，则当取第一种解释。现指对事物把握全面，了解透彻。例中将“高屋建瓴”简单理解成了高大的意思。

69. 各有千秋：各有各的长期存在的价值，即各有所长，各有特色。造诣是指学业、技艺所达到的水平，水平只有高低之分，无所谓特色。另外，各有千秋属褒义，不能用于负面的人和事物。

70. 耿耿于怀：指不能忘怀的事情，形容有令人牵挂的事，或有不愉快的事，如与别人的芥蒂，不能忘记，难以排解。不能用于美好事情，也不能用于对过去生活的回忆。所以“不管过去是美好还是惨淡”，都不能与“耿耿于怀”搭配。

71. 功败垂成：事情将要成功的时候，遭到了失败，有对事情的失败感到惋惜的意味，只能用在有意义、有价值，令人寄予厚望的事情上。例中用法不恰当。

72. 狗尾续貂：貂，动物，毛皮珍贵，古代君主的近侍官员以貂尾为冠饰。如果任官太滥，貂尾不足，便用狗尾代之，所谓“貂不足，狗尾续”。后以“狗尾续貂”讽刺封爵太滥。再后来比喻以坏续好，以劣续精，前后不相称。多指文学艺术作品，多作自谦之词，如“众所周知，续集片多为狗尾续貂”“我就姑且不自量力，来个狗尾续貂吧”。必须是两个事物发生了前后接续的关系时对两个事物进行比较说的话，不能简单拿两个不相关的事物进行比较。例中说的诗歌到底有没有古代、近代、现代和当代之分，姑且不论，单说将埃兹拉·庞德的诗与李商隐的诗进行比较，然后说庞德的诗是狗尾续貂，这就不合适了，因为庞德的诗不是李商隐诗的续篇。还有不少人把文章的结尾写得不好叫作“狗尾续貂”，也是误用，如“要想演讲不呈现出狗尾续貂的效果，就需要以良好的结尾带来‘余音绕梁’的感觉”，可改“狗尾续貂”为“凤头蛇尾”。

73. 刮目相看：指别人已有进步，不能再用老眼光去看他，是在比较的基础上说的。例中可以改为“另眼相看”。

74. 管窥蠡测：管，竹管；窥，从孔隙中看；蠡，瓠瓢；测，测量。指从竹孔中观天，所见有限；以瓢量海水，所得无几。比喻对事物观察了解狭隘片面。例中可改为“闭门造车”。

75. 鬼斧神工：像是鬼神制作出来的。形容建筑、雕塑等技艺高超，不是人力所能达到的。不能用来形容天然景物。

76. 果不其然：果然如此，指事物的发展变化跟预料的一样。例中前后矛盾，作者误将“果不其然”理解为“果然不是这样”。

77. 裹足不前：脚好像被缠住似的不再往前走，指由于顾虑或者害怕或者观念陈旧而止步不前。“裹足”的是主观因素，例中导致“不前”的则是客观因素。

78. 过犹不及：犹，如同。事情做得过火了，就跟做得不够一样，都是不好的。不能错误地理解为“过头”。

H

79. 邯郸学步：一个人到邯郸去学邯郸人走路，结果邯郸人怎么走路的没学会，自己原来怎么走的也忘了，只能够爬回去。比喻模仿人不到家，反把原来自己会的东西忘了。例中为误用。既然已经不会走路了，怎么走出自己的路来？

80. 汗牛充栋：汗牛，使牛出汗；栋，栋宇，屋子。指用牛运书，牛要累得出汗；用屋子放书，要放满整个屋子。形容书籍极多。不是一般的数量极多的意思。

81. 浩如烟海：形容典籍、图书等极为丰富，不能形容商品。

82. 呼之欲出：原形容画像非常逼真，一召唤，画中人物就能从画中走出来。后也形容文学作品的人物描写十分生动。也指社会具备了某种土壤和条件，某事物即将出现，或某结果即将揭晓，但这种“事物”或“结果”一般都是指正面的事物，如“呼之欲出的太空医学”“一个充满期待、精彩无限的自时代已呼之欲出”等，例中用来指“凶手”不妥。

83. 虎视眈眈：像老虎扑食一样贪婪而凶狠地注视着，形容心怀贪欲，伺机攫取。贬义。

84. 涣然冰释：形容疑虑、误会、隔阂等像冰一样完全消除。例中所用与文意完全不符。

85. 绘声绘色：用于人们的口头讲述或文字描写，形容它再现了人们看不见的情景和听不见的声音，使人产生身临其境之感。不能用来形容戏剧、舞蹈等表演艺术。

86. 火中取栗：栗，栗子。寓言《猴子和猫》里说：猴子骗猫取出火中的栗子，猫取出一个猴子便吃一个，结果猫不但没吃着栗子，反倒把自己的爪子烧坏了。比喻受人利用，为别人冒险，吃了苦头，自己却没有捞到好处。不能用于指冒险给自己谋利益。

87. 祸起萧墙：萧墙，古代宫室内当门的作为屏障的矮墙。指祸乱发生在家里，比喻内部发生祸乱。例中所用不当。

J

88. 吉光片羽：吉光，是古代的神兽，用它的毛皮制成裘衣，入水不沉，入火不焦，后人用“吉光片羽”比喻残存的极其珍贵的诗文字画和文物。例中理解为吉祥温暖的阳光，属望文生义。也不能用来表示一鳞半爪。

89. 集思广益：广泛吸收群众有益的意见。主语应该是领导者。

90. 集腋成裘：狐狸腋下的皮虽很小，但聚集起来就能制一件皮袍，比喻积少成多。褒义。不能用来形容消极事物。

91. 济济一堂：形容很多有才能的人聚集在一起。不能形容一般人多，更不能形容商品。

92. 坚苦卓绝：（在艰难困苦中）坚忍刻苦的精神超乎寻常。用于形容人的精神与品质。例当改作“艰苦卓绝”。

93. 艰苦卓绝：斗争极其艰苦，超乎寻常。用于描写环境和生活状况。例当改作“坚苦卓绝”。

94. 间不容发：间，空隙。空隙中容不下一根头发，比喻与灾祸相距极近或情势危急到极点，这个“空隙”往往是比较抽象的，不是“形容具体的空间距离短”。

95. 紧锣密鼓：旧时戏剧开场前要打一通锣鼓，以招徕观众和催促后台演员快做准备，可以用来指一个活动的前期准备工作，如造声势，造舆论，是公开的，不能指偷偷的行为，如例中用于“销赃灭迹”就不妥。

96. 敬谢不敏：谢，推辞；不敏，无能。恭敬地表示能力不够或不能接受，是表示推辞做某事的婉辞。不能用于拒绝吃什么东西或拒绝别人的要求。

97. 举案齐眉：案，古代端饭菜用的矮脚托盘。汉代梁鸿妻给梁鸿端饭时，总是把托盘举得与眉齐，以表示对丈夫的敬重。后用以形容夫妻相敬。例中用于一家三代属误用。

K

98. 侃侃而谈：形容说话理直气壮，从容不迫。例中应为“夸夸其谈”。

99. 慷慨解囊：毫不吝啬地解开口袋拿出钱来，形容豪爽大方地帮助别人，不是指自己花钱买东西。

100. 空谷足音：在寂静的山谷里听到脚步声，比喻极难得到音信、言论或来访。不能用来表示实实在在的空谷中的脚步声。

101. 空前绝后：从前没有过，今后也不会再有，夸张性地形容独一无二。特殊十年的遭遇对于一个人的一生来说，用“空前绝后”形容是没有问题的，但是“恐怕要空前绝后了”的表述则有问题。“空前绝后”是两个方面，一是“空前”，二是“绝后”，同时用“要”修饰，不妥。这里的“要”是助动词，表示“将要”，表示行为或情况不久以后就要发生。“绝后”是将来的事，可以用“要”修饰，“空前”是既成事实，则不能用“要”修饰。“恐怕要空前绝后了”可以说成：“是空前的，恐怕也要绝后了。”另外，“空前绝后”是非常极端的夸张之词，使用要谨慎。“空前”可以说，“绝后”就很难说了。

102. 口无择言：择，通“殬（dù）”，败，坏的。《孝经·卿大夫章》：“非法不言，非道不行。口无择言，身无择行。”因唐玄宗《孝经注》中有“言行皆遵法道，所以无可择也”，邢昺疏：“口无可择之言，身无可择之行。”故后世皆以此为训。然《尚书·吕刑》中有云：“敬忌，罔有择言在身。”清孙星衍《尚书今古文注疏》：“择为殬之假借字。”口无择言，意思是口里说出来的没有不好的、不符合礼仪的话。题中与“性喜冲动”连着说，误为“口不择言”之义。

103. 苦心孤诣：“苦心”是指费尽心思；“诣”指学问技艺等所达到的高度或深度；“孤诣”则指只有自己能达到别人达不到的高度和深度。成语的意思是费尽心思，刻苦钻研，在学问技艺等方面达到别人所不及的境地。不能用作贬义。既是“苦心孤诣”，就应该是“其志可嘉、其情可表的”，例中用“虽是”“但”连接，就意味着“苦心孤诣”是“其志不可嘉、其情不可表的”，只取“费尽心思”之义，似有不光明正大之嫌，而不取“达到别人达不到的高度和深度”之义，不妥。

L

104. 连篇累牍：连篇，一篇接着一篇。累，连续，重重叠叠。牍，古代写字用的木片，后指纸张，稿纸。形容篇幅过多，文辞冗长，含贬义。不能用于正面事物。也不能仅仅用来表示数量多，如“菜肴清淡，韩国泡菜自然是连篇累牍，主菜仅是羊肉炒金针菇、炖蛋和鱼”。

105. 良莠不齐：莠，狗尾草，很像谷子，常混在禾苗中。比喻好人坏人都有，混杂在一起。不用于成绩好坏，水平高下。“当前的现状是绝大多数体育主持人并非体育专业出身，水平参差不齐。”用“参差不齐”就准确了。

106. 两小无猜：男女幼时在一起相处，天真无邪，互不猜疑。不能用于指两个男儿之间的关系，也不指青年之间的关系。

107. 洛阳纸贵：左思《三都赋》抄写的人非常多，洛阳的纸因此涨价。比喻著作有价值，流传广。不能简单指“纸贵”，也不能指其他商品贵。

108. 络绎不绝：络绎，连续不断，往来不绝。形容人、马、车、船等来来往往，接连不断，不能指别的事物。

109. 略胜一筹：筹，筹码。略微高过一筹码。比较起来，稍微好一些，不能用于价格高低的比较。

M

101. 漫不经心：指人对事随随便便，不放在心上。漫，随便。句中可改为“漠不关心”。

111. 慢条斯理：形容动作缓慢，不慌不忙。有刻意表现出不着急的意思。例中用“慢慢地”比较合适。

112. 名不虚传：传出的名声不是虚假的。指实在很好，不是空有虚名，用于好名声。鼠疫作为传染病中的一号杀手，不能用“名不虚传”，依句意应为“谈之色变”。

113. 名山事业：司马迁《报任安书》：“仆诚以著此书，藏之名山，传之其人，通邑大都，则仆偿前辱之责，虽万被戮，岂有悔哉？”“名山事业”就是“藏之名山的事业”，专指从事著述，有“著述行世”，便“可以不朽”。不能指收藏著述。

114. 漠不关心：冷淡，不经意。不能带宾语。要说成“对……漠不关心”。

115. 莫衷一是：衷，折衷。该成语用于表示看法很多，又不能断定孰对孰错，不能得出一致结论的时候。下面三种情况不能用：一是没有交代有不同看法时不能用，所以常与“众说纷纭”连用；二是有多种解读，但都无所谓对错，无须取得一致时不能用；三是辩论的双方不能用。因为辩论的双方都是坚持自己的意见的，不存在“不能断定孰对孰错”。

116. 目无全牛：见《庄子·养生主》：“始臣之解牛之时，所见无非牛者。三年之后，未尝见全牛也。”意为庖丁开始解牛的时候，看见的是牛的整个身体，三年之后，因已熟知牛体结构，宰牛时看到的是牛的一块块骨骼，不再是整个牛的身体。比喻对事物的整体和各个组成部分之间的关系已经了如指掌，因而处理起来极为准确熟练，形容技艺已达到非常纯熟的地步。不能用来形容没有全局观念，因为“目无全牛”是在充分了解各部分的联系之后建立起来的更高层次的整体观念。

117. 沐猴而冠：比喻表面上装得像正人君子，实际上却不是什么好东西，常用来讽刺无德无才却获取高位的人。例中当改作“狼狈为奸”之类。

N

118. 南辕北辙：比喻行动和目的正好相反。不形容两个人行走的方向相反。

119. 年富力强：形容年纪轻，精力旺盛。退休老人力虽可能强，但年肯定已不富。例中所用不恰当。

P

120. 蓬荜生辉：蓬荜，编蓬草、荆竹为门，形容穷苦人家。成语意思是使寒门增添光辉，多用作宾客来到家里，或别人赠送自己可以张挂的字画等物时说的客套话。例中指作品，误。

121. 胼手胝足：胼（pián）、胝（zhī），指手掌脚底因长期劳作长出的茧子。形容长期辛苦劳作。既然是“历经沧桑岁月的磨砺、风雨同舟后胼手胝足的浓郁情愫”，那就说明“胼手胝足”不是辛苦劳作，而是指辛苦劳作（即“历经沧桑岁月的磨砺、风雨同舟”）之后的“夫妻情深”，误用。

122. 评头品足：品，评论。原指一些无聊的人评论妇女的容貌。现泛指对人对事多般挑剔。贬义，与中性的评议不同。

123. 抛砖引玉：谦词，比喻用粗浅的、不成熟的意见引出别人高明的、成熟的意见，如“我的发言只是抛砖引玉”。例中作者的意思是说以许仙人的一生一世的几十年同素贞妖的千年、万年、十万年相比，就犹如砖和玉一般，这样使用抛砖引玉，显然不合适。“抛砖引玉”也不适于用在第三者的身上。如“政协文艺界委员分组讨论十分热烈，气质不同，风格迥异，有丝丝入扣、条分缕析的论章，有行云流水般的美文，有抛砖引玉的即兴抒怀，还有活灵活现的通俗比喻，构成一道道参政议政的生动风景线”，不能以第三者的口吻说某个政协委员的发言是“抛砖引玉”。

124. 破镜重圆：比喻夫妻失散或离婚后重新团聚。不能用于其他关系。

125. 扑朔迷离：形容事情错综复杂，难以辨别清楚。不能用于形容变化莫测。

Q

126. 期期艾艾：汉时周昌口吃，言“期”时必重复言“期期”；三国魏将邓艾口吃，自称“艾”时必言“艾艾”，后以“期期艾艾”指口吃，说话结巴。例中作者大概是想用以描写落魄文人在北京的凄惨生活，误甚。

127. 七月流火：语出《诗经·豳风·七月》。火，星名，指大火星，即二十八星宿之心宿。指农历七月，大火星西行，天气转凉。例中用来形容天气炎热，误。《现代汉语词典》第七版收了“七月流火”一词，在“指夏去秋来，天气转凉”的解释之后又说：“现也用来形容天气炎热（因人们误把“七月”理解为公历 7 月，把“火”理解为火热）。”这就是积非成是了。虽然词典认可了误用，但我们还是建议用本来的意义，这样才显出文化底蕴。

128. 起死回生：能把快要死的人救活，形容医术高明。只能用于医生，不能用于病人。

129. 乔装打扮：经过化装，打扮成另外的模样，以隐瞒自己的真实身份。例中只是让自己漂亮而已，绝非想隐瞒自己的真实身份，故误。

130. 巧夺天工：指人工的精巧胜过天然。石头是天然之物，已是天工，不能说巧夺天工。

131. 巧舌如簧：舌头灵巧，像笙中的簧片一样能发出动听的音乐。形容花言巧语，能说会道。贬义。花言巧语，如何能“字字如金”？可用“口若悬河”。

132. 秦晋之好：表示两姓联姻的婚配关系。不能用来指单位、国家的友好关系。

133. 倾国倾城：《汉书·外戚传上·孝武李夫人》：“延年侍上起舞，歌曰：‘北方有佳人，绝世而独立，一顾倾人城，再顾倾人国。宁不知倾城与倾国，佳人难再得！’”后以“倾国倾城”或“倾城倾国”形容女子极其美丽。此处用法不当。

134. 青云直上：指官职、地位快速上升。例中可改为“蒸蒸日上”。

135. 情不自禁：感情激动，控制不住自己。例中可改为“不由自主”。

136. 罄竹难书：比喻罪恶之多，难以写尽，贬义。

137. 求全责备：责，要求；备，完备。谓苛求完美无缺。《菜根谭》“不责人小过”的“责”是“指责”“批评”，用“求全责备”翻译，是将责求完备的“责备”误解为指摘的“责备”。

138. 趋之若鹜：趋，奔赴，归附；鹜，鸭。像鸭子一样成群地争先恐后地跑去。比喻成群的人争着去。用作贬义，多比喻许多人争着去追逐不好的事物。此处用法不当。

139. 雀屏中选：雀屏，画有孔雀的门屏，以箭射中孔雀双目者可为女婿或丈夫，因而只能用于入选女婿或丈夫，而不能用于别的东西的入选。

R

140. 人老珠黄：指妇女因为老了被轻视，就像珠子年代久了会变黄，不如新珠子值钱一样。例中对象为“他”，与“人老珠黄”搭配不当。

141. 人满为患：指人多超过容纳的限度而造成麻烦、困难甚至灾难。例中是因买房者人多受益而非为患。可改为“顾客盈门”。

142. 人面桃花：相传唐崔护清明郊游，至村居求饮。有女持水至，含情倚桃伫立。明年清明再访，则门庭如故，人去室空。因题诗曰：“去年今日此门中，人面桃花相映红。人面不知何处去，桃花依旧笑春风。”后用“人面桃花”形容男女邂逅钟情，随即分离之后，男子追念旧事的情形。例中认为是“少女的脸像桃花一样透着红润的光彩”之意，误解了崔诗。

143. 人去楼空：“人去楼空”泛指忆念朋友或亲人；不论男女都可。语本唐崔颢《黄鹤楼》诗：“昔人已乘黄鹤去，此地空余黄鹤楼。”后即以“人去楼空”表达面对旧居怀念故人之意，有人去而不回的凄凉之感。例中海训结束，战士还会回到军营，不当用“人去楼空”。

144. 忍俊不禁：忍俊，含笑，忍笑；不禁，抑制不住，不由自主。指忍不住发笑，与后面“笑起来”重复。

145. 如火如荼：本义为像火一样红，像荼一样白，比喻军容壮盛。后多形容气势旺盛、热烈，对象只能是气势，用作褒义。例中用在不好的事物上，不妥。有的大词小用，如“图书外借处如火如荼忙新书装订”。有的应该是润物细无声的，亦不适宜用，如“胎教依然如火如荼”。

146. 如丧考妣：像死了父母那样悲痛，常用于贬义。不能用于亲人逝世的场合。

147. 如数家珍：如同数说家里的珍宝那样清楚，形容对所讲述的实物非常熟悉。有“如”，说明讲述的不是“家珍”，如是“家珍”则不能用；有“数”，说明一定要“列举”，无“列举”则不能用；“家珍”说明所列举者是好东西，否则不能用。例中指“百姓的需求、困难”，不是家珍，也不能说是好东西，也没有“列举”之意，故误。

148. 如坐春风：就像置身于和暖的春风之中，比喻与品德高尚、学识渊博的人相处，受到良好的熏陶和教诲。例中的“如坐春风”仅表示“温暖”之意，无“熏陶”之意，可改为“也会四处如春”。

S

149. 舍本逐末：原指舍弃农耕，从事工商。后指不重根本而追求细枝末节，轻重倒置。本、末有主次关系。例中的“优势”和“短板”“强项”和“弱项”是一个人的两个方面，不是主与次的关系。事实上如果短板是致命的，就会严重制约一个人的发展，那么首要的就应该是克服短板，而不是发挥优势。

150. 涉笔成趣：动笔就能构成意趣，常用来表示创作者手法灵动，水平高。例中指的是有趣的故事情节，误。

151. 身临其境：亲身到了那个境地。既然是“栩栩如生”，就不可能让听者“身临其境”，当在“身临其境”之前加上“如同”。

152. 身无长物：身上没有多余的东西，形容极其贫穷。不能表示没有长处。

153. 莘莘学子：本非成语，但使用频繁，也极容易错，故列于此。莘莘（shēnshēn），多。莘莘学子即众多的学生，前面不能用“一些”“一批”，或者“一个”“一位”等数量词限制。

154. 甚嚣尘上：甚嚣，十分喧闹；尘上，地上尘土飞扬起来。原指军营中人声喧哗，尘土飞扬的紧张忙碌状态，后形容负面的传闻、议论、观点、思潮等广为流传、十分嚣张。不能用于正面的议论。也不能理解为“激烈残酷”，如例。

155. 师出无名：师，军队；名，名义。指出兵没有正当理由，也指做某事没有正当理由。不能指没有师门，或者没有跟有名气的老师学习。

156. 师心自用：形容自以为是，不肯接受别人的意见，含贬义。不能用来表示有创获的见解。

157. 石破天惊：出自李贺《李凭箜篌引》：“女娲炼石补天处，石破天惊逗秋雨。”形容乐声高亢激越，有惊天动地之势。后多用以比喻某一事物或文章议论新奇惊人，可以使石破，使天惊。如“石破天惊之语”“石破天惊之文”“石破天惊的消息”等等，不用来形容自然界的伟力。

158. 十室九空：十户人家有九户是空的，形容由于灾荒战乱或横征暴敛使老百姓流离失所的悲惨景象。青壮年劳力进城打工不会造成“十室九空”。

159. 始作俑者：俑，古代殉葬用的木制或陶制的俑人。开始制作俑的人，比喻首先做某件坏事的人，贬义。句中用为褒义，误。

160. 首当其冲：冲，要冲，交通要道。比喻最先受到攻击或遭遇灾难。并非指冲在最前面或最重要或排名最前。

161. 首屈一指：人们在扳着指头计数时，首先总要弯下第一指（即大拇指），用以表示第一。后来用以形容居于首位，是拔尖的最好的一个。用于褒义。此处为贬义，误。

162. 首鼠两端：首鼠，联绵词，犹豫。在两者之间犹豫不决左右动摇不定。又作“首施两端”。英国在第二次世界大战中在缅甸的对日战略是非常明确的，就是为了弃缅保印，以维护自身的利益，不能用“首鼠两端”来形容。

163. 素昧平生：指与某人从来不认识。不用于知识。

T

164. 弹冠相庆：弹冠，弹去帽子上的尘土，准备出仕；相庆，互相庆贺。表示因即将做官或得势而互相庆贺。贬义。

165. 叹为观止：春秋时季札在鲁国观看各种乐舞，看到舜时的乐舞，十分赞美，说看到这里就够了（观止矣），再有别的乐舞也不必看了。后来这个成语被用来指赞美所见到的事物好到了极点。褒义，不能用来形容负面的东西。

166. 螳臂当车：也可以写成“螳臂挡车”，螳螂举起前腿想挡住车子前进，比喻不估计自己的力量去做办不到的事情，必然失败，多指逆潮流而动。贬义。例中用指积极的事物，误。

167. 投鼠忌器：意思是要拿东西打老鼠，又顾忌打坏了它旁边的器物。比喻想打击坏人，又顾虑伤害他所依附的人或身边的无辜者。例中语境不合。

W

168. 完璧归赵：比喻把原物完好无损地归还原主。运用该成语时必须满足以下两点：①某物为乙所有，由甲暂为保存，终当归还；②归还时必须完好无损。FinalData 软件只是一个恢复软件，不是它误删，误删的文件也不归它保存，不满足第一点，故误。同理，甲偷了乙的东西，公安将乙的失物追回交给乙，也不能用该成语，只能说“公安让失主所失之物失而复得”。还要注意的是，用此成语容易犯叠床架屋的毛病，一种是叠乙的身份，如“期待日后能完璧归赵给它的主人”，“赵”“它的主人”都指乙；一种是叠“完”的意义，如“黄源当年离开上海时，曾有两书架的书托巴金保存，巴金将书‘完璧归赵’，一本不少”，少一本则不“完”，“一本不少”多余。

169. 万籁俱寂：籁，从孔穴中发出的声音；万籁，自然界万物发出的各种声响。万籁俱寂，形容周围环境十分宁静，一般指深夜。错例是对德国诗人布伦坦诺《小夜曲》的一段赏析文字，有“笛音”，又有“潺潺泉水”，怎么能是“万籁俱寂”？

170. 万人空巷：家家户户的人都从家里出来聚集到某个地方，以致人们居住的街巷都空了。不是指巷子里没人。看“春晚”大都是在家里看，无所谓“空巷”。

171. 亡羊补牢：比喻出了问题以后想办法补救，可以防止继续受损失。《战国策·楚策》：“见兔而顾犬，未为晚也；亡羊而补牢，未为迟也。”例中尚未出问题，故用“亡羊补牢”不妥。

172. 望其项背：项，脖子的后部，脖梗子。指能够望见前面人的脖梗子和背脊，表示赶得上或比得上，多用于否定句或反问句，如“难以望其项背”“不能望其项背”“岂能望其项背”。如果说成“只能望其项背”，则是在伯仲之间，可与争雄之义，而不是“无法企及”的。

173. 微乎其微：非常小或非常少，常指具体的数量。例中只是事情小，不指数量，误，可改作“微不足道”。

174. 危言危行：是直言直行的意思。《论语·宪问》：“邦有道，危言危行；邦无道，危行言孙（逊）。”意思是说，国家政治清明的时候，就当说直话，行直道；国家政治不清明的时候，就当行直道（保证自己不同流合污），言语谦逊（有效地保护自己）。例中“危言危行”与“克恭克顺”连用，“克恭克顺”是能够恭敬而顺从，那“危言危行”就不是说直话、行直道了，而是努力约束自己的言行，小心谨慎从事了。“危言危行”误用。

175. 惟妙惟肖：惟，语气助词，没有实际意义；妙，好；肖，相似。形容描写或模仿得非常好，非常逼真。只适用于描写人写、画、演得非常逼真，不适用于描写自然景物。

176. 为虎作伥：典故说被老虎吃掉的人，会变成伥鬼，专门给老虎带路，找人来供老虎吃，伥自己不吃人。后用“为虎作伥”比喻充当恶人的帮凶，帮助恶人干坏事。例中高湛“为了夺取皇位”而“协助高演将已被囚禁的废帝高殷押送晋阳处死”，表面是为了高演，其实是为了自己，因此高湛、高演都是有明确的自己的目的和利益的，这中间只有“虎”，没有“伥”，故不当。

177. 蔚然成风：蔚然，草木茂盛的样子，引申为兴盛、盛大的样子。形容一种事物逐渐发展盛行，形成良好的风气。褒义。例中使用不当。

178. 蔚为大观：蔚，荟萃，聚集。形容事物丰富多彩，荟萃而成盛大壮观的景象。一要有“荟萃”“聚集”之义；二要是褒义，不能形容消极事物。两张照片不足以言“大观”，再者也很难说是正面的。

179. 文不加点：形容作文很快，一气呵成，无须修改。点，涂抹，即修改。例中的意思是草率而就，没有修改过，而不是“无须修改”，误。

180. 无可厚非：虽有错误或缺点，但可以原谅，不可过分指责。可以“非”，但不可“厚非”。例中所讲的情况是完全不可“非”的，可换成“无可非议”。有的则误用作“毋庸置疑”的意思，如：“物流是社区服务的环节，它的重要性无可厚非”“人际关系的重要性已经无可厚非”等。

181. 无所不为：没有什么不干的，指什么坏事都干。贬义。例中用成了褒义，可改为“无所畏惧”。

182. 无所不至：语出《论语·阳货》：“子曰：‘鄙夫！可与事君也与哉？其未得之也，患得之；既得之，患失之。苟患失之，无所不至矣。”《现代汉语词典》解释为：“指凡能做的都做到了（用于坏事）。”贬义。可换成“无微不至”。

183.　五风十雨：汉王充《论衡·是应》：“风不鸣条，雨不破块，五日一风，十日一雨。”条，树枝。鸣条，使树枝作响。块，土块，指土地。破块，冲毁土地。谓五天刮一次风，但是是和风轻拂，不会使树枝发出声响。十天下一场雨，但是是细雨酥润，不会把土地冲坏，一切都恰到好处，后浓缩为“五风十雨”，形容风调雨顺。例中用以形容天气多变，不合适。即使旅游，这种轻风拂面，细雨沾衣的天气也是非常舒服宜人的。

X

184. 狭路相逢：多用来指仇人相见，彼此都不肯轻易放过，不可用于老友见面。

185. 下里巴人：原指《下里》《巴人》两支战国时期楚地的民间曲子。作为成语，指通俗的普及的文艺作品，也用来谦称自己的作品，与“阳春白雪”相对。不能指老百姓。例中将“下里巴人”理解为农民工和老百姓，把“阳春白雪”理解为高雅的文化，误甚。

186. 相敬如宾：形容夫妻互相尊敬，像对等宾客一样。不能用于同事及其他关系。

187. 香消玉殒：古人常用以比喻年轻美貌的女子死亡。“挑战者”号共有航天员 7 人，5 男 2 女。说麦卡利夫人“香消玉殒”则可，说 7 人“一起香消玉殒”便不妥了。有的甚至将“香消玉殒”用于建筑、文物等，就尤为不妥了，如：“苏州古城墙逐渐‘香消玉殒’，许多地方甚至已看不见丝毫踪影。”

188. 信笔涂鸦：信笔，漫不经心随便书写；涂鸦，随手乱画，比喻书画或文字幼稚拙劣，常用作自谦之词。如果用于别人则有贬损挖苦之意。历史上的文人画即使有不足，也断不能用“信笔涂鸦”来形容。

189. 星罗棋布：像天上的星星那样罗列着，像棋盘上的棋子那样分布着，形容多而密集。所以，该成语一不能用以形容天象，如例；二不能形容数量少的东西，如“四五家欧林雅专卖店如星罗棋布般散落于闽西高原各处”；三不能说成“像星罗棋布”，如“上海市区周围现有大大小小二百多个市镇，像星罗棋布，林立于淞江两岸，九峰三泖之间”。

190. 形影相吊：唯有自己的形体和影子相互陪伴、慰问，形容孤独。例中说湘僧与作者

“无片刻少离”，又说“形影相吊”，前后矛盾，与词义不符。

191. 胸有成竹：苏轼《文与可画筼筜谷偃竹记》：“今画者乃节节而为之，叶叶而累之，岂复有竹乎？故画竹必先得成竹于胸中，执笔熟视，乃见其所欲画者，急起从之，振笔直遂，以追其所见，如兔起鹘落，少纵则逝矣。与可之教予如此。”比喻做事之前已经有通盘的考虑，因而做起来很有把握。“透视学”“光、影、色”“比例与解剖”等内容是关于绘画技巧的知识，后面的第八篇“衣服”，第九篇“树木与草地”，第十篇、第十一篇“风景和自然现象”才是“提供关于绘画的各种描绘对象的形态的基本知识”，但这几个部分还是只介绍部分描绘对象的普遍知识以及我们应该怎样去观察这些事物。画家描绘的对象万千，每一物又形态万千，一本书无法一一介绍其形态，即使介绍，也没办法使人对所要画的物体“胸有成竹”，“胸有成竹”是深入生活观察得来的，需“格物”方能“致知”，所以，这里用“胸有成竹”不合适，而且“胸有成竹”也不能用“更加”来形容。

192. 休戚相关：休，喜悦；戚，忧愁，悲伤。彼此之间的忧愁、喜乐、祸患、幸福都关联在一起。形容彼此利害一致，关系密切。“休”和“戚”都是人的思想感情，只能用在人与人之间，而不能用于事物之间。

193. 休养生息：休养，安定人民生活，使其经济力量得到恢复和发展；生息，生殖蕃息。指在战争或社会大动荡引起经济凋敝、人口锐减之后，采取措施，安定社会秩序，减轻人民负担，发展生产，繁殖人口，以恢复元气。不能用来指一般的休息。

194. 栩栩如生：指艺术作品（雕刻、绘画）中的形象非常逼真，如同活的一样。不能形容人的个性鲜明。

195. 喧宾夺主：客人的声音盖过了主人。也比喻外来的次要的事物占据了原有的主要事物的地位。客和主，次要和主要，是相辅相成的，虽有主次之分，却是缺一不可。但“神题”和正常的题，不是主次的问题。如果“神题”的本意是发散考生的思维，而自主命题考试就应该考学生的发散思维，那“神题”就是主。所以，说“神题”“喧宾夺主”是不合适的。

196. 雪泥鸿爪：苏轼《和子由渑池怀旧》：“人生到处知何似？应似飞鸿踏雪泥。泥上偶然留指爪，鸿飞那复计东西。”鸿雁偶一驻足雪上，留下印迹，而鸿飞雪化，一切又都不复存在。有人生无常的感慨。作为成语，指鸿雁在化了雪的泥土上走过时留下的爪痕，比喻值得怀念但却容易逝去的往事，这些“往事”不是惊天动地的，对社会不会产生巨大的影响。例中用“雪泥鸿爪”形容长征，不合适。毛泽东说：“长征是历史纪录上的第一次。”长征是人类历史上的壮举，它保留了革命的火种，开辟了稳固的革命根据地，确立了毛泽东在党内的领导地位，确立了毛泽东思想作为党的政治思想的地位，甚至深刻影响着中华民族伟大复兴的进程，绝不是“雪泥鸿爪”可比。可能作者是因长征过了雪地，故与“雪泥”相比附，又因古语有“燕雀安知鸿鹄之志哉”，故与“鸿爪”相比附。但成语是千百年积淀形成的，有它特定的意义，是不能随意解读的。

197. 寻章摘句：指读书时只注意搜寻、摘取一些漂亮词句，不去深入研究文章的义理，或写作时一味堆砌现成词句，缺乏创造性。贬义。不是指一般的查找资料、摘取词句。例中用为褒义，误。

198. 训练有素：素，平素，向来。谓平时一直有严格的训练（所以基础好，技艺高，能力强）。例中“素”与“平日”意义重复。可改作“来自平日的刻苦训练”。另外，很多人把“训练有素”的“素”理解成“素养”“素质”，如在“医生本身要训练有素”标题下说“对于医生来说，他的人格、修养都是医疗服务产品的一部分，因此，提高医生的职业化素养就非常重要”“因此，提高医学生的综合素质对培养一支优秀医生队伍至关重要”，通篇没有涉及平日如何训练医学生，而只讨论“素养”“素质”，显然作者是将“训练有素”的“素”理解为“素养”“素质”了。因而标题可改作“医生要有高素质”。

Y

199. 严阵以待：指做好充分的战斗准备，等待着来犯的敌人。“埋头工作”，只是工作紧张一点而已，够不上“严阵以待”。“严阵以待的空当里”可改为“在紧张工作的间隙”。

200. 掩耳盗铃：原作“掩耳盗钟”。晋国贵族范氏出亡的时候，有个人得到他家一口大钟，但是钟太大背不走，想把钟砸碎后再运走，他一锤砸下去，钟发出了巨响，他害怕别人闻声而来同自己争夺，便赶紧捂住自己的耳朵，以为这样别人就听不见了。后以“掩耳盗铃”比喻用愚蠢的手法自己欺骗自己，是自掩耳目，而不是掩人耳目。公务员拿贪污受贿的钱去做慈善事业只是想造成自己不爱财的假象，以躲避法律的审判，正是掩人耳目，而非自掩耳目，故“掩耳盗铃”使用不当。

201. 偃旗息鼓：偃，放倒；息，停止。意思是放倒军旗，停敲战鼓。后用来形容军队隐蔽行踪，不暴露目标；再引申为停止战斗；再引申为停止批评、争论等具有攻击性的行动。这些意义用于婚礼都不合适。“偃旗息鼓”是因为某种外因而停下来，婚礼则是因为固定的程序走完而自然结束。为误用。

202. 洋洋大观：形容事物美好繁盛，丰富多彩。褒义。不能用来形容消极事物。

203. 洋洋洒洒：洋洋，形容众多、丰盛的样子；洒洒，形容明白、流畅的样子。形容文章或谈话很长，内容丰富，一气贯通，明白流畅。《惠崇春江晚景》是一首七绝，仅28字，不能用洋洋洒洒来形容。

204. 一笔抹杀：比喻轻率地把优点、成绩等全部否定。不能用来否定缺点和错误以及罪恶。

205. 一蹴而就：蹴（cù），踏；就，成功。踏一步就能成功，形容轻而易举就能取得某种成就或完成某项艰巨复杂的任务。“一蹴而就”和“不可能成功”矛盾，可改为“一蹴而就是不可能的”，或“不可能一蹴而就”。

206. 一发而不可收：一发，一经发动，一经开始。意思是事情一经开始，便发展得十分顺利，停不下来了。褒义。例中应改为“一发而不可收拾”。

207. 一发而不可收拾：事情一旦发生，就会闹到无法挽回、无法收场的地步。贬义。例中应改为“一发而不可收”。

208. 一孔之见：从一个小窟窿里所看到的，比喻狭隘片面的见解。用于自身是自谦，用于别人是贬损。例中可改作“一家之言”。

209. 一念之差：一个念头的差错，形容由于一个错误的想法导致严重的后果。既然是想法出现了差错，当然只能导致坏的结果，而不能产生好的结果，更不能引出好坏两种结果。所以，“一念之差”可能下地狱，但绝不能上天堂。

210. 一言九鼎：秦昭王围赵邯郸，赵平原君与毛遂等赴楚求救，毛遂的一席话，使楚王同意出兵救赵，邯郸之围遂解。平原君赞扬毛遂：“毛先生一至楚而使赵重于九鼎大吕。”

（《史记·平原君列传》）“九鼎”参见第51条“鼎力相助”；“大吕”，指周庙大钟。“使赵重于九鼎大吕”是说毛遂的话提升了赵国的地位，使赵国见重于诸侯。后用“一言九鼎”表示说话人地位高，说话分量重，一句话即可产生极大的力量，和“人微言轻”意义相反。如：“我是人微言轻。”“不不不，您是一言九鼎。”不能与“一诺千金”混同。（参见“鼎力”）

211. 义不容辞：义，道义。道义上不容推辞。道义更多的是社会属性的范畴。是约束、规范人在社会上的行为的准则。陪准妈妈生产是准爸爸的责任，很难上升到道义。可改为：“陪准妈妈生产，准爸爸责无旁贷。”又如“相夫教子，义不容辞”也是误用，只能说：“相夫教子，责无旁贷。”

212. 义无反顾：义，道义，这里作状语，按照道义；顾，回头看。意思是按照道义勇往直前，决不退缩回头。褒义。要注意，一是必须是正确的选择，不能用于错误的选择；二是必须要付出很大的代价，要有所牺牲。例中既然是“天赐良机”，就不能用“义无反顾”。

213. 亦步亦趋：你慢走我也慢走，你快走我也快走，你跑我也跑。比喻由于缺乏主张，或为了讨好，事事模仿或追随别人。贬义。不能表示紧跟潮流。

214. 溢美之词：溢，水从器皿里漫出来。指过分赞美的言辞。既然是过分赞美的话，就不是客观公正的评价，不是有意吹捧就是夸大其词，赞美过了头，有明显的贬义，不等于一般的赞美。例中误用来表示“赞美的话”，误。

215. 因人成事：毛遂成功迫使楚王与平原君歃血为盟之后，对跟随到楚国去的那十九个人说：“公等录录，所谓因人成事者也。”意思是：你们诸位，庸庸碌碌，正是所谓依靠别人的力量才能把事情办成的人啊（有毛遂才能“成事”，但同去的人也获得了“成事”的美名）。所以该成语指依靠别人的力量才能把事情办成。例中表达“因人成事”是依靠人才才能办成事，为误用。

216. 有口皆碑：有口，只要是有口的，即所有的人；碑，镌刻着功德的石碑。每个人的嘴都是记载功德的石碑，形容人人称赞、颂扬。褒义。用此成语要满足三个要点：一是对象必须是好的业绩和道德品行，不能用于负面的人；二是不能用于对物的评判；三是必须是所有的人，而不是一部分。例中“热心做官”“热心刮地皮”都是负面的。又如“有人愿是维纳斯，不曾开口，其美丽却是有口皆碑”，则非业绩和品行。又如“对于任先生（引者按，指任继愈先生）的学术贡献，多数人是有口皆碑”，“多数人”和“有口皆碑”矛盾。

217. 与虎谋皮：原作“与狐谋皮”，意思是跟狐狸商量要剥下它的皮来，比喻所商量要办的事跟对方的切身利益完全对立，是绝对办不到的。后多作“与虎谋皮”。把“谋皮”的对象变为凶猛的老虎，其贬抑的色彩更加明显了。组织部控制编制，是为了减轻百姓的负担，提高工作效率，并不是为了一己之私，不能用“与虎谋皮”。

218. 雨后春笋：比喻新生事物大量涌现，蓬勃发展。褒义。例中形容皮肤上的小瘤子蔓延得快，情感色彩不符，故有误。

219. 缘木求鱼：缘，攀缘；木，树。爬到树上去找鱼，比喻方向错误或方法不对头，一定不能达到目的。既然是“不经过自身的努力就想得到学问”，那就是不曾付出过任何努力，也就不存在方向错误或方法不对头的问题，不曾“缘木”，自然就不是“缘木求鱼”了。

220. 怨声载道：载，装载。怨恨的声音充满道路，形容人们的强烈不满，一般用于形容很多人怨恨的声音。例中只是个人的不满，“怨声”并未“载道”。

Z

221. 在所难免：实在难以避免。指不好的或不希望发生和出现的事情。“在所难免”可用于“输”与“败”，不可用于“赢”与“成”。

222. 振聋发聩：使聋人听到声音，比喻用言论、文章唤起糊涂麻木、是非不明的人，使他们猛醒，不能用来表示一般的声音很大。

223. 振振有词：振振，理直气壮的样子。形容理由似乎很充分，说个不休。贬义。例中用作褒义，误。另外，有的误以为“振振有词”与“念念有词”同，亦误，如：“法蒂梅的母亲进来席地而坐，现在是她进行祷告的时间，只见她拿着一块钱币大小的圆形陶土‘默尔’放在地毯上，手上拿着一串念珠，开始振振有词地默祷起来。”

224. 纸上谈兵：在纸面上谈论用兵策略，不切合实战之用。比喻空发议论，不解决实际问题。好政策如果能实行，是能解决实际问题的；如果不能实行，就永远停留在纸面上。当改为“一纸空文”。“纸上谈兵”是与实际有很大的距离，不可能实施；“一纸空文”是没有机会实现，或者没准备实现，但如果实现，是有可能取得成效的。

225. 炙手可热：炙手，烫手。比喻人权势大，气焰盛，使人不敢接近，一挨近就感到热得烫手，贬义，不能形容有知名度和大家热捧的人，以及大家向往的地方。

226. 置若罔闻：置，放着；若，好像；罔，没有；闻，听见。谓放在一边儿不管，好像没有听见一样。多用于批评、指责别人有令不行，对批评、劝告、请求、抗议等不予理睬。如梁启超《政治与人民》：“我则政府置若罔闻，一任天行之暴，莫代人民以谋抵抗。”贬义。例中可改为“不置一词”。

227. 捉襟见肘：形容衣服破烂，经济拮据。也比喻顾此失彼，穷于应付。不能形容“片面性”。

228. 擢发难数：擢（zhúo），拔。战国时，魏国的范雎随须贾出使齐国，为须贾所陷害，魏国国君判范雎里通外国罪，范雎逃秦，改名张禄，得秦昭王重用为相国，欲伐韩魏。魏王派须贾入秦求和。须贾见秦相张禄，始知张禄即范雎，对范雎说：“擢贾之发以续贾之罪，尚未足。”后世浓缩为“擢发难数”，表示拔下全部头发来计数，都难以数清其罪行。贬义词，只能形容罪行之多和不好的事情，不能形容正面的事情，误例可用“数不胜数”；也不能用来形容一般的事物多，如报道“夜访：浙江龙泉地下‘鬼市’，大量名表擢发难数，工艺极高”。

229. 罪不容诛：容，宽容，原谅。罪行很大，不能因诛而得到原谅，即使判处死刑也不能抵偿所犯的罪行，形容罪大恶极。用在此处与文意不符。可改作“罪不当诛”。

230. 坐怀不乱：传说春秋时期，鲁国大夫柳下惠夜宿城门，一个年轻的女子因为赶不上进城，要求与柳下惠同宿。柳下惠担心冻坏了她，便解开衣服将她裹在怀里，就这样坐了一夜，却没有发生任何越轨的行为，从此柳下惠便成了为人称颂的正人君子。“坐怀不乱”也成了形容男子作风正派，不为女色所动的成语。必须是在女子“坐怀”的情况下“不乱”，不是一般的不慌乱。结合前后文，例中是说在任何“嘈杂喧嚣的环境中”“都能做到坐怀不乱”，既无女子坐怀，便无“坐怀不乱”之说。即使说“任何情况”也可包括“女子坐怀”的情形，但也包括很多非“女子坐怀”的情形，统统用“坐怀不乱”来形容，显然不妥。

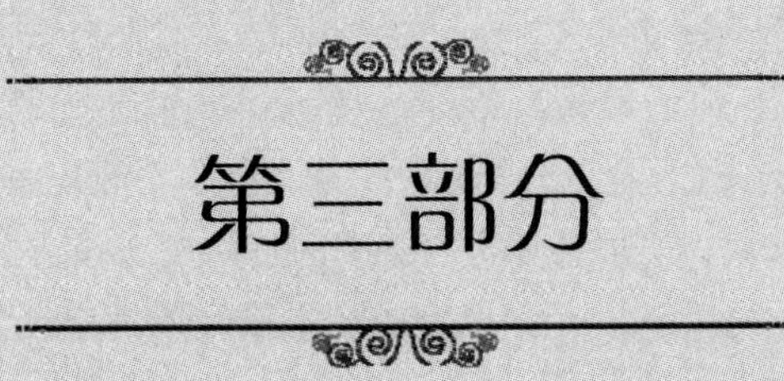

第三部分

附 录

附录一：三级常用字表

国务院关于公布《通用规范汉字表》的通知
国发〔2013〕23号

各省、自治区、直辖市人民政府，国务院各部委、各直属机构：

国务院同意教育部、国家语言文字工作委员会组织制定的《通用规范汉字表》，现予公布。

《通用规范汉字表》是贯彻《中华人民共和国国家通用语言文字法》，适应新形势下社会各领域汉字应用需要的重要汉字规范。制定和实施《通用规范汉字表》，对提升国家通用语言文字的规范化、标准化、信息化水平，促进国家经济社会和文化教育事业发展具有重要意义。《通用规范汉字表》公布后，社会一般应用领域的汉字使用应以《通用规范汉字表》为准，原有相关字表停止使用。

国务院

2013年6月5日

通用规范汉字表

说　　明

一、为了贯彻《中华人民共和国国家通用语言文字法》，提升国家通用语言文字的规范化、标准化水平，满足信息时代语言生活和社会发展的需要，教育部、国家语言文字工作委员会组织制定《通用规范汉字表》。

二、本表收字 8105 个，分为三级：一级字表为常用字集，收字 3500 个，主要满足基础教育和文化普及的基本用字需要。二级字表收字 3000 个，使用度仅次于一级字。一、二级字表合计 6500 字，主要满足出版印刷、辞书编纂和信息处理等方面的一般用字需要。三级字表收字 1605 个，是姓氏人名、地名、科学技术术语和中小学语文教材文言文用字中未进入一、二级字表的较通用的字，主要满足信息化时代与大众生活密切相关的专门领域的用字需要。

三、本表在整合《第一批异体字整理表》（1955 年）、《简化字总表》（1986 年）、《现代汉语常用字表》（1988 年）、《现代汉语通用字表》（1988 年）的基础上制定。一、二级字表通过语料库统计和人工干预方法，主要依据字的使用度进行定量、收字和分级。三级字表主要通过向有关部门和群众征集用字等方法，收录音义俱全且有一定使用度的字。

四、本表一、二级字表的研制，主要使用了国家语言文字工作委员会现代汉语平衡语料库（收录 1919—2002 年人文和社会科学、自然科学、综合等三大类的 55 个学科门类的语料，9100 万字符）、现代新闻媒体动态流通语料库（收录 2001—2002 年 15 种报刊的语料，3.5 亿字符）、教育科普综合语料库（收录 1951—2003 年中小学通用教材及科普读物的语料，518 万字符）、儿童文学语料库（收录 1949—2007 年适合义务教育第一、二学段阅读的儿童文学的语料，570 万字符）、《现代汉语词典》（第五版）、《新华字典》（第十版），参考了其他语料库和工具书。

五、本表三级字的具体来源是：（1）姓氏人名用字，主要来源于 1982 年全国人口普查 18 省市抽样统计姓氏人名用字、公安部提供的姓氏用字及部分人名用字、群众提供的姓氏人名用字、一些古代姓氏用字和有影响的古代人名用字；（2）地名用字，主要来源于民政部和国家测绘地理信息局提供的乡镇以上地名用字、部分村级地名和部分自然实体名称的用字、主要汉语工具书中标明为“地名”的用字；（3）科学技术术语用字，主要来源于全国科学技术名词审定委员会提供的 56 个门类、中国社会科学院语言研究所提供的 33 个门类的科学技术与人文社会科学的术语用字；（4）中小学语文教材的文言文用字，主要来源于中小学语文教材文言文语料库（收录 1949—2008 年中小学语文教材中的文言文和普及性文言文的语料，65 万字符）。

六、本表对社会上出现的在《简化字总表》和《现代汉语通用字表》之外的类推简化字进行了严格甄别，仅收录了符合本表收字原则且已在社会语言生活中广泛使用的“闫、铊、颙”等 226 个简化字。

七、本表在以往相关规范文件对异体字调整的基础上，又将《第一批异体字整理表》中“皙、喆、淼、昇、邨”等 45 个异体字调整为规范字。

八、本表的字形依据《现代汉语通用字表》确定，字序遵循《GB13000.1 字符集汉字字序（笔画序）规范》的规定。

九、为方便使用，本表后附《规范字与繁体字、异体字对照表》和《〈通用规范汉字表〉笔画检字表》两个附表。

十、本表可根据语言生活的发展变化和实际需要适时进行必要补充和调整。

一级字表

一画
0001 一
0002 乙

二画
0003 二
0004 十
0005 丁
0006 厂
0007 七
0008 卜
0009 八
0010 人
0011 入
0012 儿
0013 匕
0014 几
0015 九
0016 刁
0017 了
0018 刀
0019 力
0020 乃
0021 又

三画
0022 三
0023 干
0024 于
0025 亏
0026 工
0027 土
0028 士
0029 才
0030 下
0031 寸
0032 大
0033 丈
0034 与
0035 万
0036 上
0037 小
0038 口
0039 山
0040 巾
0041 千
0042 乞
0043 川
0044 亿
0045 个
0046 夕
0047 久
0048 么
0049 勺
0050 凡
0051 丸
0052 及
0053 广
0054 亡
0055 门
0056 丫
0057 义
0058 之
0059 尸
0060 己
0061 已
0062 巳
0063 弓
0064 子
0065 卫
0066 也
0067 女
0068 刃
0069 飞
0070 习
0071 叉
0072 马
0073 乡

四画
0074 丰
0075 王
0076 开
0077 井
0078 天
0079 夫
0080 元
0081 无
0082 云
0083 专
0084 丐
0085 扎
0086 艺
0087 木
0088 五
0089 支
0090 厅
0091 不
0092 犬
0093 太
0094 区
0095 历
0096 歹
0097 友
0098 尤
0099 匹
0100 车
0101 巨
0102 牙
0103 屯
0104 戈
0105 比
0106 互
0107 切
0108 瓦
0109 止
0110 少
0111 曰
0112 日
0113 中
0114 贝
0115 冈
0116 内
0117 水
0118 见
0119 午
0120 牛
0121 手
0122 气
0123 毛
0124 壬
0125 升
0126 夭
0127 长
0128 仁
0129 什
0130 片
0131 仆
0132 化
0133 仇
0134 币
0135 仍
0136 仅
0137 斤
0138 爪
0139 反
0140 介
0141 父
0142 从
0143 仑
0144 今
0145 凶
0146 分
0147 乏
0148 公
0149 仓
0150 月
0151 氏
0152 勿
0153 欠
0154 风
0155 丹
0156 匀
0157 乌
0158 勾
0159 凤
0160 六
0161 文
0162 亢
0163 方
0164 火
0165 为
0166 斗
0167 忆
0168 计
0169 订
0170 户
0171 认
0172 冗
0173 讥

0174 心
0175 尺
0176 引
0177 丑
0178 巴
0179 孔
0180 队
0181 办
0182 以
0183 允
0184 予
0185 邓
0186 劝
0187 双
0188 书
0189 幻

五画

0190 玉
0191 刊
0192 未
0193 末
0194 示
0195 击
0196 打
0197 巧
0198 正
0199 扑
0200 卉
0201 扒
0202 功
0203 扔
0204 去
0205 甘
0206 世
0207 艾
0208 古
0209 节
0210 本
0211 术
0212 可
0213 丙
0214 左
0215 厉
0216 石
0217 右
0218 布
0219 夯
0220 戊
0221 龙
0222 平
0223 灭
0224 轧
0225 东
0226 卡
0227 北
0228 占
0229 凸
0230 卢
0231 业
0232 旧
0233 帅
0234 归
0235 旦
0236 目
0237 且
0238 叶
0239 甲
0240 申
0241 叮
0242 电
0243 号
0244 田
0245 由
0246 只
0247 叭
0248 史
0249 央
0250 兄
0251 叽
0252 叼
0253 叫
0254 叩
0255 叨
0256 另
0257 叹
0258 冉
0259 皿
0260 凹
0261 囚
0262 四
0263 生
0264 矢
0265 失
0266 乍
0267 禾
0268 丘
0269 付
0270 仗
0271 代
0272 仙
0273 们
0274 仪
0275 白
0276 仔
0277 他
0278 斥
0279 瓜
0280 乎
0281 丛
0282 令
0283 用
0284 甩
0285 印
0286 尔
0287 乐
0288 句
0289 匆
0290 册
0291 卯
0292 犯
0293 外
0294 处
0295 冬
0296 鸟
0297 务
0298 包
0299 饥
0300 主
0301 市
0302 立
0303 冯
0304 玄
0305 闪
0306 兰
0307 半
0308 汁
0309 汇
0310 头
0311 汉
0312 宁
0313 穴
0314 它
0315 讨
0316 写
0317 让
0318 礼
0319 训
0320 议
0321 必
0322 讯
0323 记
0324 永
0325 司
0326 尼
0327 民
0328 弗
0329 弘
0330 出
0331 辽
0332 奶
0333 奴
0334 召
0335 加
0336 皮
0337 边
0338 孕
0339 发
0340 圣
0341 对
0342 台
0343 矛
0344 纠
0345 母
0346 幼
0347 丝

六画

0348 邦
0349 式
0350 迂
0351 刑
0352 戎
0353 动
0354 扛
0355 寺
0356 吉
0357 扣
0358 考
0359 托
0360 老
0361 巩
0362 圾
0363 执
0364 扩

0365 扫
0366 地
0367 场
0368 扬
0369 耳
0370 芋
0371 共
0372 芒
0373 亚
0374 芝
0375 朽
0376 朴
0377 机
0378 权
0379 过
0380 臣
0381 吏
0382 再
0383 协
0384 西
0385 压
0386 厌
0387 戌
0388 在
0389 百
0390 有
0391 存
0392 而
0393 页
0394 匠
0395 夸
0396 夺
0397 灰
0398 达
0399 列
0400 死
0401 成
0402 夹
0403 夷
0404 轨
0405 邪
0406 尧
0407 划
0408 迈
0409 毕
0410 至
0411 此
0412 贞
0413 师
0414 尘
0415 尖
0416 劣
0417 光
0418 当
0419 早
0420 吁
0421 吐
0422 吓
0423 虫
0424 曲
0425 团
0426 吕
0427 同
0428 吊
0429 吃
0430 因
0431 吸
0432 吗
0433 吆
0434 屿
0435 屹
0436 岁
0437 帆
0438 回
0439 岂
0440 则
0441 刚
0442 网
0443 肉
0444 年
0445 朱
0446 先
0447 丢
0448 廷
0449 舌
0450 竹
0451 迁
0452 乔
0453 迄
0454 伟
0455 传
0456 乒
0457 乓
0458 休
0459 伍
0460 伏
0461 优
0462 臼
0463 伐
0464 延
0465 仲
0466 件
0467 任
0468 伤
0469 价
0470 伦
0471 份
0472 华
0473 仰
0474 仿
0475 伙
0476 伪
0477 自
0478 伊
0479 血
0480 向
0481 似
0482 后
0483 行
0484 舟
0485 全
0486 会
0487 杀
0488 合
0489 兆
0490 企
0491 众
0492 爷
0493 伞
0494 创
0495 肌
0496 肋
0497 朵
0498 杂
0499 危
0500 旬
0501 旨
0502 旭
0503 负
0504 匈
0505 名
0506 各
0507 多
0508 争
0509 色
0510 壮
0511 冲
0512 妆
0513 冰
0514 庄
0515 庆
0516 亦
0517 刘
0518 齐
0519 交
0520 衣
0521 次
0522 产
0523 决
0524 亥
0525 充
0526 妄
0527 闭
0528 问
0529 闯
0530 羊
0531 并
0532 关
0533 米
0534 灯
0535 州
0536 汗
0537 污
0538 江
0539 汛
0540 池
0541 汝
0542 汤
0543 忙
0544 兴
0545 宇
0546 守
0547 宅
0548 字
0549 安
0550 讲
0551 讳
0552 军
0553 讶
0554 许
0555 讹
0556 论
0557 讼
0558 农
0559 讽

0560 设
0561 访
0562 诀
0563 寻
0564 那
0565 迅
0566 尽
0567 导
0568 异
0569 弛
0570 孙
0571 阵
0572 阳
0573 收
0574 阶
0575 阴
0576 防
0577 奸
0578 如
0579 妇
0580 妃
0581 好
0582 她
0583 妈
0584 戏
0585 羽
0586 观
0587 欢
0588 买
0589 红
0590 驮
0591 纤
0592 驯
0593 约
0594 级
0595 纪
0596 驰
0597 纫
0598 巡

七画

0599 寿
0600 弄
0601 麦
0602 玖
0603 玛
0604 形
0605 进
0606 戒
0607 吞
0608 远
0609 违
0610 韧
0611 运
0612 扶
0613 抚
0614 坛
0615 技
0616 坏
0617 抠
0618 扰
0619 扼
0620 拒
0621 找
0622 批
0623 址
0624 扯
0625 走
0626 抄
0627 贡
0628 汞
0629 坝
0630 攻
0631 赤
0632 折
0633 抓
0634 扳
0635 抡
0636 扮
0637 抢
0638 孝
0639 坎
0640 均
0641 抑
0642 抛
0643 投
0644 坟
0645 坑
0646 抗
0647 坊
0648 抖
0649 护
0650 壳
0651 志
0652 块
0653 扭
0654 声
0655 把
0656 报
0657 拟
0658 却
0659 抒
0660 劫
0661 芙
0662 芜
0663 苇
0664 芽
0665 花
0666 芹
0667 芥
0668 芬
0669 苍
0670 芳
0671 严
0672 芦
0673 芯
0674 劳
0675 克
0676 芭
0677 苏
0678 杆
0679 杠
0680 杜
0681 材
0682 村
0683 杖
0684 杏
0685 杉
0686 巫
0687 极
0688 李
0689 杨
0690 求
0691 甫
0692 匣
0693 更
0694 束
0695 吾
0696 豆
0697 两
0698 酉
0699 丽
0700 医
0701 辰
0702 励
0703 否
0704 还
0705 尬
0706 歼
0707 来
0708 连
0709 轩
0710 步
0711 卤
0712 坚
0713 肖
0714 旱
0715 盯
0716 呈
0717 时
0718 吴
0719 助
0720 县
0721 里
0722 呆
0723 吱
0724 吠
0725 呕
0726 园
0727 旷
0728 围
0729 呀
0730 吨
0731 足
0732 邮
0733 男
0734 困
0735 吵
0736 串
0737 员
0738 呐
0739 听
0740 吟
0741 吩
0742 呛
0743 吻
0744 吹
0745 呜
0746 吭
0747 吧
0748 邑
0749 吼
0750 囤
0751 别
0752 吮
0753 岖

0754 岗
0755 帐
0756 财
0757 针
0758 钉
0759 牡
0760 告
0761 我
0762 乱
0763 利
0764 秃
0765 秀
0766 私
0767 每
0768 兵
0769 估
0770 体
0771 何
0772 佐
0773 佑
0774 但
0775 伸
0776 佃
0777 作
0778 伯
0779 伶
0780 佣
0781 低
0782 你
0783 住
0784 位
0785 伴
0786 身
0787 皂
0788 伺
0789 佛
0790 囱
0791 近
0792 彻
0793 役
0794 返
0795 余
0796 希
0797 坐
0798 谷
0799 妥
0800 含
0801 邻
0802 岔
0803 肝
0804 肛
0805 肚
0806 肘
0807 肠
0808 龟
0809 甸
0810 免
0811 狂
0812 犹
0813 狈
0814 角
0815 删
0816 条
0817 彤
0818 卵
0819 灸
0820 岛
0821 刨
0822 迎
0823 饭
0824 饮
0825 系
0826 言
0827 冻
0828 状
0829 亩
0830 况
0831 床
0832 库
0833 庇
0834 疗
0835 吝
0836 应
0837 这
0838 冷
0839 庐
0840 序
0841 辛
0842 弃
0843 冶
0844 忘
0845 闰
0846 闲
0847 间
0848 闷
0849 判
0850 兑
0851 灶
0852 灿
0853 灼
0854 弟
0855 汪
0856 沐
0857 沛
0858 汰
0859 沥
0860 沙
0861 汽
0862 沃
0863 沦
0864 汹
0865 泛
0866 沧
0867 没
0868 沟
0869 沪
0870 沈
0871 沉
0872 沁
0873 怀
0874 忧
0875 忱
0876 快
0877 完
0878 宋
0879 宏
0880 牢
0881 究
0882 穷
0883 灾
0884 良
0885 证
0886 启
0887 评
0888 补
0889 初
0890 社
0891 祀
0892 识
0893 诈
0894 诉
0895 罕
0896 诊
0897 词
0898 译
0899 君
0900 灵
0901 即
0902 层
0903 屁
0904 尿
0905 尾
0906 迟
0907 局
0908 改
0909 张
0910 忌
0911 际
0912 陆
0913 阿
0914 陈
0915 阻
0916 附
0917 坠
0918 妓
0919 妙
0920 妖
0921 姊
0922 妨
0923 妒
0924 努
0925 忍
0926 劲
0927 矣
0928 鸡
0929 纬
0930 驱
0931 纯
0932 纱
0933 纲
0934 纳
0935 驳
0936 纵
0937 纷
0938 纸
0939 纹
0940 纺
0941 驴
0942 纽

八画

0943 奉
0944 玩
0945 环
0946 武

0947 青
0948 责
0949 现
0950 玫
0951 表
0952 规
0953 抹
0954 卦
0955 坷
0956 坯
0957 拓
0958 拢
0959 拔
0960 坪
0961 拣
0962 坦
0963 担
0964 坤
0965 押
0966 抽
0967 拐
0968 拖
0969 者
0970 拍
0971 顶
0972 拆
0973 拎
0974 拥
0975 抵
0976 拘
0977 势
0978 抱
0979 拄
0980 垃
0981 拉
0982 拦
0983 幸
0984 拌
0985 拧
0986 拂
0987 拙
0988 招
0989 坡
0990 披
0991 拨
0992 择
0993 抬
0994 拇
0995 拗
0996 其
0997 取
0998 茉
0999 苦
1000 昔
1001 苛
1002 若
1003 茂
1004 苹
1005 苗
1006 英
1007 苟
1008 苑
1009 苞
1010 范
1011 直
1012 茁
1013 茄
1014 茎
1015 苔
1016 茅
1017 枉
1018 林
1019 枝
1020 杯
1021 枢
1022 柜
1023 枚
1024 析
1025 板
1026 松
1027 枪
1028 枫
1029 构
1030 杭
1031 杰
1032 述
1033 枕
1034 丧
1035 或
1036 画
1037 卧
1038 事
1039 刺
1040 枣
1041 雨
1042 卖
1043 郁
1044 矾
1045 矿
1046 码
1047 厕
1048 奈
1049 奔
1050 奇
1051 奋
1052 态
1053 欧
1054 殴
1055 垄
1056 妻
1057 轰
1058 顷
1059 转
1060 斩
1061 轮
1062 软
1063 到
1064 非
1065 叔
1066 歧
1067 肯
1068 齿
1069 些
1070 卓
1071 虎
1072 虏
1073 肾
1074 贤
1075 尚
1076 旺
1077 具
1078 味
1079 果
1080 昆
1081 国
1082 哎
1083 咕
1084 昌
1085 呵
1086 畅
1087 明
1088 易
1089 咙
1090 昂
1091 迪
1092 典
1093 固
1094 忠
1095 呻
1096 咒
1097 咋
1098 咐
1099 呼
1100 鸣
1101 咏
1102 呢
1103 咄
1104 咖
1105 岸
1106 岩
1107 帖
1108 罗
1109 帜
1110 帕
1111 岭
1112 凯
1113 败
1114 账
1115 贩
1116 贬
1117 购
1118 贮
1119 图
1120 钓
1121 制
1122 知
1123 迭
1124 氛
1125 垂
1126 牧
1127 物
1128 乖
1129 刮
1130 秆
1131 和
1132 季
1133 委
1134 秉
1135 佳
1136 侍
1137 岳
1138 供
1139 使
1140 例
1141 侠

1142 侥
1143 版
1144 侄
1145 侦
1146 侣
1147 侧
1148 凭
1149 侨
1150 佩
1151 货
1152 侈
1153 依
1154 卑
1155 的
1156 迫
1157 质
1158 欣
1159 征
1160 往
1161 爬
1162 彼
1163 径
1164 所
1165 舍
1166 金
1167 刹
1168 命
1169 肴
1170 斧
1171 爸
1172 采
1173 觅
1174 受
1175 乳
1176 贪
1177 念
1178 贫
1179 岔
1180 肤
1181 肺
1182 肢
1183 肿
1184 胀
1185 朋
1186 股
1187 肮
1188 肪
1189 肥
1190 服
1191 胁
1192 周
1193 昏
1194 鱼
1195 兔
1196 狐
1197 忽
1198 狗
1199 狞
1200 备
1201 饰
1202 饱
1203 饲
1204 变
1205 京
1206 享
1207 庞
1208 店
1209 夜
1210 庙
1211 府
1212 底
1213 疟
1214 疙
1215 疚
1216 剂
1217 卒
1218 郊
1219 庚
1220 废
1221 净
1222 盲
1223 放
1224 刻
1225 育
1226 氓
1227 闸
1228 闹
1229 郑
1230 券
1231 卷
1232 单
1233 炬
1234 炒
1235 炊
1236 炕
1237 炎
1238 炉
1239 沫
1240 浅
1241 法
1242 泄
1243 沽
1244 河
1245 沾
1246 泪
1247 沮
1248 油
1249 泊
1250 沿
1251 泡
1252 注
1253 泣
1254 泞
1255 泻
1256 泌
1257 泳
1258 泥
1259 沸
1260 沼
1261 波
1262 泼
1263 泽
1264 治
1265 怔
1266 怯
1267 怖
1268 性
1269 怕
1270 怜
1271 怪
1272 怡
1273 学
1274 宝
1275 宗
1276 定
1277 宠
1278 宜
1279 审
1280 宙
1281 官
1282 空
1283 帘
1284 宛
1285 实
1286 试
1287 郎
1288 诗
1289 肩
1290 房
1291 诚
1292 衬
1293 衫
1294 视
1295 祈
1296 话
1297 诞
1298 诡
1299 询
1300 该
1301 详
1302 建
1303 肃
1304 录
1305 隶
1306 帚
1307 屉
1308 居
1309 届
1310 刷
1311 屈
1312 弧
1313 弥
1314 弦
1315 承
1316 孟
1317 陋
1318 陌
1319 孤
1320 陕
1321 降
1322 函
1323 限
1324 妹
1325 姑
1326 姐
1327 姓
1328 妮
1329 始
1330 姆
1331 迢
1332 驾
1333 叁
1334 参
1335 艰
1336 线

1337 练
1338 组
1339 绅
1340 细
1341 驶
1342 织
1343 驹
1344 终
1345 驻
1346 绊
1347 驼
1348 绍
1349 绎
1350 经
1351 贯

九画

1352 契
1353 贰
1354 奏
1355 春
1356 帮
1357 玷
1358 珍
1359 玲
1360 珊
1361 玻
1362 毒
1363 型
1364 拭
1365 挂
1366 封
1367 持
1368 拷
1369 拱
1370 项
1371 垮
1372 挎
1373 城
1374 挟
1375 挠
1376 政
1377 赴
1378 赵
1379 挡
1380 拽
1381 哉
1382 挺
1383 括
1384 垢
1385 拴
1386 拾
1387 挑
1388 垛
1389 指
1390 垫
1391 挣
1392 挤
1393 拼
1394 挖
1395 按
1396 挥
1397 挪
1398 拯
1399 某
1400 甚
1401 荆
1402 茸
1403 革
1404 茬
1405 荐
1406 巷
1407 带
1408 草
1409 茧
1410 茵
1411 茶
1412 荒
1413 茫
1414 荡
1415 荣
1416 荤
1417 荧
1418 故
1419 胡
1420 荫
1421 荔
1422 南
1423 药
1424 标
1425 栈
1426 柑
1427 枯
1428 柄
1429 栋
1430 相
1431 查
1432 柏
1433 栅
1434 柳
1435 柱
1436 柿
1437 栏
1438 柠
1439 树
1440 勃
1441 要
1442 柬
1443 咸
1444 威
1445 歪
1446 研
1447 砖
1448 厘
1449 厚
1450 砌
1451 砂
1452 泵
1453 砚
1454 砍
1455 面
1456 耐
1457 耍
1458 牵
1459 鸥
1460 残
1461 殃
1462 轴
1463 轻
1464 鸦
1465 皆
1466 韭
1467 背
1468 战
1469 点
1470 虐
1471 临
1472 览
1473 竖
1474 省
1475 削
1476 尝
1477 昧
1478 盹
1479 是
1480 盼
1481 眨
1482 哇
1483 哄
1484 哑
1485 显
1486 冒
1487 映
1488 星
1489 昨
1490 咧
1491 昭
1492 畏
1493 趴
1494 胃
1495 贵
1496 界
1497 虹
1498 虾
1499 蚁
1500 思
1501 蚂
1502 虽
1503 品
1504 咽
1505 骂
1506 勋
1507 哗
1508 咱
1509 响
1510 哈
1511 哆
1512 咬
1513 咳
1514 咪
1515 哪
1516 哟
1517 炭
1518 峡
1519 罚
1520 贱
1521 贴
1522 贻
1523 骨
1524 幽
1525 钙
1526 钝
1527 钞
1528 钟
1529 钢

1530 钠
1531 钥
1532 钦
1533 钧
1534 钩
1535 钮
1536 卸
1537 缸
1538 拜
1539 看
1540 矩
1541 毡
1542 氢
1543 怎
1544 牲
1545 选
1546 适
1547 秒
1548 香
1549 种
1550 秋
1551 科
1552 重
1553 复
1554 竿
1555 段
1556 便
1557 俩
1558 贷
1559 顺
1560 修
1561 俏
1562 保
1563 促
1564 俄
1565 俐
1566 侮
1567 俭
1568 俗
1569 俘
1570 信
1571 皇
1572 泉
1573 鬼
1574 侵
1575 禹
1576 侯
1577 追
1578 俊
1579 盾
1580 待
1581 徊
1582 衍
1583 律
1584 很
1585 须
1586 叙
1587 剑
1588 逃
1589 食
1590 盆
1591 胚
1592 胧
1593 胆
1594 胜
1595 胞
1596 胖
1597 脉
1598 胎
1599 勉
1600 狭
1601 狮
1602 独
1603 狰
1604 狡
1605 狱
1606 狠
1607 贸
1608 怨
1609 急
1610 饵
1611 饶
1612 蚀
1613 饺
1614 饼
1615 峦
1616 弯
1617 将
1618 奖
1619 哀
1620 亭
1621 亮
1622 度
1623 迹
1624 庭
1625 疮
1626 疯
1627 疫
1628 疤
1629 咨
1630 姿
1631 亲
1632 音
1633 帝
1634 施
1635 闺
1636 闻
1637 闽
1638 阀
1639 阁
1640 差
1641 养
1642 美
1643 姜
1644 叛
1645 送
1646 类
1647 迷
1648 籽
1649 娄
1650 前
1651 首
1652 逆
1653 兹
1654 总
1655 炼
1656 炸
1657 烁
1658 炮
1659 炫
1660 烂
1661 剃
1662 洼
1663 洁
1664 洪
1665 洒
1666 柒
1667 浇
1668 浊
1669 洞
1670 测
1671 洗
1672 活
1673 派
1674 洽
1675 染
1676 洛
1677 浏
1678 济
1679 洋
1680 洲
1681 浑
1682 浓
1683 津
1684 恃
1685 恒
1686 恢
1687 恍
1688 恬
1689 恤
1690 恰
1691 恼
1692 恨
1693 举
1694 觉
1695 宣
1696 宦
1697 室
1698 宫
1699 宪
1700 突
1701 穿
1702 窃
1703 客
1704 诫
1705 冠
1706 诬
1707 语
1708 扁
1709 袄
1710 祖
1711 神
1712 祝
1713 祠
1714 误
1715 诱
1716 诲
1717 说
1718 诵
1719 垦
1720 退
1721 既
1722 屋
1723 昼
1724 屏

1725 屎
1726 费
1727 陡
1728 逊
1729 眉
1730 孩
1731 陨
1732 除
1733 险
1734 院
1735 娃
1736 姥
1737 姨
1738 姻
1739 娇
1740 姚
1741 娜
1742 怒
1743 架
1744 贺
1745 盈
1746 勇
1747 怠
1748 癸
1749 蚤
1750 柔
1751 垒
1752 绑
1753 绒
1754 结
1755 绕
1756 骄
1757 绘
1758 给
1759 绚
1760 骆
1761 络
1762 绝
1763 绞
1764 骇
1765 统

十画

1766 耕
1767 耘
1768 耗
1769 耙
1770 艳
1771 泰
1772 秦
1773 珠
1774 班
1775 素
1776 匿
1777 蚕
1778 顽
1779 盏
1780 匪
1781 捞
1782 栽
1783 捕
1784 埂
1785 捂
1786 振
1787 载
1788 赶
1789 起
1790 盐
1791 捎
1792 捍
1793 捏
1794 埋
1795 捉
1796 捆
1797 捐
1798 损
1799 袁
1800 捌
1801 都
1802 哲
1803 逝
1804 捡
1805 挫
1806 换
1807 挽
1808 挚
1809 热
1810 恐
1811 捣
1812 壶
1813 捅
1814 埃
1815 挨
1816 耻
1817 耿
1818 耽
1819 聂
1820 恭
1821 莽
1822 莱
1823 莲
1824 莫
1825 莉
1826 荷
1827 获
1828 晋
1829 恶
1830 莹
1831 莺
1832 真
1833 框
1834 梆
1835 桂
1836 桔
1837 栖
1838 档
1839 桐
1840 株
1841 桥
1842 桦
1843 栓
1844 桃
1845 格
1846 桩
1847 校
1848 核
1849 样
1850 根
1851 索
1852 哥
1853 速
1854 逗
1855 栗
1856 贾
1857 酌
1858 配
1859 翅
1860 辱
1861 唇
1862 夏
1863 砸
1864 砰
1865 砾
1866 础
1867 破
1868 原
1869 套
1870 逐
1871 烈
1872 殊
1873 殉
1874 顾
1875 轿
1876 较
1877 顿
1878 毙
1879 致
1880 柴
1881 桌
1882 虑
1883 监
1884 紧
1885 党
1886 逞
1887 晒
1888 眠
1889 晓
1890 哮
1891 唠
1892 鸭
1893 晃
1894 哺
1895 晌
1896 剔
1897 晕
1898 蚌
1899 畔
1900 蚣
1901 蚊
1902 蚪
1903 蚓
1904 哨
1905 哩
1906 圃
1907 哭
1908 哦
1909 恩
1910 鸯
1911 唤
1912 唁
1913 哼
1914 唧
1915 啊
1916 唉
1917 唆

1918 罢
1919 峭
1920 峨
1921 峰
1922 圆
1923 峻
1924 贼
1925 贿
1926 赂
1927 赃
1928 钱
1929 钳
1930 钻
1931 钾
1932 铁
1933 铃
1934 铅
1935 缺
1936 氧
1937 氨
1938 特
1939 牺
1940 造
1941 乘
1942 敌
1943 秤
1944 租
1945 积
1946 秧
1947 秩
1948 称
1949 秘
1950 透
1951 笔
1952 笑
1953 笋
1954 债
1955 借
1956 值
1957 倚
1958 俺
1959 倾
1960 倒
1961 倘
1962 俱
1963 倡
1964 候
1965 赁
1966 俯
1967 倍
1968 倦
1969 健
1970 臭
1971 射
1972 躬
1973 息
1974 倔
1975 徒
1976 徐
1977 殷
1978 舰
1979 舱
1980 般
1981 航
1982 途
1983 拿
1984 耸
1985 爹
1986 舀
1987 爱
1988 豺
1989 豹
1990 颁
1991 颂
1992 翁
1993 胰
1994 脆
1995 脂
1996 胸
1997 胳
1998 脏
1999 脐
2000 胶
2001 脑
2002 脓
2003 逛
2004 狸
2005 狼
2006 卿
2007 逢
2008 鸵
2009 留
2010 鸳
2011 皱
2012 饿
2013 馁
2014 凌
2015 凄
2016 恋
2017 桨
2018 浆
2019 衰
2020 衷
2021 高
2022 郭
2023 席
2024 准
2025 座
2026 症
2027 病
2028 疾
2029 斋
2030 疹
2031 疼
2032 疲
2033 脊
2034 效
2035 离
2036 紊
2037 唐
2038 瓷
2039 资
2040 凉
2041 站
2042 剖
2043 竞
2044 部
2045 旁
2046 旅
2047 畜
2048 阅
2049 羞
2050 羔
2051 瓶
2052 拳
2053 粉
2054 料
2055 益
2056 兼
2057 烤
2058 烘
2059 烦
2060 烧
2061 烛
2062 烟
2063 烙
2064 递
2065 涛
2066 浙
2067 涝
2068 浦
2069 酒
2070 涉
2071 消
2072 涡
2073 浩
2074 海
2075 涂
2076 浴
2077 浮
2078 涣
2079 涤
2080 流
2081 润
2082 涧
2083 涕
2084 浪
2085 浸
2086 涨
2087 烫
2088 涩
2089 涌
2090 悖
2091 悟
2092 悄
2093 悍
2094 悔
2095 悯
2096 悦
2097 害
2098 宽
2099 家
2100 宵
2101 宴
2102 宾
2103 窍
2104 窄
2105 容
2106 宰
2107 案
2108 请
2109 朗
2110 诸
2111 诺
2112 读

2113 扇
2114 诽
2115 袜
2116 袖
2117 袍
2118 被
2119 祥
2120 课
2121 冥
2122 谁
2123 调
2124 冤
2125 谅
2126 谆
2127 谈
2128 谊
2129 剥
2130 恳
2131 展
2132 剧
2133 屑
2134 弱
2135 陵
2136 祟
2137 陶
2138 陷
2139 陪
2140 娱
2141 娟
2142 恕
2143 娥
2144 娘
2145 通
2146 能
2147 难
2148 预
2149 桑
2150 绢
2151 绣
2152 验
2153 继
2154 骏

十一画

2155 球
2156 琐
2157 理
2158 琉
2159 琅
2160 捧
2161 堵
2162 措
2163 描
2164 域
2165 捺
2166 掩
2167 捷
2168 排
2169 焉
2170 掉
2171 捶
2172 赦
2173 堆
2174 推
2175 埠
2176 掀
2177 授
2178 捻
2179 教
2180 掏
2181 掐
2182 掠
2183 掂
2184 培
2185 接
2186 掷
2187 控
2188 探
2189 据
2190 掘
2191 掺
2192 职
2193 基
2194 聆
2195 勘
2196 聊
2197 娶
2198 著
2199 菱
2200 勒
2201 黄
2202 菲
2203 萌
2204 萝
2205 菌
2206 萎
2207 菜
2208 萄
2209 菊
2210 菩
2211 萍
2212 菠
2213 萤
2214 营
2215 乾
2216 萧
2217 萨
2218 菇
2219 械
2220 彬
2221 梦
2222 婪
2223 梗
2224 梧
2225 梢
2226 梅
2227 检
2228 梳
2229 梯
2230 桶
2231 梭
2232 救
2233 曹
2234 副
2235 票
2236 酝
2237 酗
2238 厢
2239 戚
2240 硅
2241 硕
2242 奢
2243 盔
2244 爽
2245 聋
2246 袭
2247 盛
2248 匾
2249 雪
2250 辅
2251 辆
2252 颅
2253 虚
2254 彪
2255 雀
2256 堂
2257 常
2258 眶
2259 匙
2260 晨
2261 睁
2262 眯
2263 眼
2264 悬
2265 野
2266 啪
2267 啦
2268 曼
2269 晦
2270 晚
2271 啄
2272 啡
2273 距
2274 趾
2275 啃
2276 跃
2277 略
2278 蚯
2279 蛀
2280 蛇
2281 唬
2282 累
2283 鄂
2284 唱
2285 患
2286 啰
2287 唾
2288 唯
2289 啤
2290 啥
2291 啸
2292 崖
2293 崎
2294 崭
2295 逻
2296 崔
2297 帷
2298 崩
2299 崇
2300 崛
2301 婴
2302 圈
2303 铐
2304 铛
2305 铝

2306 铜
2307 铭
2308 铲
2309 银
2310 矫
2311 甜
2312 秸
2313 梨
2314 犁
2315 秽
2316 移
2317 笨
2318 笼
2319 笛
2320 笙
2321 符
2322 第
2323 敏
2324 做
2325 袋
2326 悠
2327 偿
2328 偶
2329 偎
2330 偷
2331 您
2332 售
2333 停
2334 偏
2335 躯
2336 兜
2337 假
2338 衅
2339 徘
2340 徙
2341 得
2342 衔
2343 盘
2344 舶
2345 船
2346 舵
2347 斜
2348 盒
2349 鸽
2350 敛
2351 悉
2352 欲
2353 彩
2354 领
2355 脚
2356 脖
2357 脯
2358 豚
2359 脸
2360 脱
2361 象
2362 够
2363 逸
2364 猜
2365 猪
2366 猎
2367 猫
2368 凰
2369 猖
2370 猛
2371 祭
2372 馅
2373 馆
2374 凑
2375 减
2376 毫
2377 烹
2378 庶
2379 麻
2380 庵
2381 痊
2382 痒
2383 痕
2384 廊
2385 康
2386 庸
2387 鹿
2388 盗
2389 章
2390 竟
2391 商
2392 族
2393 旋
2394 望
2395 率
2396 阎
2397 阐
2398 着
2399 羚
2400 盖
2401 眷
2402 粘
2403 粗
2404 粒
2405 断
2406 剪
2407 兽
2408 焊
2409 焕
2410 清
2411 添
2412 鸿
2413 淋
2414 涯
2415 淹
2416 渠
2417 渐
2418 淑
2419 淌
2420 混
2421 淮
2422 淆
2423 渊
2424 淫
2425 渔
2426 淘
2427 淳
2428 液
2429 淤
2430 淡
2431 淀
2432 深
2433 涮
2434 涵
2435 婆
2436 梁
2437 渗
2438 情
2439 惜
2440 惭
2441 悼
2442 惧
2443 惕
2444 惟
2445 惊
2446 惦
2447 悴
2448 惋
2449 惨
2450 惯
2451 寇
2452 寅
2453 寄
2454 寂
2455 宿
2456 窒
2457 窑
2458 密
2459 谋
2460 谍
2461 谎
2462 谐
2463 袱
2464 祷
2465 祸
2466 谓
2467 谚
2468 谜
2469 逮
2470 敢
2471 尉
2472 屠
2473 弹
2474 隋
2475 堕
2476 随
2477 蛋
2478 隅
2479 隆
2480 隐
2481 婚
2482 婶
2483 婉
2484 颇
2485 颈
2486 绩
2487 绪
2488 续
2489 骑
2490 绰
2491 绳
2492 维
2493 绵
2494 绷
2495 绸
2496 综
2497 绽
2498 绿
2499 缀
2500 巢

十二画

2501 琴
2502 琳
2503 琢
2504 琼
2505 斑
2506 替
2507 揍
2508 款
2509 堪
2510 塔
2511 搭
2512 堰
2513 揩
2514 越
2515 趁
2516 趋
2517 超
2518 揽
2519 堤
2520 提
2521 博
2522 揭
2523 喜
2524 彭
2525 揣
2526 插
2527 揪
2528 搜
2529 煮
2530 援
2531 搀
2532 裁
2533 搁
2534 搓
2535 搂
2536 搅
2537 壹
2538 握
2539 搔
2540 揉
2541 斯
2542 期
2543 欺
2544 联
2545 葫
2546 散
2547 惹
2548 葬
2549 募
2550 葛
2551 董
2552 葡
2553 敬
2554 葱
2555 蒋
2556 蒂
2557 落
2558 韩
2559 朝
2560 辜
2561 葵
2562 棒
2563 棱
2564 棋
2565 椰
2566 植
2567 森
2568 焚
2569 椅
2570 椒
2571 棵
2572 棍
2573 椎
2574 棉
2575 棚
2576 棕
2577 棺
2578 榔
2579 椭
2580 惠
2581 惑
2582 逼
2583 粟
2584 棘
2585 酣
2586 酥
2587 厨
2588 厦
2589 硬
2590 硝
2591 确
2592 硫
2593 雁
2594 殖
2595 裂
2596 雄
2597 颊
2598 雳
2599 暂
2600 雅
2601 翘
2602 辈
2603 悲
2604 紫
2605 凿
2606 辉
2607 敞
2608 棠
2609 赏
2610 掌
2611 晴
2612 睐
2613 暑
2614 最
2615 晰
2616 量
2617 鼎
2618 喷
2619 喳
2620 晶
2621 喇
2622 遇
2623 喊
2624 遏
2625 晾
2626 景
2627 畴
2628 践
2629 跋
2630 跌
2631 跑
2632 跛
2633 遗
2634 蛙
2635 蛛
2636 蜓
2637 蜒
2638 蛤
2639 喝
2640 鹃
2641 喂
2642 喘
2643 喉
2644 喻
2645 啼
2646 喧
2647 嵌
2648 幅
2649 帽
2650 赋
2651 赌
2652 赎
2653 赐
2654 赔
2655 黑
2656 铸
2657 铺
2658 链
2659 销
2660 锁
2661 锄
2662 锅
2663 锈
2664 锋
2665 锌
2666 锐
2667 甥
2668 掰
2669 短
2670 智
2671 氮
2672 毯
2673 氯
2674 鹅
2675 剩
2676 稍
2677 程
2678 稀
2679 税
2680 筐
2681 等
2682 筑
2683 策
2684 筛
2685 筒
2686 筏
2687 答
2688 筋
2689 筝
2690 傲
2691 傅
2692 牌
2693 堡
2694 集

2695 焦
2696 傍
2697 储
2698 皓
2699 皖
2700 粤
2701 奥
2702 街
2703 惩
2704 御
2705 循
2706 艇
2707 舒
2708 逾
2709 番
2710 释
2711 禽
2712 腊
2713 脾
2714 腋
2715 腔
2716 腕
2717 鲁
2718 猩
2719 猬
2720 猾
2721 猴
2722 惫
2723 然
2724 馈
2725 馋
2726 装
2727 蛮
2728 就
2729 敦
2730 斌
2731 痘
2732 痢
2733 痪
2734 痛
2735 童
2736 竣
2737 阔
2738 善
2739 翔
2740 羡
2741 普
2742 粪
2743 尊
2744 奠
2745 道
2746 遂
2747 曾
2748 焰
2749 港
2750 滞
2751 湖
2752 湘
2753 渣
2754 渤
2755 渺
2756 湿
2757 温
2758 渴
2759 溃
2760 溅
2761 滑
2762 湃
2763 渝
2764 湾
2765 渡
2766 游
2767 滋
2768 渲
2769 溉
2770 愤
2771 慌
2772 惰
2773 愕
2774 愣
2775 惶
2776 愧
2777 愉
2778 慨
2779 割
2780 寒
2781 富
2782 寓
2783 窜
2784 窝
2785 窖
2786 窗
2787 窘
2788 遍
2789 雇
2790 裕
2791 裤
2792 裙
2793 禅
2794 禄
2795 谢
2796 谣
2797 谤
2798 谦
2799 犀
2800 属
2801 屡
2802 强
2803 粥
2804 疏
2805 隔
2806 隙
2807 隘
2808 媒
2809 絮
2810 嫂
2811 媚
2812 婿
2813 登
2814 缅
2815 缆
2816 缉
2817 缎
2818 缓
2819 缔
2820 缕
2821 骗
2822 编
2823 骚
2824 缘

十三画

2825 瑟
2826 鹉
2827 瑞
2828 瑰
2829 瑙
2830 魂
2831 肆
2832 摄
2833 摸
2834 填
2835 搏
2836 塌
2837 鼓
2838 摆
2839 携
2840 搬
2841 摇
2842 搞
2843 塘
2844 摊
2845 聘
2846 斟
2847 蒜
2848 勤
2849 靴
2850 靶
2851 鹊
2852 蓝
2853 墓
2854 幕
2855 蓬
2856 蓄
2857 蒲
2858 蓉
2859 蒙
2860 蒸
2861 献
2862 椿
2863 禁
2864 楚
2865 楷
2866 榄
2867 想
2868 槐
2869 榆
2870 楼
2871 概
2872 赖
2873 酪
2874 酬
2875 感
2876 碍
2877 碘
2878 碑
2879 碎
2880 碰
2881 碗
2882 碌
2883 尴
2884 雷
2885 零[①]
2886 雾
2887 雹

2888 辐
2889 辑
2890 输
2891 督
2892 频
2893 龄
2894 鉴
2895 睛
2896 睹
2897 睦
2898 瞄
2899 睫
2900 睡
2901 睬
2902 嗜
2903 鄙
2904 嗦
2905 愚
2906 暖
2907 盟
2908 歇
2909 暗
2910 暇
2911 照
2912 畸
2913 跨
2914 跷
2915 跳
2916 跺
2917 跪
2918 路
2919 跤
2920 跟
2921 遣
2922 蜈
2923 蜗
2924 蛾
2925 蜂
2926 蜕
2927 嗅
2928 嗡
2929 嗓
2930 署
2931 置
2932 罪
2933 罩
2934 蜀
2935 幌
2936 错
2937 锚
2938 锡
2939 锣
2940 锤
2941 锥
2942 锦
2943 键
2944 锯
2945 锰
2946 矮
2947 辞
2948 稚
2949 稠
2950 颓
2951 愁
2952 筹
2953 签
2954 简
2955 筷
2956 毁
2957 舅
2958 鼠
2959 催
2960 傻
2961 像
2962 躲
2963 魁
2964 衙
2965 微
2966 愈
2967 遥
2968 腻
2969 腰
2970 腥
2971 腮
2972 腹
2973 腺
2974 鹏
2975 腾
2976 腿
2977 鲍
2978 猿
2979 颖
2980 触
2981 解
2982 煞
2983 雏
2984 馍
2985 馏
2986 酱
2987 禀
2988 痹
2989 廓
2990 痴
2991 痰
2992 廉
2993 靖
2994 新
2995 韵
2996 意
2997 誊
2998 粮
2999 数
3000 煎
3001 塑
3002 慈
3003 煤
3004 煌
3005 满
3006 漠
3007 滇
3008 源
3009 滤
3010 滥
3011 滔
3012 溪
3013 溜
3014 漓
3015 滚
3016 溢
3017 溯
3018 滨
3019 溶
3020 溺
3021 粱
3022 滩
3023 慎
3024 誉
3025 塞
3026 寞
3027 窥
3028 窟
3029 寝
3030 谨
3031 褂
3032 裸
3033 福
3034 谬
3035 群
3036 殿
3037 辟
3038 障
3039 媳
3040 嫉
3041 嫌
3042 嫁
3043 叠
3044 缚
3045 缝
3046 缠
3047 缤
3048 剿

十四画

3049 静
3050 碧
3051 璃
3052 赘
3053 熬
3054 墙
3055 墟
3056 嘉
3057 摧
3058 赫
3059 截
3060 誓
3061 境
3062 摘
3063 摔
3064 撇
3065 聚
3066 慕
3067 暮
3068 摹
3069 蔓
3070 蔑
3071 蔡
3072 蔗
3073 蔽
3074 蔼
3075 熙
3076 蔚
3077 兢
3078 模
3079 槛
3080 榴

3081 榜
3082 榨
3083 榕
3084 歌
3085 遭
3086 酵
3087 酷
3088 酿
3089 酸
3090 碟
3091 碱
3092 碳
3093 磁
3094 愿
3095 需
3096 辖
3097 辗
3098 雌
3099 裳
3100 颗
3101 瞅
3102 墅
3103 嗽
3104 踊
3105 蜻
3106 蜡
3107 蝇
3108 蜘
3109 蝉
3110 嘛
3111 嘀
3112 赚
3113 锹
3114 锻
3115 镀
3116 舞
3117 舔
3118 稳
3119 熏
3120 箕
3121 算
3122 箩
3123 管
3124 箫
3125 舆
3126 僚
3127 僧
3128 鼻
3129 魄
3130 魅
3131 貌
3132 膜
3133 膊
3134 膀
3135 鲜
3136 疑
3137 孵
3138 馒
3139 裹
3140 敲
3141 豪
3142 膏
3143 遮
3144 腐
3145 瘩
3146 瘟
3147 瘦
3148 辣
3149 彰
3150 竭
3151 端
3152 旗
3153 精
3154 粹
3155 歉
3156 弊
3157 熄
3158 熔
3159 煽
3160 潇
3161 漆
3162 漱
3163 漂
3164 漫
3165 滴
3166 漾
3167 演
3168 漏
3169 慢
3170 慷
3171 寨
3172 赛
3173 寡
3174 察
3175 蜜
3176 寥
3177 谭
3178 肇
3179 褐
3180 褪
3181 谱
3182 隧
3183 嫩
3184 翠
3185 熊
3186 凳
3187 骡
3188 缩

十五画

3189 慧
3190 撵
3191 撕
3192 撒
3193 撩
3194 趣
3195 趟
3196 撑
3197 撮
3198 撬
3199 播
3200 擒
3201 墩
3202 撞
3203 撤
3204 增
3205 撰
3206 聪
3207 鞋
3208 鞍
3209 蕉
3210 蕊
3211 蔬
3212 蕴
3213 横
3214 槽
3215 樱
3216 橡
3217 樟
3218 橄
3219 敷
3220 豌
3221 飘
3222 醋
3223 醇
3224 醉
3225 磕
3226 磊
3227 磅
3228 碾
3229 震
3230 霄
3231 霉
3232 瞒
3233 题
3234 暴
3235 瞎
3236 嘻
3237 嘶
3238 嘲
3239 嘹
3240 影
3241 踢
3242 踏
3243 踩
3244 踪
3245 蝶
3246 蝴
3247 蝠
3248 蝎
3249 蝌
3250 蝗
3251 蝙
3252 嘿
3253 嘱
3254 幢
3255 墨
3256 镇
3257 镐
3258 镑
3259 靠
3260 稽
3261 稻
3262 黎
3263 稿
3264 稼
3265 箱
3266 篓
3267 箭
3268 篇
3269 僵
3270 躺
3271 僻
3272 德
3273 艘

3274 膝
3275 膛
3276 鲤
3277 鲫
3278 熟
3279 摩
3280 褒
3281 瘪
3282 瘤
3283 瘫
3284 凛
3285 颜
3286 毅
3287 糊
3288 遵
3289 憋
3290 潜
3291 澎
3292 潮
3293 潭
3294 鲨
3295 澳
3296 潘
3297 澈
3298 澜
3299 澄
3300 懂
3301 憔
3302 懊
3303 憎
3304 额
3305 翩
3306 褥
3307 谴
3308 鹤
3309 憨
3310 慰
3311 劈
3312 履
3313 豫
3314 缭

十六画

3315 撼
3316 擂
3317 操
3318 擅
3319 燕
3320 蕾
3321 薯
3322 薛
3323 薇
3324 擎
3325 薪
3326 薄
3327 颠
3328 翰
3329 噩
3330 橱
3331 橙
3332 橘
3333 整
3334 融
3335 瓢
3336 醒
3337 霍
3338 霎
3339 辙
3340 冀
3341 餐
3342 嘴
3343 踱
3344 蹄
3345 蹂
3346 蟆
3347 螃
3348 器
3349 噪
3350 鹦
3351 赠
3352 默
3353 黔
3354 镜
3355 赞
3356 穆
3357 篮
3358 篡
3359 篷
3360 篱
3361 儒
3362 邀
3363 衡
3364 膨
3365 雕
3366 鲸
3367 磨
3368 瘾
3369 瘸
3370 凝
3371 辨
3372 辩
3373 糙
3374 糖
3375 糕
3376 燃
3377 濒
3378 澡
3379 激
3380 懒
3381 憾
3382 懈
3383 窿
3384 壁
3385 避
3386 缰
3387 缴

十七画

3388 戴
3389 擦
3390 藉
3391 鞠
3392 藏
3393 藐
3394 檬
3395 檐
3396 檀
3397 礁
3398 磷
3399 霜
3400 霞
3401 瞭
3402 瞧
3403 瞬
3404 瞳
3405 瞩
3406 瞪
3407 曙
3408 蹋
3409 蹈
3410 螺
3411 蟋
3412 蟀
3413 嚎
3414 赡
3415 穗
3416 魏
3417 簧
3418 簇
3419 繁
3420 徽
3421 爵
3422 朦
3423 臊
3424 鳄
3425 癌
3426 辫
3427 赢
3428 糟
3429 糠
3430 燥
3431 懦
3432 豁
3433 臀
3434 臂
3435 翼
3436 骤

十八画

3437 藕
3438 鞭
3439 藤
3440 覆
3441 瞻
3442 蹦
3443 嚣
3444 镰
3445 翻
3446 鳍
3447 鹰
3448 瀑
3449 襟
3450 璧
3451 戳

十九画

3452 孽
3453 警
3454 蘑
3455 藻
3456 攀
3457 曝
3458 蹲
3459 蹭
3460 蹬

3461 巅
3462 簸
3463 簿
3464 蟹
3465 颤
3466 靡
3467 癣
3468 瓣
3469 羹
3470 鳖

3471 爆
3472 疆

廿画

3473 鬓
3474 壤
3475 馨
3476 耀
3477 躁
3478 蠕
3479 嚼
3480 嚷
3481 巍
3482 籍
3483 鳞
3484 魔
3485 糯
3486 灌
3487 譬

廿一画

3488 蠢
3489 霸
3490 露
3491 霹
3492 躏
3493 黯
3494 髓
3495 赣

廿二画

3496 囊
3497 镶
3498 瓤

廿三画

3499 罐

廿四画

3500 矗

---

① 零：与表数目的汉字“一二三四五六七八九”连用时可用“〇”替代。

二 级 字 表

二画

3501 乂
3502 乜

三画

3503 兀
3504 弋
3505 孑
3506 孓
3507 幺

四画

3508 亓
3509 韦
3510 廿
3511 丏
3512 卅
3513 仄
3514 厄
3515 仃
3516 仉
3517 仂
3518 兮
3519 刈
3520 爻
3521 卞
3522 闩
3523 讣
3524 尹
3525 夬
3526 爿
3527 毋

五画

3528 邗
3529 邛
3530 艽
3531 艿
3532 札
3533 叵
3534 匝
3535 丕
3536 匜
3537 劢
3538 卟
3539 叱
3540 叻
3541 仨
3542 仕
3543 仟
3544 仡
3545 仫
3546 仞
3547 卮
3548 氐
3549 犰
3550 刍
3551 邝
3552 邙
3553 汀
3554 讦
3555 讧
3556 讪
3557 讫
3558 尻
3559 阡
3560 尕
3561 弁
3562 驭

六画

3563 匡
3564 耒
3565 玎
3566 玑
3567 邢
3568 圩
3569 圬
3570 圭
3571 扦
3572 圪
3573 圳
3574 圹
3575 扪
3576 圮
3577 圯
3578 芊
3579 芍
3580 芄
3581 芨
3582 芑
3583 芎
3584 芗
3585 亘
3586 厍
3587 夼
3588 戍
3589 尥
3590 乩
3591 旯
3592 曳
3593 岌
3594 屺
3595 凼
3596 囡
3597 钇
3598 缶
3599 氘
3600 氖
3601 牝
3602 伎
3603 伛
3604 伢
3605 佤
3606 仵
3607 伥
3608 伧
3609 伉
3610 伫
3611 囟
3612 汆
3613 刖
3614 夙
3615 旮
3616 刎
3617 犷
3618 犸
3619 舛
3620 凫
3621 邬
3622 饧
3623 汕
3624 汔
3625 汐
3626 汲
3627 汜
3628 汊
3629 忖
3630 忏
3631 讴
3632 讵
3633 祁
3634 讷
3635 聿
3636 艮
3637 厾
3638 阱
3639 阮
3640 阪
3641 丞
3642 妁
3643 牟
3644 纡
3645 纣
3646 纥
3647 纨

七画

3648 玕
3649 玙
3650 抟
3651 抔
3652 圻
3653 坂
3654 坍
3655 坞
3656 抃
3657 抉
3658 㧐
3659 芫
3660 邯
3661 芸
3662 芾
3663 苈
3664 苣
3665 芷
3666 芮
3667 苋
3668 芼
3669 苌

3670 苁
3671 芩
3672 芪
3673 芡
3674 芟
3675 苄
3676 苎
3677 苡
3678 杌
3679 杓
3680 杞
3681 杈
3682 忑
3683 孛
3684 邴
3685 邳
3686 矶
3687 奁
3688 豕
3689 忒
3690 欤
3691 轫
3692 迓
3693 邶
3694 忐
3695 卣
3696 邺
3697 旰
3698 呋
3699 呒
3700 呓
3701 呔
3702 呖
3703 呃
3704 旸
3705 吡
3706 町
3707 虬
3708 呗
3709 吽
3710 吣
3711 吲
3712 帏
3713 岐
3714 岈
3715 岘
3716 岑
3717 岚
3718 兕
3719 囵
3720 囫
3721 钊
3722 钋
3723 钌
3724 迕
3725 氙
3726 氚
3727 牤
3728 佞
3729 邱
3730 攸
3731 佚
3732 佝
3733 佟
3734 佗
3735 伽
3736 彷
3737 佘
3738 佥
3739 孚
3740 豸
3741 坌
3742 肟
3743 邸
3744 奂
3745 劬
3746 狄
3747 狁
3748 鸠
3749 邹
3750 饨
3751 饩
3752 饪
3753 饫
3754 饬
3755 亨
3756 庑
3757 庋
3758 疔
3759 疖
3760 肓
3761 闱
3762 闳
3763 闵
3764 羌
3765 炀
3766 沣
3767 沅
3768 沔
3769 沤
3770 沌
3771 沏
3772 沚
3773 汩
3774 汨
3775 沂
3776 汾
3777 沨
3778 汴
3779 汶
3780 沆
3781 沩
3782 泐
3783 怃
3784 怄
3785 忡
3786 忤
3787 忾
3788 怅
3789 忻
3790 忪
3791 怆
3792 忭
3793 忸
3794 诂
3795 诃
3796 诅
3797 诋
3798 诌
3799 诏
3800 诒
3801 孜
3802 陇
3803 陀
3804 陂
3805 陉
3806 妍
3807 妩
3808 妪
3809 妣
3810 妊
3811 妗
3812 妫
3813 妞
3814 姒
3815 妤
3816 邵
3817 劭
3818 刭
3819 甬
3820 邰
3821 纭
3822 纰
3823 纴
3824 纶
3825 纾

八画

3826 玮
3827 玡
3828 玭
3829 玠
3830 玢
3831 玥
3832 玦
3833 盂
3834 忝
3835 匦
3836 坩
3837 抨
3838 拤
3839 坫
3840 拈
3841 垆
3842 抻
3843 劼
3844 拃
3845 拊
3846 坼
3847 坻
3848 㧟
3849 坨
3850 坭
3851 抿
3852 坳
3853 耶
3854 苷
3855 苯
3856 苤
3857 茏
3858 苫
3859 苜
3860 苴
3861 苒
3862 苘
3863 茌

3864 苻
3865 苓
3866 茚
3867 茆
3868 茑
3869 茓
3870 茔
3871 茕
3872 茀
3873 苕
3874 枥
3875 枇
3876 杪
3877 杳
3878 枧
3879 杵
3880 枨
3881 枞
3882 枋
3883 杻
3884 杷
3885 杼
3886 矸
3887 砀
3888 刳
3889 奄
3890 瓯
3891 殁
3892 郏
3893 轭
3894 郅
3895 鸢
3896 盱
3897 昊
3898 昙
3899 杲
3900 昃
3901 咂
3902 呸
3903 昕
3904 昀
3905 旻
3906 昉
3907 炅
3908 咔
3909 畀
3910 虮
3911 咀
3912 呷
3913 黾
3914 呱
3915 呤
3916 咚
3917 咆
3918 咛
3919 呶
3920 呣
3921 呦
3922 咝
3923 岢
3924 岿
3925 岬
3926 岫
3927 帙
3928 岣
3929 峁
3930 刿
3931 迥
3932 岷
3933 剀
3934 帔
3935 峄
3936 沓
3937 囹
3938 罔
3939 钍
3940 钎
3941 钏
3942 钒
3943 钕
3944 钗
3945 邾
3946 迮
3947 牦
3948 竺
3949 迤
3950 佶
3951 佬
3952 佰
3953 侑
3954 侉
3955 臾
3956 岱
3957 侗
3958 侃
3959 侏
3960 侩
3961 佻
3962 佾
3963 侪
3964 佼
3965 佯
3966 侬
3967 帛
3968 阜
3969 侔
3970 徂
3971 刽
3972 郄
3973 怂
3974 籴
3975 瓮
3976 戗
3977 肼
3978 肟
3979 肽
3980 肱
3981 肫
3982 刹
3983 迩
3984 郇
3985 狙
3986 狎
3987 狍
3988 狒
3989 咎
3990 炙
3991 枭
3992 饯
3993 饴
3994 冽
3995 冼
3996 庖
3997 疠
3998 疝
3999 疡
4000 兖
4001 妾
4002 劾
4003 炜
4004 𬉼
4005 炖
4006 炘
4007 炝
4008 炔
4009 泔
4010 沭
4011 泷
4012 泸
4013 泱
4014 泅
4015 泗
4016 泠
4017 泺
4018 泖
4019 泫
4020 泮
4021 沱
4022 泯
4023 泓
4024 泾
4025 怙
4026 怵
4027 怦
4028 怛
4029 怏
4030 怍
4031 怊
4032 怩
4033 怫
4034 怿
4035 宕
4036 穹
4037 宓
4038 诓
4039 诔
4040 诖
4041 诘
4042 戾
4043 诙
4044 戽
4045 郓
4046 衩
4047 祆
4048 祎
4049 祉
4050 祇
4051 诛
4052 诜
4053 诟
4054 诠
4055 诣
4056 诤
4057 诧
4058 诨

4059 诩
4060 戕
4061 孢
4062 亟
4063 陔
4064 妲
4065 妯
4066 姗
4067 帑
4068 弩
4069 孥
4070 驽
4071 虱
4072 迦
4073 迨
4074 绀
4075 绁
4076 绂
4077 驷
4078 驸
4079 绉
4080 绌
4081 驿
4082 骀
4083 甾

九画

4084 珏
4085 珐
4086 珂
4087 珑
4088 玳
4089 珀
4090 顸
4091 珉
4092 珈
4093 拮
4094 垭
4095 挝
4096 垣
4097 挞
4098 垤
4099 赳
4100 贲
4101 垱
4102 垌
4103 郝
4104 垧
4105 垓
4106 挦
4107 垠
4108 茜
4109 荚
4110 荑
4111 贳
4112 荜
4113 莒
4114 茼
4115 茴
4116 茱
4117 莛
4118 荞
4119 茯
4120 荏
4121 荇
4122 荃
4123 荟
4124 荀
4125 茗
4126 荠
4127 茭
4128 茨
4129 垩
4130 荥
4131 荦
4132 荨
4133 茛
4134 剋
4135 荪
4136 茹
4137 荬
4138 荮
4139 柰
4140 栉
4141 柯
4142 柘
4143 栊
4144 柩
4145 枰
4146 栌
4147 柙
4148 枵
4149 柚
4150 枳
4151 柞
4152 柝
4153 栀
4154 柢
4155 栎
4156 枸
4157 柈
4158 柁
4159 枷
4160 柽
4161 剌
4162 酊
4163 郦
4164 甭
4165 砗
4166 砘
4167 砒
4168 斫
4169 砭
4170 砜
4171 奎
4172 耷
4173 虺
4174 殂
4175 殇
4176 殄
4177 殆
4178 轱
4179 轲
4180 轳
4181 轶
4182 轸
4183 虿
4184 毖
4185 觇
4186 尜
4187 哐
4188 眄
4189 眍
4190 䀫
4191 郢
4192 眇
4193 眊
4194 眈
4195 禺
4196 哂
4197 咴
4198 曷
4199 昴
4200 昱
4201 昵
4202 咦
4203 哓
4204 哔
4205 畎
4206 毗
4207 呲
4208 胄
4209 畋
4210 畈
4211 虼
4212 虻
4213 盅
4214 咣
4215 哕
4216 剐
4217 郧
4218 咻
4219 囿
4220 咿
4221 哌
4222 哙
4223 哚
4224 咯
4225 咩
4226 咤
4227 哝
4228 哏
4229 哞
4230 峙
4231 峣
4232 罘
4233 帧
4234 峒
4235 峤
4236 峋
4237 峥
4238 贶
4239 钚
4240 钛
4241 钡
4242 钣
4243 钤
4244 钨
4245 钫
4246 钯
4247 氡
4248 氟
4249 牯
4250 郜
4251 秕

4252 秭
4253 竽
4254 笈
4255 笃
4256 俦
4257 俨
4258 俅
4259 俪
4260 叟
4261 垡
4262 牮
4263 俣
4264 俚
4265 皈
4266 俑
4267 俟
4268 逅
4269 徇
4270 徉
4271 舢
4272 俞
4273 郗
4274 俎
4275 郤
4276 爰
4277 郛
4278 瓴
4279 胨
4280 胪
4281 胛
4282 胂
4283 胙
4284 胍
4285 胗
4286 胝
4287 朐
4288 胫
4289 鸨
4290 匍
4291 狨
4292 狯
4293 飑
4294 狩
4295 狲
4296 訇
4297 逄
4298 昝
4299 饷
4300 饸
4301 饹
4302 胤
4303 孪
4304 娈
4305 弈
4306 奕
4307 庥
4308 疬
4309 疣
4310 疥
4311 疭
4312 庠
4313 竑
4314 彦
4315 飒
4316 闼
4317 闾
4318 闿
4319 阂
4320 羑
4321 迸
4322 籼
4323 酋
4324 炳
4325 炻
4326 炽
4327 炯
4328 烀
4329 炷
4330 烃
4331 洱
4332 洹
4333 洧
4334 洌
4335 浃
4336 洇
4337 洄
4338 洙
4339 涎
4340 洎
4341 洫
4342 浍
4343 洮
4344 洵
4345 浒
4346 浔
4347 浕
4348 洳
4359 恸
4350 恓
4351 恹
4352 恫
4353 恺
4354 恻
4355 恂
4356 恪
4357 恽
4358 宥
4359 扃
4360 衲
4361 衽
4362 衿
4363 袂
4364 祛
4365 祜
4366 祓
4367 祚
4368 诮
4369 祗
4370 祢
4371 诰
4372 诳
4373 鸩
4374 昶
4375 郡
4376 咫
4377 弭
4378 牁
4379 胥
4380 陛
4381 陟
4382 娅
4383 姮
4384 娆
4385 姝
4386 姣
4387 姘
4388 姹
4389 怼
4390 羿
4391 炱
4392 矜
4393 绔
4394 骁
4395 骅
4396 绗
4397 绛
4398 骈

十画

4399 耖
4400 挈
4401 珥
4402 珙
4403 顼
4404 珰
4405 珩
4406 珧
4407 珣
4408 珞
4409 琤
4410 珲
4411 敖
4412 恚
4413 埔
4414 埕
4415 埘
4416 埙
4417 埚
4418 挹
4419 耆
4420 耄
4421 埒
4422 捋
4423 贽
4424 垸
4425 捃
4426 盍
4427 荸
4428 莆
4429 莳
4430 莴
4431 莪
4432 莠
4433 莓
4434 莜
4435 莅
4436 荼
4437 莩
4438 荽
4439 莸
4440 荻
4441 莘
4442 莎
4443 莞
4444 莨

4445 鸪
4446 莼
4447 栲
4448 栳
4449 郴
4450 桓
4451 桡
4452 桎
4453 桢
4454 桤
4455 梃
4456 栝
4457 桕
4458 桁
4459 桧
4460 桅
4461 栟
4462 桉
4463 栩
4464 逑
4465 逋
4466 彧
4467 鬲
4468 豇
4469 酐
4470 逦
4471 厝
4472 孬
4473 砝
4474 砹
4475 砺
4476 砧
4477 砷
4478 砟
4479 砼
4480 砥
4481 砣
4482 剞
4483 砻
4484 轼
4485 轾
4486 辂
4487 鸫
4488 趸
4489 龀
4490 鸬
4491 虔
4492 逍
4493 眬
4494 唛
4495 晟
4496 眩
4497 眙
4498 哧
4499 哽
4500 唔
4501 晁
4502 晏
4503 鸮
4504 趵
4505 趿
4506 畛
4507 蚨
4508 蚜
4509 蚍
4510 蚋
4511 蚬
4512 蚝
4513 蚧
4514 唢
4515 圄
4516 唣
4517 唏
4518 盎
4519 唑
4520 崂
4521 崃
4522 罡
4523 罟
4524 峪
4525 觊
4526 赅
4527 钰
4528 钲
4529 钴
4530 钵
4531 钹
4532 钺
4533 钽
4534 钼
4535 钿
4536 铀
4537 铂
4538 铄
4539 铆
4540 铈
4541 铉
4542 铊
4543 铋
4544 铌
4545 铍
4546 䥽
4547 铎
4548 氩
4549 氤
4550 氦
4551 毪
4552 舐
4553 秣
4554 秫
4555 盉
4556 笄
4557 笕
4558 笊
4559 笏
4560 笆
4561 俸
4562 倩
4563 俵
4564 偌
4565 俳
4566 俶
4567 倬
4568 倏
4569 恁
4570 倭
4571 倪
4572 俾
4573 倜
4574 隼
4575 隽
4576 倌
4577 倥
4578 臬
4579 皋
4580 郫
4581 倨
4582 衄
4583 颀
4584 徕
4585 舫
4586 釜
4587 奚
4588 衾
4589 胯
4590 胱
4591 胴
4592 胭
4593 脍
4594 胼
4595 朕
4596 脒
4597 胺
4598 鸱
4599 玺
4600 鸲
4601 狷
4602 猁
4603 狳
4604 猃
4605 狺
4606 逖
4607 桀
4608 袅
4609 饽
4610 凇
4611 栾
4612 挛
4613 亳
4614 疳
4615 疴
4616 疸
4617 疽
4618 痈
4619 疱
4620 疰
4621 痉
4622 衮
4623 凋
4624 颃
4625 恣
4626 旆
4627 旄
4628 旃
4629 阃
4630 阄
4631 訚
4632 阆
4633 恙
4634 粑
4635 朔
4636 郸
4637 烜
4638 烨
4639 烩

4640 烊
4641 剡
4642 郯
4643 烬
4644 涑
4645 浯
4646 涞
4647 涟
4648 娑
4659 涅
4650 涠
4651 浞
4652 涓
4653 浥
4654 涔
4655 浜
4656 浠
4657 浣
4658 浚
4659 悚
4660 悭
4661 悝
4662 悒
4663 悌
4664 悛
4665 宸
4666 窈
4667 剜
4668 诹
4669 冢
4670 诼
4671 袒
4672 袢
4673 祯
4674 诿
4675 谀
4676 谂
4677 谄
4678 谇
4679 屐
4680 屙
4681 陬
4682 勐
4683 奘
4684 牂
4685 蚩
4686 陲
4687 姬
4688 娠
4689 娌
4690 娉
4691 娲
4692 娩
4693 娴
4694 娣
4695 娓
4696 婀
4697 畚
4698 逡
4699 绠
4700 骊
4701 绡
4702 骋
4703 绥
4704 绦
4705 绨
4706 骎
4707 邕
4708 鸶

十一画

4709 彗
4710 耜
4711 焘
4712 舂
4713 琏
4714 琇
4715 麸
4716 揶
4717 埴
4718 埯
4719 捯
4720 掳
4721 掴
4722 埸
4723 埵
4724 赧
4725 埤
4726 捭
4727 逵
4728 埝
4729 堋
4730 堍
4731 掬
4732 鸷
4733 掖
4734 捽
4735 掊
4736 堉
4737 掸
4738 掠
4739 掮
4740 悫
4741 埭
4742 埽
4743 掇
4744 掼
4745 聃
4746 菁
4747 萁
4748 菘
4749 堇
4750 萘
4751 萋
4752 菽
4753 菖
4754 萜
4755 萸
4756 萑
4757 棻
4758 菔
4759 菟
4760 萏
4761 萃
4762 菏
4763 菹
4764 菪
4765 菅
4766 菀
4767 萦
4768 菰
4769 菡
4770 梵
4771 梿
4772 梏
4773 觋
4774 桴
4775 桷
4776 梓
4777 棁
4778 桫
4779 棂
4780 啬
4781 郾
4782 匮
4783 敕
4784 豉
4785 鄄
4786 酞
4787 酚
4788 戛
4789 硎
4790 硭
4791 硒
4792 硖
4793 硗
4794 硐
4795 硇
4796 硌
4797 鸸
4798 瓠
4799 匏
4800 厩
4801 龚
4802 殒
4803 殓
4804 殍
4805 赉
4806 雩
4807 辄
4808 堑
4809 眭
4810 眦
4811 啧
4812 晡
4813 晤
4814 眺
4815 眵
4816 眸
4817 圊
4818 喏
4819 喵
4820 啉
4821 勖
4822 晞
4823 唵
4824 晗
4825 冕
4826 啭
4827 畦
4828 趺
4829 啮
4830 跄
4831 蚶
4832 蛄

4833 蛎
4834 蛆
4835 蚰
4836 蛊
4837 圄
4838 蚱
4839 蛉
4840 蛏
4841 蚴
4842 啁
4843 啕
4844 唿
4845 啐
4846 唼
4847 唷
4848 啖
4849 啵
4850 啶
4851 啷
4852 唳
4853 唰
4854 啜
4855 帻
4856 崚
4857 崦
4858 帼
4859 崮
4860 崤
4861 崆
4862 赇
4863 赈
4864 赊
4865 铑
4866 铒
4867 铗
4868 铙
4869 铟
4870 铠
4871 铡
4872 铢
4873 铣
4874 铤
4875 铧
4876 铨
4877 铩
4878 铪
4879 铫
4880 铬
4881 铮
4882 铯
4883 铰
4884 铱
4885 铳
4886 铵
4887 铷
4888 氪
4889 牾
4890 鸹
4891 秾
4892 逶
4893 笺
4894 筇
4895 笸
4896 笪
4897 笮
4898 笠
4899 笥
4900 笤
4901 笳
4902 笾
4903 笞
4904 偾
4905 偃
4906 偕
4907 偈
4908 傀
4909 偬
4910 偻
4911 皑
4912 皎
4913 鸻
4914 徜
4915 舸
4916 舻
4917 舴
4918 舷
4919 龛
4920 翎
4921 脬
4922 脘
4923 脲
4924 匐
4925 猗
4926 猡
4927 猞
4928 猝
4929 斛
4930 猕
4931 馗
4932 馃
4933 馄
4934 鸾
4935 孰
4936 庹
4937 庾
4938 痔
4939 痍
4940 疵
4941 翊
4942 旌
4943 旎
4944 袤
4945 阇
4946 阈
4947 阉
4948 阊
4949 阋
4950 阍
4951 阏
4952 羟
4953 粝
4954 粕
4955 敝
4956 焐
4957 烯
4958 焓
4959 烽
4960 焖
4961 烷
4962 焗
4963 渍
4964 渚
4965 淇
4966 淅
4967 淞
4968 渎
4969 涿
4970 淖
4971 挲
4972 淠
4973 涸
4974 渑
4975 淦
4976 淝
4977 淬
4978 涪
4979 淙
4980 涫
4981 渌
4982 淄
4983 惬
4984 悻
4985 悱
4986 惝
4987 惘
4988 悸
4989 惆
4990 惚
4991 惇
4992 惮
4993 窕
4994 谌
4995 谏
4996 扈
4997 皲
4998 谑
4999 裆
5000 袷
5001 裉
5002 谒
5003 谔
5004 谕
5005 谖
5006 谗
5007 谙
5008 谛
5009 谝
5010 逯
5011 郿
5012 隈
5013 粜
5014 隍
5015 隗
5016 婧
5017 婊
5018 婕
5019 娼
5020 婢
5021 婵
5022 胬
5023 袈
5024 翌
5025 恿
5026 欸
5027 绫

5028 骐
5029 绮
5030 绯
5031 绱
5032 骒
5033 绲
5034 骓
5035 绶
5036 绺
5037 绻
5038 绾
5039 骖
5040 缁

十二画

5041 耠
5042 琫
5043 琵
5044 琶
5045 琪
5046 瑛
5047 琦
5048 琥
5049 琨
5050 靓
5051 琰
5052 琮
5053 琯
5054 琬
5055 琛
5056 琚
5057 辇
5058 鼋
5059 揳
5060 堞
5061 搽
5062 揸
5063 揠
5064 堙
5065 趄
5066 揖
5067 颉
5068 塄
5069 揿
5070 耋
5071 揄
5072 蛩
5073 蛰
5074 塆
5075 摒
5076 揆
5077 掾
5078 聒
5079 葑
5080 葚
5081 靰
5082 靸
5083 葳
5084 葺
5085 葸
5086 萼
5087 葆
5088 葩
5089 葶
5090 蒌
5091 萱
5092 戟
5093 葭
5094 楮
5095 棼
5096 椟
5097 棹
5098 椤
5099 棰
5100 赍
5101 椋
5102 椁
5103 椪
5104 棣
5105 椐
5106 鹁
5107 覃
5108 酤
5109 酢
5110 酡
5111 鹂
5112 厥
5113 殚
5114 殛
5115 雯
5116 雱
5117 辊
5118 辋
5119 椠
5120 辍
5121 辎
5122 斐
5123 睄
5124 睑
5125 睇
5126 睃
5127 戢
5128 喋
5129 嗒
5130 喃
5131 喱
5132 喹
5133 晷
5134 喈
5135 跖
5136 跗
5137 跞
5138 跚
5139 跎
5140 跏
5141 跆
5142 蛱
5143 蛲
5144 蛭
5145 蛳
5146 蛐
5147 蛔
5148 蛞
5149 蛴
5150 蛟
5151 蛘
5152 喁
5153 喟
5154 啾
5155 嗖
5156 喑
5157 嗟
5158 喽
5159 嗞
5160 喀
5161 喔
5162 喙
5163 嵘
5164 嵖
5165 崴
5166 遄
5167 詈
5168 嵎
5169 崽
5170 嵬
5171 嵛
5172 嵯
5173 嵝
5174 嵫
5175 幄
5176 嵋
5177 赕
5178 铻
5179 铼
5180 铿
5181 锃
5182 锂
5183 锆
5184 锇
5185 锉
5186 锏
5187 锑
5188 锒
5189 锔
5190 锕
5191 掣
5192 矬
5193 氰
5194 毳
5195 毽
5196 犊
5197 犄
5198 犋
5199 鹄
5200 犍
5201 嵇
5202 黍
5203 稃
5204 稂
5205 筚
5206 筵
5207 筌
5208 傣
5209 傈
5210 舄
5211 牍
5212 傥
5213 傧
5214 遑
5215 傩
5216 遁
5217 徨
5218 媭
5219 畲
5220 弑

5221 颔
5222 翕
5223 釉
5224 鸽
5225 舜
5226 貂
5227 腈
5228 腌
5229 腓
5230 腆
5231 腴
5232 腑
5233 腚
5234 腱
5235 鱿
5236 鲀
5237 鲂
5238 颖
5239 猢
5240 猹
5241 猥
5242 飓
5243 觞
5244 觚
5245 猱
5246 颎
5247 飧
5248 馇
5249 馊
5250 亵
5251 脔
5252 裒
5253 痣
5254 痨
5255 痦
5256 痞
5257 痤
5258 痫
5259 痧
5260 赓
5261 竦
5262 瓿
5263 啻
5264 颏
5265 鹇
5266 阑
5267 阒
5268 阕
5269 粞
5270 遒
5271 孳
5272 焯
5273 焜
5274 焙
5275 焱
5276 鹈
5277 湛
5278 渫
5279 湮
5280 湎
5281 湜
5282 渭
5283 湍
5284 湫
5285 溲
5286 湟
5287 溆
5288 湲
5289 湔
5290 湉
5291 渥
5292 湄
5293 滁
5294 愠
5295 惺
5296 愦
5297 惴
5298 愀
5299 愎
5300 愔
5301 喾
5302 寐
5303 谟
5304 扉
5305 裢
5306 裎
5307 裥
5308 祾
5309 祺
5310 谠
5311 幂
5312 谡
5313 谥
5314 谧
5315 遐
5316 孱
5317 弼
5318 巽
5319 骘
5320 媪
5321 媛
5322 婷
5323 巯
5324 翚
5325 皴
5326 婺
5327 骛
5328 缂
5329 缃
5330 缄
5331 彘
5332 缇
5333 缈
5334 缌
5335 缑
5336 缒
5337 缗
5338 飨

十三画
5339 耢
5340 瑚
5341 瑁
5342 瑜
5343 瑗
5344 瑄
5345 瑕
5346 遨
5347 骜
5348 韫
5349 髡
5350 塬
5351 鄢
5352 趔
5353 趑
5354 摅
5355 摁
5356 蜇
5357 搋
5358 搪
5359 搐
5360 搛
5361 搠
5362 摈
5363 彀
5364 毂
4365 搦
5366 搡
5367 蓁
5368 戡
5369 蓍
5370 鄞
5371 靳
5372 蓐
5373 蓦
5374 鹋
5375 蒽
5376 蓓
5377 蓖
5378 蓊
5379 蒯
5380 蓟
5381 蓑
5382 蒿
5383 蒺
5384 蓠
5385 蒟
5386 蒡
5387 蒹
5388 蒴
5389 蒗
5390 蓥
5391 颐
5392 楔
5393 楠
5394 楂
5395 楝
5396 楫
5397 楸
5398 椴
5399 槌
5400 楯
5301 皙[1]
5402 椆
5403 槎
5404 榉
5405 楦
5406 楣
5407 楹
5408 椽
5409 裘
5410 剽
5411 甄
5412 酮
5413 酰

5414 酯
5415 酩
5416 餍
5417 碛
5418 碓
5419 硼
5420 碉
5421 碚
5422 碇
5423 碜
5424 鹌
5425 辏
5426 龃
5427 龅
5428 訾
5429 粲
5430 虞
5431 睚
5432 嗪
5433 韪
5434 嗷
5435 嗉
5436 睨
5437 睢
5438 雎
5439 睥
5440 嘟
5441 嗑
5442 嗫
5443 嗬
5444 嗔
5445 嗝
5446 戥
5447 嗄
5448 煦
5449 暄
5450 遢
5451 暌
5452 跬
5453 跶
5454 跸
5455 跐
5456 跣
5457 跹
5458 跻
5459 蛸
5460 蜊
5461 蜍
5462 蜉
5463 蜣
5464 畹
5465 蛹
5466 嗣
5467 嗯
5468 嗥
5469 嗲
5470 嗳
5471 嗌
5472 嗍
5473 嗨
5474 嗐
5475 嗤
5476 嗵
5477 罨
5478 嵊
5479 嵩
5480 嵴
5481 骰
5482 锗
5483 锛
5484 锜
5485 锝
5486 锞
5487 锟
5488 锢
5489 锨
5490 锩
5491 锭
5492 锱
5493 雉
5494 氲
5495 犏
5496 歃
5497 稞
5498 稗
5499 稔
5500 筠
5501 筢
5502 筮
5503 筲
5504 筱
5505 牒
5506 煲
5507 敫
5508 徭
5509 愆
5510 艄
5511 觎
5512 毹
5513 貊
5514 貅
5515 貉
5516 颔
5517 腠
5518 腩
5519 腼
5520 腭
5521 腧
5522 塍
5523 媵
5524 詹
5525 鲅
5526 鲆
5527 鲇
5528 鲈
5529 稣
5530 鲋
5531 鲐
5532 肄
5533 鹐
5534 飕
5535 觥
5536 遛
5537 馐
5538 鹑
5539 亶
5540 瘃
5541 痱
5542 痼
5543 痿
5544 瘐
5545 瘁
5546 瘆
5547 麂
5548 裔
5549 歆
5550 旒
5551 雍
5552 阖
5553 阗
5554 阙
5555 羧
5556 豢
5557 粳
5558 猷
5559 煳
5560 煜
5561 煨
5562 煅
5563 煊
5564 煸
5565 煺
5566 滟
5567 溱
5568 溘
5569 漭
5570 滢
5571 溥
5572 溧
5573 溽
5574 裟
5575 溻
5576 溷
5577 滗
5578 滫
5579 溴
5580 滏
5581 滃
5582 滦
5583 溏
5584 滂
5585 滓
5586 溟
5587 滪
5588 愫
5589 慑
5590 慊
5591 鲎
5592 骞
5593 窦
5594 窠
5595 窣
5596 裱
5597 褚
5598 裨
5599 裾
5600 裰
5601 禊
5602 谩
5603 谪
5604 媾
5605 嫫
5606 媲
5607 嫒
5608 嫔

5609 嫱
5610 缙
5611 缜
5612 缛
5613 辔
5614 骝
5615 缟
5616 缡
5617 缢
5618 缣
5619 骟

十四画

5620 耥
5621 璈
5622 瑶
5623 瑭
5624 獒
5625 觏
5626 慝
5627 嫠
5628 韬
5629 叆
5630 髦
5631 摽
5632 墁
5633 撂
5634 摞
5635 撄
5636 翥
5637 踅
5638 摭
5639 墉
5640 墒
5641 榖
5642 綦
5643 蔫
5644 蔷
5645 靺
5646 靼
5647 鞅
5648 靿
5649 甍
5650 蔸
5651 蔟
5652 蔺
5653 戬
5654 蕖
5655 蔻
5656 蓿
5657 斡
5658 鹕
5659 蓼
5660 榛
5661 榧
5662 榻
5663 榫
5664 榭
5665 槔
5666 榱
5667 槁
5668 槟
5669 槠
5670 榷
5671 僰
5672 酽
5673 酶
5674 酹
5675 厮
5676 碡
5677 碴
5678 碣
5679 碲
5680 磋
5681 臧
5682 豨
5683 殡
5684 霆
5685 霁
5686 辕
5687 蜚
5688 裴
5689 翡
5690 龇
5691 龈
5692 睿
5693 䁖
5694 睽
5695 嘞
5696 嘈
5697 嘌
5698 嘁
5699 嘎
5700 暧
5701 暝
5702 踌
5703 踉
5704 蜞
5705 蜥
5706 蜮
5707 蝈
5708 蜴
5709 蜱
5710 蜩
5711 蜷
5712 蜿
5713 螂
5714 蜢
5715 嘘
5716 嘡
5717 鹗
5718 嘣
5719 嘤
5720 嘚
5721 嗾
5722 嘧
5723 罴
5724 罱
5725 幔
5726 嶂
5727 幛
5728 赙
5729 罂
5730 骷
5731 骶
5732 鹘
5733 锲
5734 锴
5735 锶
5736 锷
5737 锸
5738 锵
5739 镁
5740 镂
5741 犒
5742 箐
5743 箦
5744 箧
5745 箍
5746 箸
5747 箬
5748 箅
5749 箪
5750 箔
5751 箜
5752 箢
5753 箓
5754 毓
5755 僖
5756 儆
5757 僳
5758 僭
5759 劁
5760 僮
5761 魃
5762 魆
5763 睾
5764 艋
5765 鄱
5766 膈
5767 膑
5768 鲑
5769 鲔
5770 鲚
5771 鲛
5772 鲟
5773 獐
5774 觫
5775 雒
5776 夤
5777 馑
5778 銮
5779 塾
5780 麽
5781 瘌
5782 瘊
5783 瘘
5784 瘙
5785 廖
5786 韶
5787 旖
5788 膂
5789 阚
5790 鄯
5791 鲞
5792 粿
5793 粼
5794 粽
5795 糁
5796 槊
5797 鹚
5798 熘
5799 熥
5800 潢
5801 漕

5802 滹
5803 漯
5804 滤
5805 潋
5806 潴
5807 漪
5808 漉
5809 漳
5810 漩
5811 潡
5812 潍
5813 慵
5814 搴
5815 窨
5816 瘖
5817 綮
5818 谮
5819 褡
5820 褙
5821 褓
5822 褛
5823 褊
5824 谯
5825 谰
5826 谲
5827 暨
5828 屣
5829 鹛
5830 嫣
5831 嫱
5832 嫖
5833 嫦
5834 嫚
5835 嫘
5836 嫡
5837 鼐
5838 翟
5839 瞀
5840 鹜
5841 骠
5842 缥
5843 缦
5844 缧
5845 缨
5846 骢
5847 缪
5848 缫

十五画

5849 耦
5850 耧
5851 瑾
5852 璜
5853 璀
5854 璎
5855 璁
5856 璋
5857 璇
5858 奭
5859 髯
5860 髫
5861 撷
5862 撅
5863 赭
5864 撸
5865 鋆
5866 撙
5867 撺
5868 墀
5869 聩
5870 觐
5871 鞑
5872 蕙
5873 鞒
5874 蕈
5875 蕨
5876 蕤
5877 蕞
5878 蕺
5879 瞢
5880 蕃
5881 蕲
5882 赜
5883 槿
5884 樯
5885 槭
5886 樗
5887 樘
5888 樊
5889 槲
5890 醌
5891 醅
5892 靥
5893 魇
5894 餍
5895 磔
5896 磙
5897 霈
5898 辘
5899 龉
5900 龊
5901 觑
5902 瞌
5903 瞋[2]
5904 瞑
5905 嘭
5906 噎
5907 噶
5908 颙
5909 暹
5910 噘[3]
5911 踔
5912 踝
5913 踟
5914 踒
5915 踬
5916 踮
5917 踯
5918 踺
5919 踞
5920 蝽
5921 蝶
5922 蝻
5923 蝰
5924 蝮
5925 螋
5926 蝓
5927 蝣
5928 蝼
5929 噗
5930 嘬
5931 颚
5932 噍
5933 噢
5934 噙
5935 噜
5936 噌
5937 噔
5938 颛
5939 幞
5940 幡
5941 嶙
5942 嶝
5943 骺
5944 骼
5945 骸
5946 镊
5947 镉
5948 镌
5949 镍
5950 镏
5951 镒
5952 镓
5953 镔
5954 稷
5955 箴
5956 篑
5957 篁
5958 篌
5959 篆
5960 牖
5961 儋
5962 徵
5963 磐
5964 虢
5965 鹞
5966 膘
5967 滕
5968 鲠
5969 鲡
5970 鲢
5971 鲣
5972 鲥
5973 鲧
5974 鲩
5975 獗
5976 獠
5977 觯
5978 馓
5979 馔
5980 麾
5981 廛
5982 瘛
5983 瘼
5984 瘢
5985 瘠
5986 齑
5987 羯
5988 羰
5989 糈
5990 遴
5991 糌
5992 糍
5993 糅
5994 熜

5995 熵
5996 熠
5997 澍
5998 澌
5999 潸
6000 潦
6001 潲
6002 鋈
6003 潟
6004 潼
6005 潺
6006 憬
6007 憧
6008 寮
6009 窳
6010 谳
6011 褴
6012 褟
6013 褫
6014 谵
6015 熨
6016 屦
6017 嬉
6018 勰
6019 戮
6020 蝥
6021 缬
6022 缮
6023 缯
6024 骣
6025 畿

十六画

6026 耩
6027 耨
6028 耪
6029 璞
6030 璟
6031 靛
6032 璠
6033 璘
6034 聱
6035 螯
6036 髻
6037 髭
6038 髹
6039 擀
6040 熹
6041 [illegible]
6042 撖
6043 縠
6044 磬
6045 颞
6046 蕻
6047 鞘
6048 颟
6049 薤
6050 薨
6051 檠
6052 薏
6053 薮
6054 薜
6055 薅
6056 樾
6057 橛
6058 橇
6059 樵
6060 檎
6061 橹
6062 樽
6063 樨
6064 橼
6065 墼
6066 橐
6067 翮
6068 醛
6069 醐
6070 醍
6071 醚
6072 磲
6073 赝
6074 飙
6075 殪
6076 霖
6077 霏
6078 霓
6079 錾
6080 辚
6081 臻
6082 遽
6083 氅
6084 瞟
6085 瞠
6086 瞰
6087 嚄
6088 嚆
6089 噤
6090 暾
6091 蹀
6092 踹
6093 踵
6094 踽
6095 蹉
6096 蹁
6097 螨
6098 蟒
6099 螈
6100 螅
6101 螭
6102 螠
6103 螟
6104 噱
6105 噬
6106 噫
6107 噻
6108 噼
6109 罹
6110 圜
6111 锗
6112 镖
6113 镗
6114 镘
6115 镚
6116 镛
6117 镝
6118 镞
6119 镠
6120 氇
6121 氆
6122 憩
6123 穑
6124 篝
6125 篥
6126 篦
6127 篪
6128 篙
6129 盥
6130 劓
6131 翱
6132 魉
6133 魈
6134 徼
6135 歙
6136 膳
6137 膦
6138 膙
6139 鲮
6140 鲱
6141 鲲
6142 鲳
6143 鲴
6144 鲵
6145 鲷
6146 鲻
6147 獴
6148 獭
6149 獬
6150 邂
6151 鹧
6152 廨
6153 赟
6154 瘰
6155 廪
6156 瘿
6157 瘵
6158 瘴
6159 癃
6160 瘳
6161 斓
6162 麇
6163 麈
6164 嬴
6165 壅
6166 羲
6167 糗
6168 瞥
6169 甑
6170 燎
6171 燠
6172 燔
6173 燧
6174 濑
6175 濉
6176 潞
6177 澧
6178 澹
6179 澥
6180 澶
6181 濂
6182 褰
6183 寰
6184 窸
6185 褶
6186 禧
6187 嬖

6188 犟
6189 隰
6190 嬗
6191 颡
6192 缙
6193 缲
6194 缳

十七画

6195 璨
6196 璩
6197 璐
6198 璪
6199 螯
6200 擤
6201 壕
6202 觳
6203 罄
6204 擢
6205 薹
6206 鞡
6207 鞬
6208 薷
6209 薰
6210 藓
6211 藁
6212 檄
6213 檩
6214 懋
6215 醢
6216 翳
6217 礅
6218 磴
6219 鹩
6220 龋
6221 龌
6222 豳
6223 壑
6224 黻
6225 嚏
6226 嚅
6227 蹑
6228 蹒
6229 蹊
6230 蟥
6231 螬
6232 螵
6233 疃
6234 螳
6235 蟑
6236 嚓
6237 羁
6238 罽
6239 罾
6240 嶷
6241 黜
6242 黝
6243 髁
6244 髀
6245 镡
6246 镢
6247 镣
6248 镦
6249 镧
6250 镩
6251 镪
6252 镫
6253 罅
6254 黏
6255 簌
6256 篾
6257 篼
6258 簖
6259 簋
6260 鼢
6261 黛
6262 儡
6263 鹪
6264 鼾
6265 皤
6266 魍
6267 龠
6268 繇
6269 貘
6270 邈
6271 貔
6272 臌
6273 膻
6274 臆
6275 臃
6276 鲼
6277 鲽
6278 鳀
6279 鳃
6280 鳅
6281 鳇
6282 鳊
6283 螽
6284 燮
6285 鹫
6286 襄
6287 糜
6288 縻
6289 膺
6290 癍
6291 麋
6292 懑
6293 濡
6294 濮
6295 濞
6296 濠
6297 濯
6298 蹇
6299 謇
6300 邃
6301 襁
6302 檗
6303 擘
6304 孺
6305 隳
6306 嬷
6307 蟊
6308 鹬
6309 鍪

十八画

6310 鏊
6311 鳌
6312 鬈
6313 鬃
6314 瞽
6315 鞯
6316 鞨
6317 鞫
6318 鞧
6319 鞣
6320 藜
6321 藠
6322 藩
6323 醪
6324 蹙
6325 礓
6326 燹
6327 餮
6328 瞿
6329 曛
6330 颢
6331 曜
6332 躇
6333 蹚[④]
6334 鹭
6335 蟛
6336 蟪
6337 蟠
6338 蟮
6339 鹮
6340 黠
6341 黟
6342 髅
6343 髂
6344 镬
6345 镭
6346 镯
6347 馥
6348 簟
6349 簪
6350 鼬
6351 雠
6352 艟
6353 鳎
6354 鳏
6355 鳐
6356 癞
6357 癔
6358 癜
6359 癖
6360 糨
6361 蹩
6362 鎏
6363 懵
6364 彝
6365 邋

十九画

6366 鬏
6367 攉
6368 攒
6369 鞲
6370 鞴
6371 藿
6372 蘧
6373 蘅
6374 麓
6375 醮
6376 醯

6377 酃
6378 霪
6379 霭
6380 霨
6381 黼
6382 嚯
6383 蹰
6384 蹶
6385 蹽
6386 蹼
6387 蹴
6388 蹾
6389 蹿
6390 蠖
6391 蠓
6392 蟾
6393 蠊
6394 黢
6395 髋
6396 髌
6397 镲
6398 籀
6399 籁
6400 齁
6401 魑
6402 艨
6403 鳓
6404 鳔
6405 鳕
6406 鳗
6407 鳙
6408 麒
6409 鏖
6410 羸
6411 㸆
6412 瀚
6413 瀣
6414 瀛
6415 襦
6416 谶
6417 襞
6418 骥
6419 缵

廿画

6420 瓒
6421 攘
6422 蘩
6423 蘖
6424 醴
6425 霰
6426 酆
6427 矍
6428 曦
6429 躅
6430 鼍
6431 巉
6432 黩
6433 黥
6434 黪
6435 镳
6436 镴
6437 黧
6438 纂
6439 璺
6440 鼯
6441 臜
6442 鳜
6443 鳝
6444 鳟
6445 獾
6446 孀
6447 骧

廿一画

6448 瓘
6449 鼙
6450 醺
6451 礴
6452 颦
6453 曩
6454 鳢
6455 癫
6456 麝
6457 夔
6458 爝
6459 灏
6460 禳
6461 鐾
6462 羼
6463 蠡

廿二画

6464 耱
6465 懿
6466 蘸
6467 鹳
6468 霾
6469 氍
6470 饕
6471 躐
6472 髑
6473 镵
6474 穰
6475 饔
6476 鬻

廿三画

6477 鬟
6478 趱
6479 攫
6480 攥
6481 颧
6482 躜
6483 鼹
6484 癯
6485 麟
6486 蠲
6487 蠹
6488 躞
6489 衢
6490 鑫
6491 灞
6492 襻

廿四画以上

6493 纛
6494 鬣
6495 攮
6496 囔
6497 馕
6498 戆
6499 爨
6500 齉

---

① 皙：义为人的皮肤白。不再作为“晰”的异体字。

② 瞋：义为发怒时睁大眼睛。不再作为“嗔”的异体字。

③ 噘：义为噘嘴。不再作为“撅”的异体字。

④ 蹚：义为蹚水、蹚地，读 tāng。不再作为“趟（tàng）”的异体字。

三级字表

三画

6501 亍

6502 尢

6503 彳

四画

6504 卬

6505 殳

6506 𠙶

6507 毌

五画

6508 邗

6509 戋

6510 圢

6511 氕

6512 伋

6513 仝

6514 冮

6515 氿

6516 汈

6517 氾

6518 忉

6519 宄

6520 讦

6521 讱

6522 扞

六画

6523 圲

6524 圫

6525 芏

6526 芃

6527 朳

6528 朸

6529 𨙸

6530 邨

6531 吒

6532 吖

6533 屼

6534 屾

6535 辿

6536 钆

6537 仳

6538 伣

6539 伈

6540 癿

6541 甪

6542 邠

6543 犴

6544 冱

6545 邡

6546 闫

6547 𣲘

6548 汋

6549 䜣

6550 讻

6551 𬣙

6552 孖

6553 𬘓

6554 纩

七画

6555 玒

6556 玓

6557 玘

6558 玚

6559 刬

6560 𫭟

6561 坜

6562 坉

6563 扽

6564 𫭢

6565 坋

6566 扺

6567 㧑

6568 毐

6569 芰

6570 芣

6571 苊

6572 苉

6573 芘

6574 芴

6575 芠

6576 𫇭

6577 芤

6578 杕

6579 杙

6580 杄

6581 杧

6582 杩

6583 尪

6584 尨

6585 轪

6586 𫐄

6587 坒

6588 芈

6589 旴

6590 旵

6591 呙

6592 㕮

6593 岍

6594 𫵷

6595 岠

6596 岜

6597 呇

6598 冏

6599 觃

6600 岙

6601 伾

6602 㑇

6603 伭

6604 佖

6605 伲

6606 佁

6607 飏

6608 狃

6609 闶

6610 汧

6611 汫

6612 沅

6613 𬇙

6614 沄

6615 沘

6616 𬇕

6617 汭

6618 沒

6619 沇

6620 忮

6621 忳

6622 忺

6623 𬣞

6624 祃

6625 诇

6626 邲

6627 诎

6628 诐

6629 屃

6630 𫸩

6631 岊

6632 阽

6633 䢺

6634 阼

6635 妧

6636 妘

6637 𨚕

6638 纮

6639 驲

6640 𫘜

6641 纻

6642 𬘘

6643 𫘝

6644 纼

八画

6645 玤

6646 玞

6647 玱

6648 玟

6649 邽

6650 邿

6651 坥

6652 坰

6653 坬

6654 坽

6655 弆

6656 耵

6657 䢼

6658 𦭜

6659 茋

6660 苧

6661 苾

6662 苠

6663 枅

6664 㭎

6665 枘

6666 枍

6667 矼

6668 矻

6669 匼

6670 𫐄
6671 𬀩
6672 𬀪
6673 昨
6674 昇
6675 昄
6676 昒
6677 昈
6678 咉
6679 咇
6680 咍
6681 岵
6682 𡵂
6683 岨
6684 岞
6685 峂
6686 峒
6687 囷
6688 𫓥
6689 钐
6690 钔
6691 钖
6692 牥
6693 佴
6694 垈
6695 侊
6696 侹
6697 佸
6698 佺
6699 隹
6700 㑊
6701 佹
6702 佽
6703 侘
6704 郈
6705 舠
6706 郐
6707 郃
6708 攽
6709 肭
6710 肦
6711 肷
6712 狉
6713 狝
6714 饳
6715 忞
6716 於
6717 炌
6718 炆
6719 泙
6720 沺
6721 泂
6722 泜
6723 泃
6724 泇
6725 怊
6726 峃
6727 穸
6728 祋
6729 祊
6730 诇
6731 𬤊
6732 邽
6733 鸤
6734 弢
6735 弨
6736 陑
6737 𬮿
6738 陎
6739 𬯀
6740 卺
6741 峔
6742 妭
6743 姈
6744 𫰛
6745 迳
6746 叕
6747 𬳵
6748 驵
6749 𬳶
6750 𦈕
6751 驺
6752 𬳾
6753 绋
6754 绐

九画

6755 砉
6756 耔
6757 契
6758 玶
6759 珇
6760 珅
6761 𬍛
6762 珋
6763 玹
6764 珌
6765 玿
6766 韨
6767 垚
6768 垯
6769 垙
6770 垲
6771 埏
6772 垍
6773 耇
6774 埄
6775 垎
6776 垴
6777 垟
6778 垞
6779 挓
6780 垵
6781 垏
6782 掺
6783 荖
6784 荁
6785 荙
6786 荛
6787 茈
6788 𫇭
6789 荄
6790 茺
6791 苘
6792 荓
6793 茳
6794 𬜬
6795 茛
6796 荭
6797 𬂩
6798 柷
6799 柃
6800 柊
6801 枹
6802 栐
6803 柖
6804 郚
6805 剅
6806 鸸
6807 迺
6808 厖
6809 砆
6810 砑
6811 砄
6812 耏
6813 奓
6814 奊
6815 轵
6816 轷
6817 轹
6818 轺
6819 昺
6820 睍
6821 昽
6822 昀
6823 咡
6824 咺
6825 昳
6826 昣
6827 哒
6828 昤
6829 昫
6830 昡
6831 咥
6832 昪
6833 虷
6834 虸
6835 哃
6836 峘
6837 耑
6838 峛
6839 𡷊
6840 峗
6841 峧
6842 帡
6843 钘
6844 𫓧
6845 钜
6846 𫓩
6847 𫓨
6848 𫓭
6849 钪
6850 𫓬
6851 钭
6852 矧
6853 秬
6854 俫
6855 畀
6856 俣
6857 俙

6858 俍
6859 庢
6860 衎
6861 舣
6862 弇
6863 匬
6864 鸧
6865 脉
6866 胠
6867 胋
6868 胈
6869 胩
6870 胣
6871 朏
6872 飐
6873 訄
6874 侬
6875 庤
6876 疢
6877 炣
6878 炟
6879 炯
6880 洭
6881 洘
6882 涑
6883 洿
6884 浈
6885 泚
6886 浈
6887 浉
6888 洸
6889 洑
6890 浀
6891 洈
6892 洚
6893 洺
6894 洨
6895 浐
6896 浏
6897 洴
6898 洣
6899 恔
6900 宬
6901 窀
6902 扂
6903 袆
6904 袥
6905 袺
6906 祕
6907 叚
6908 陧
6909 陞
6910 娀
6911 姞
6912 姱
6913 姤
6914 姶
6915 姽
6916 枲
6917 绖
6918 骃
6919 缃
6920 骁
6921 绲
6922 綖
6923 彖
6924 彖

十画

6925 挈
6926 珪
6927 珛
6928 珹
6929 琊
6930 玼
6931 珖
6932 勣
6933 珽
6934 珦
6935 琉
6936 珒
6937 琤
6938 琅
6939 珕
6940 珝
6941 埪
6942 埗
6943 垾
6944 垺
6945 埆
6946 垿
6947 埌
6948 埇
6949 莰
6950 茝
6951 莤
6952 鄀
6953 莶
6954 莝
6955 莠
6956 莙
6957 栻
6958 桠
6959 梾
6960 桄
6961 梠
6962 栴
6963 梃
6964 栒
6965 酎
6966 酏
6967 颋
6968 砵
6969 砠
6970 砫
6971 砬
6972 硁
6973 恧
6974 翃
6975 郪
6976 辀
6977 辁
6978 辁
6979 殆
6980 剕
6981 赀
6982 哢
6983 晅
6984 晊
6985 唝
6986 哳
6987 哱
6988 冔
6989 晔
6990 晐
6991 晖
6992 畖
6993 蚄
6994 蚆
6995 郻
6996 帱
6997 崁
6998 峿
6999 崟
7000 崄
7001 帨
7002 崀
7003 赆
7004 钵
7005 钷
7006 铲
7007 钟
7008 铞
7009 铜
7010 眚
7011 甡
7012 笫
7013 倻
7014 倴
7015 脩
7016 倮
7017 倕
7018 倞
7019 倬
7020 倓
7021 倧
7022 衃
7023 虒
7024 舭
7025 舯
7026 舥
7027 瓞
7028 鬯
7029 鸰
7030 脎
7031 朓
7032 胲
7033 虓
7034 鱽
7035 狴
7036 猸
7037 狻
7038 智
7039 饻
7040 勍
7041 痄
7042 疰
7043 痃
7044 竘
7045 羖

7046 羓
7047 桊
7048 敉
7049 烠
7050 烔
7051 烶
7052 烻
7053 𬊈
7054 涍
7055 浡
7056 浭
7057 浬
7058 涄
7059 涢
7060 涐
7061 浰
7062 浟
7063 浛
7064 浼
7065 浲
7066 涘
7067 悈
7068 悃
7069 悢
7070 宭
7071 宧
7072 窅
7073 窊
7074 窎
7075 扅
7076 扆
7077 袪
7078 袗
7079 袯
7080 祧
7081 隺
7082 堲
7083 疍
7084 𬮿
7085 陴
7086 烝
7087 砮
7088 㛚
7089 哿
7090 翀
7091 翂
7092 剢
7093 𬳶
7094 𫄨
7095 绤
7096 骍
7097 𫄷

十一画

7098 𦑡
7099 琎
7100 珸
7101 珵
7102 琄
7103 琈
7104 琀
7105 珺
7106 掭
7107 堎
7108 堐
7109 埼
7110 掎
7111 埫
7112 堌
7113 晢
7114 𫮃
7115 掞
7116 埪
7117 壸
7118 𡎚
7119 聍
7120 菝
7121 萚
7122 菥
7123 莿
7124 䓫
7125 勚
7126 䓬
7127 萆
7128 菂
7129 菍
7130 菼
7131 萣
7132 菪
7133 菉
7134 菌
7135 梼
7136 梽
7137 桲
7138 梾
7139 桯
7140 梣
7141 梌
7142 桹
7143 敔
7144 厣
7145 硔
7146 𬒈
7147 硙
7148 硚
7149 硊
7150 硍
7151 勔
7152 䴕
7153 龁
7154 逴
7155 唪
7156 啫
7157 翈
7158 眼
7159 晙
7160 時
7161 𪩘
7162 趼
7163 跂
7164 蛃
7165 蚲
7166 𬟽
7167 蚺
7168 啴
7169 翖
7170 崧
7171 崟
7172 崞
7173 崒
7174 崌
7175 崡
7176 铏
7177 𫓧
7178 𫓩
7179 铕
7180 𫟷
7181 铖
7182 铘
7183 铚
7184 铞
7185 铦
7186 钖
7187 牻
7188 牿
7189 稆
7190 笱
7191 笯
7192 偰
7193 偡
7194 鸺
7195 偭
7196 偲
7197 偁
7198 晄
7199 鄅
7200 偓
7201 徛
7202 衒
7203 舳
7204 舲
7205 鸼
7206 悆
7207 鄃
7208 瓻
7209 𫎆
7210 䐃
7211 脞
7212 脬
7213 䏲
7214 鲃
7215 猇
7216 猊
7217 猄
7218 觖
7219 悳
7220 庱
7221 庼
7222 庳
7223 痓
7224 䴔
7225 竫
7226 堃
7227 阌
7228 羝
7229 羕
7230 焆
7231 烺
7232 焌
7233 淏

7234 𬇙
7235 淟
7236 淜
7237 淴
7238 淯
7239 湴
7240 涴
7241 遂
7242 㥄
7243 惛
7244 惔
7245 悰
7246 惙
7247 寁
7248 逭
7249 𬤇
7250 𫍯
7251 袼
7252 裈
7253 祲
7254 𬤊
7255 𫍲
7256 谞
7257 艴
7258 弸
7259 弶
7260 𬯎
7261 隃
7262 婞
7263 婽
7264 婼
7265 媖
7266 婳
7267 婍
7268 婌
7269 婫
7270 婤
7271 婘
7272 婠
7273 綪
7274 綝
7275 騑
7276 騊
7277 绹
7278 综
7279 綧
7280 骕
7281 騄

十二画

7282 絜
7283 珷
7284 琲
7285 琡
7286 琟
7287 琔
7288 琭
7289 堾
7290 堼
7291 揕
7292 塿
7293 埧
7294 喆
7295 堨
7296 塅
7297 堠
7298 綮
7299 塿
7300 塥
7301 葜
7302 惎
7303 葥
7304 葙
7305 靬
7306 葳
7307 葴
7308 萻
7309 鄚
7310 蒉
7311 蓿
7312 萩
7313 蒐
7314 葰
7315 葎
7316 鄐
7317 蒎
7318 葖
7319 蒄
7320 萹
7321 棤
7322 棽
7323 棫
7324 椓
7325 椑
7326 椟
7327 鸮
7328 椆
7329 棓
7330 棬
7331 棪
7332 椀
7333 楗
7334 鹕
7335 甦
7336 酦
7337 觌
7338 奡
7339 皕
7340 硪
7341 欹
7342 詟
7343 𫐐
7344 辌
7345 棐
7346 龂
7347 𬺈
7348 凿
7349 牚
7350 睎
7351 晫
7352 晪
7353 睒
7354 跼
7355 蛑
7356 晙
7357 罤
7358 喤
7359 尌
7360 嵁
7361 嵽
7362 崾
7363 嵗
7364 崿
7365 嵚
7366 翙
7367 颉
7368 圌
7369 圐
7370 赑
7371 淼
7372 赒
7373 錂
7374 锛
7375 锹
7376 録
7377 铽
7378 锔
7379 锊
7380 锍
7381 锎
7382 鋐
7383 锓
7384 犇
7385 颋
7386 稌
7387 筀
7388 筘
7389 筜
7390 筥
7391 筅
7392 傣
7393 傉
7394 翛
7395 傒
7396 傕
7397 舾
7398 畬
7399 颎
7400 脿
7401 腘
7402 腼
7403 腙
7404 腒
7405 颌
7406 鲃
7407 猰
7408 鹜
7409 猯
7410 㺄
7411 馉
7412 凓[1]
7413 鄗
7414 廞
7415 廋
7416 廆
7417 鄌
7418 粢
7419 遆
7420 旐
7421 闉

7422 焞
7423 𬊤
7424 欻
7425 渍
7426 溚
7427 渫
7428 湝
7429 ⿰氵弇
7430 湓
7431 ⿰氵急
7432 渟
7433 溠
7434 渼
7435 溇
7436 湣
7437 湑
7438 溞
7439 愐
7440 愃
7441 敩
7442 甯
7443 棨
7444 扊
7445 裣
7446 祼
7447 婻
7448 婹
7449 媞
7450 ⿰女更
7451 媓
7452 媂
7453 媄
7454 毵
7455 矞
7456 ⿰马者
7457 ⿰马是
7458 缊
7459 缐
7460 骙

十三画

7461 瑃
7462 瑓
7463 瑅
7464 瑆
7465 䴖
7466 瑖
7467 瑝
7468 瑔
7469 瑀
7470 𬍤
7471 瑳
7472 瑂
7473 嶅
7474 瑑
7475 遘
7476 髡
7477 塥
7478 堽
7479 赪
7480 摛
7481 塝
7482 搒
7483 搌
7484 蒱
7485 蒨
7486 蓏
7487 蔀
7488 蓢
7489 蒖
7490 蒻
7491 蓣
7492 椹
7493 楪
7494 榃
7495 榅
7496 楒
7497 楞
7498 楩
7499 楾
7500 椸
7501 楙
7502 歅
7503 𬪩
7504 碃
7505 碏
7506 ⿰石育
7507 碈
7508 𬒗
7509 碇
7510 鄠
7511 辒
7512 𬨎
7513 𫐖
7514 龆
7515 觜
7516 䣘
7517 暕
7518 鹍
7519 噁[②]
7520 戛
7521 暅
7522 跱
7523 蜐
7524 蜎
7525 嵲
7526 赗
7527 骱
7528 锖
7529 𫓹
7530 锘
7531 锳
7532 锧
7533 锪
7534 𬭚
7535 锫
7536 锬
7537 ⿰钅波
7538 稑
7539 稙
7540 䅟
7541 筼
7542 筻
7543 ⿱⺮⿱冖贝
7544 筶
7545 筦
7546 筤
7547 傺
7548 鹎
7549 僇
7550 艅
7551 艉
7552 谼
7553 貆
7554 腽
7555 腨
7556 腯
7557 鲉
7558 鲊
7559 鲌
7560 䲟
7561 𬶋
7562 𬶍
7563 鲏
7564 雊
7565 猺
7566 飔
7567 觟
7568 媵
7569 馌
7570 裛
7571 廒
7572 瘀
7573 瘅
7574 鄘
7575 鹒
7576 鄜
7577 麀
7578 鄣
7579 阘
7580 阗
7581 煁
7582 煃
7583 煴
7584 煋
7585 煟
7586 煓
7587 滠
7588 溍
7589 溹
7590 滆
7591 滉
7592 溦
7593 溵
7594 漷
7595 滧
7596 滘
7597 滏
7598 愭
7599 慥
7600 慆
7601 塱
7602 𫌀
7603 裼
7604 禋
7605 禔
7606 禘
7607 禒
7608 谫
7609 鹛

7610 𬱟
7611 愍
7612 嫄
7613 媱
7614 戬
7615 勠③
7616 戣
7617 𫘪
7618 𫘬
7619 缞

十四画

7620 耤
7621 瑧
7622 璊
7623 瑨
7624 瑱
7625 瑷
7626 瑢
7627 斠
7628 摏
7629 墕
7630 墈
7631 墐
7632 墘
7633 摴
7634 銎
7635 墉
7636 墚
7637 撖
7638 𫮃
7639 靽
7640 鞁
7641 蔌
7642 蔈
7643 蓰
7644 蔹
7645 𬊤
7646 碬
7647 榰
7648 榑
7649 槚
7650 𣗋
7651 槜
7652 榍
7653 疐
7654 𫛫
7655 酺
7656 酾
7657 酲
7658 酴
7659 碶
7660 碜
7661 磃
7662 碨
7663 𥔲
7664 碹
7665 碥
7666 劂
7667 𬶍
7668 𬸘
7669 夥
7670 瞍
7671 鹖
7672 㬎
7673 跽
7674 蜾
7675 幖
7676 嶍
7677 圙
7678 锫
7679 锺
7680 锼
7681 锽
7682 锬
7683 锾
7684 锿
7685 镃
7686 镄
7687 镅
7688 馝
7689 鹙
7690 箨
7691 箖
7692 劄
7693 僬
7694 僦
7695 僔
7696 僎
7697 槃
7698 [illegible]
7699 鲒
7700 鲔
7701 鲕
7702 鲖
7703 鲗
7704 鲘
7705 鲙
7706 𬶐
7707 𬶋
7708 鲛
7709 夐
7710 獍
7711 飔
7712 鹜
7713 凘
7714 廑
7715 廙
7716 瘗
7717 瘥
7718 瘕
7719 羞
7720 鄯
7721 熇
7722 漹
7723 潋
7724 潆
7725 漤
7726 潩
7727 潍
7728 漴
7729 滗
7730 漈
7731 漋
7732 漻
7733 慬
7734 窬
7735 窭
7736 槼
7737 谯
7738 褕
7739 禛
7740 禚
7741 隩
7742 嫖
7743 嫭
7744 嫜
7745 嫪
7746 缜

十五画

7747 𬍡
7748 𪎌
7749 璆
7750 漦
7751 𬒗
7752 墣
7753 墦
7754 墡
7755 劐
7756 薁
7757 蕰
7758 蔃
7759 𬞟
7760 樜
7761 鹝
7762 磏
7763 磉
7764 殣
7765 慭
7766 霅
7767 暵
7768 暲
7769 暶
7770 踦
7771 踣
7772 䗖
7773 蝘
7774 蝲
7775 蝤
7776 噇
7777 噂
7778 噀
7779 罶
7780 嶲
7781 嶓
7782 𫶇
7783 嶟
7784 嶒
7785 镆
7786 镈
7787 镋
7788 镎
7789 镒
7790 镕
7791 稹
7792 儇
7793 皞
7794 皛
7795 鹛

7796 艎
7797 艄
7798 鹟
7799 鮸
7800 鲦
7801 鲪
7802 鲬
7803 棊
7804 觭
7805 鹠
7806 鹡
7807 糇
7808 糈
7809 翦
7810 鹢
7811 鹣
7812 熛
7813 潖
7814 潵
7815 潎
7816 澂
7817 澛
7818 鋈
7819 潽
7820 潾
7821 潏
7822 憭
7823 憕
7824 鶱
7825 戭
7826 褯
7827 褶
7828 𫍽
7829 嫽
7830 遹
7831 𬴛

十六画

7832 璥
7833 璲
7834 璒
7835 憙
7836 擐
7837 鄹
7838 薳
7839 鞔
7840 黇
7841 𬞟
7842 蕗
7843 薢
7844 蕹
7845 橞
7846 橑
7847 橦
7848 醑
7849 觱
7850 磡
7851 𥕢
7852 磜
7853 豮
7854 𫔍
7855 𬺈
7856 鼰
7857 鹾
7858 虤
7859 嚆
7860 罂
7861 曈
7862 噉
7863 踳
7864 踶
7865 螭
7866 螗
7867 瞜
7868 嶫
7869 幪
7870 巘
7871 巇
7872 𬭛
7873 𬭎
7874 𫔎
7875 辥
7876 穄
7877 篚
7878 篯
7879 簉
7880 鼽
7881 衠
7882 盦
7883 螣
7884 縢
7885 鲭
7886 鲯
7887 鲰
7888 鲺
7889 鲹
7890 𫗴
7891 𨐈
7892 癀
7893 瘭
7894 鹙
7895 羱
7896 糒
7897 燋
7898 熻
7899 燊
7900 燚
7901 燏
7902 濩
7903 濋
7904 澪
7905 澽
7906 澴
7907 澭
7908 澼
7909 憷
7910 憺
7911 懔
7912 黉
7913 嬛
7914 鹨
7915 翯
7916 𫄷

十七画

7917 璱
7918 𤩽
7919 璬
7920 璮
7921 髽
7922 擿
7923 薿
7924 薸
7925 檑
7926 櫆
7927 檞
7928 醨
7929 繄
7930 磹
7931 磻
7932 瞫
7933 瞵
7934 蹐
7935 蟏
7936 㘎
7937 𬭚
7938 镤
7939 镖
7940 𬭛
7941 镥
7942 镨
7943 𬭸
7944 𬭽
7945 𬭼
7946 𫓯
7947 矰
7948 穙
7949 穜
7950 穟
7951 簕
7952 簃
7953 簏
7954 儦
7955 魋
7956 斶
7957 艚
7958 鹬
7959 谿
7960 䲠
7961 𫚉
7962 鲾
7963 鰊
7964 鲿
7965 鳁
7966 鳂
7967 鳈
7968 鳉
7969 獯
7970 䗪
7971 馘
7972 襕
7973 襚
7974 鐅
7975 螱
7976 甓
7977 嬬
7978 嬥
7979 𦈡
7980 𫄸

十八画
7981 璠
7982 鳌
7983 鬻
7984 蘓
7985 鞳
7986 鞮
7987 藹
7988 藟
7989 藦
7990 藨
7991 鹲
7992 橑
7993 黡
7994 礞
7995 礌
7996 [illegible]
7997 蹢
7998 蹜
7999 蟫
8000 [illegible]
8001 嚚
8002 髃
8003 镮
8004 镱
8005 鄸
8006 馧
8007 簠
8008 簝
8009 簰
8010 鼫
8011 鼩
8012 曒
8013 臑
8014 膰
8015 鳑
8016 鳒
8017 [illegible]
8018 鹯
8019 癗
8020 [illegible]
8021 旞
8022 翷
8023 輾
8024 [illegible]
8025 瀔
8026 瀍
8027 瀌
8028 襘
8029 [illegible]
8030 缧

十九画
8031 嚭
8032 橼
8033 酸
8034 醭
8035 蹯
8036 蠋
8037 翾
8038 鳖
8039 儳
8040 儴
8041 鼗
8042 鰶
8043 鱇
8044 鳚
8045 鳛
8046 麑
8047 麖
8048 羸
8049 [illegible]
8050 嬿

廿画
8051 鬒
8052 蘘
8053 欂
8054 醵
8055 颥
8056 甗
8057 [illegible]
8058 巇
8059 酅
8060 髎
8061 犨
8062 鱚
8063 [illegible]
8064 燿
8065 爔
8066 灟
8067 瀹
8068 瀼
8069 瀵
8070 襫
8071 孅
8072 骦
8073 纕

廿一画
8074 耰
8075 [illegible]
8076 瓖
8077 鬘
8078 趯
8079 [illegible]
8080 罍
8081 鼱
8082 鳠
8083 鳡
8084 鳣
8085 爟
8086 爚
8087 灈

廿二画
8088 韂
8089 糵
8090 蘼
8091 礵
8092 鹴
8093 躔
8094 皭
8095 龢
8096 [illegible]
8097 亹

廿三画
8098 籥
8099 鬟
8100 鑞
8101 玃

廿四画以上
8102 醾
8103 [illegible]
8104 [illegible]
8105 蠼

---

① 凓：义为寒冷。不再作为“栗”的异体字。
② 噁：化学名词用字，读è，如“二噁英”等
③ 勠：义为合力、齐力。不再作为“戮”的异体字。

《规范字与繁体字、异体字对照表》及相关说明

因汉字听写比赛不涉及繁体字异体字，故《规范字与繁体字、异体字对照表》略，但《规范字与繁体字、异体字对照表》相关说明告诉我们某个繁体字或异体字的写法保留的理由以及使用的范围，如《一级字表》中第3401号字“瞭”为什么要保留“瞭”的写法；《二级字表》中第5780号字“麽”什么时候不写作“么”，而保留“麽”这个写法；《三级字表》中第7294号字“喆”的使用范围；等等。这些说明帮助我们更好地了解《通用规范汉字表》，于是我们完整地保留了这部分说明，并在每个字后面标注了该字在字表中的序号。

1. 瞭（3401）：读liào时不简化作“了”，如“瞭望”“瞭哨”。

2. 迺（6807）：可用于姓氏人名、地名。

3. 乾（2215）：读qián时不简化作“干”，如“乾坤”“乾隆”。

4. 麽（5780）：读mó时不简化作“么”，如“幺麽小丑”。

5. 椏（6958）：可用于姓氏人名、地名和科学技术术语，但须类推简化作“桠”，如“五桠果科”。

6. 耑（6837）：可用于姓氏人名，读duān。读zhuān时用“专”。

7. 鉅（6845）：可用于姓氏人名、地名，但需类推简化作“钜”。

8. 昇（6674）：可用于姓氏人名，如“毕昇”。

9. 陞（6909）：可用于姓氏人名、地名。

10. 讎（6351）：用于“校讎”“讎定”“仇讎”等，但须类推简化作“雠”。其他意义用“仇”。

11. 祇（4050）：用于表示地神，读qí。读zhǐ时用“只”。

12. 甯（7442）：可用于姓氏人名。

13. 颺（6607）：可用于姓氏人名，但须类推简化作“飏”。

14. 袷（5000）：用于“袷袢”，读qiā。读jiá时用“夹”。

15. 麴（7748）：可用于姓氏人名，但须类推简化作“麹”。

16. 仝（6513）：可用于姓氏人名

17. 夥（7669）：作“多”解时不简化作“伙”。

18. 剋（4134）：表示训斥、打人时读kēi，不简化作“克”。

19. 甦（7335）：可用于姓氏人名。

20. 邨（6530）：可用于姓氏人名。

21. 氾（6517）：可用于姓氏人名，读fán，读fàn时用“泛”。

22. 堃（7226）：可用于姓氏人名。

23. 蘋（7841）：用于表示植物名时简化作“蘋”，不简化作“苹”。

24. 犇（7384）：可用于姓氏人名。

25. 鉌（8095）：可用于姓氏人名。

26. 訢（6549）：可用于姓氏人名，但须类推简化作“䜣”。

27. 徵（5962）：用于表示“宫商角徵羽”五音之一时读 zhǐ，不简化作“征”。

28. 逕（6745）：可用于姓氏人名、地名，但须类推简化作“迳”。

29. 鑪（7006）：用于科学技术术语，指一种人造的放射性元素（符号为 Rf），但须类推简化作“𬬻”。

30. 線（7459）：可用于姓氏人名，但需类推简化作“缐”。

31. 釐（7982）：可用于姓氏人名，读 xī，读 lí 时用“厘”。

32. 鍾（7679）：用于姓氏人名时可简化作“锺”。

33. 脩（7015）：用于表示干肉，如“束脩”，其他意义用“修”。

34. 絜（7282）：读 xié 或 jié 时都可用于姓氏人名。

35. 扞（6522）：用于表示相互抵触，如“扞格”。其他意义用“捍”。

36. 喆（7294）：可用于姓氏人名。

37. 祕（6906）：可用于姓氏人名。

38. 藉（3390）：读 jí 或用于慰藉、衬垫义时不简化作“借”，如“狼藉（jí）”“枕藉（jiè）”。

39. 頫（7399）：可用于姓氏人名，但须类推简化作“𫖯”，如“赵孟𫖯”。

40. 貲（6981）：可用于姓氏人名和表示计量义，但须类推简化作“赀”。

41. 叚（6907）：可用于姓氏人名，读 xiá。读 jiǎ 时用“假”。

42. 勣（6932）：可用于姓氏人名，但须类推简化作“勚”。

43. 菉（7133）：可用于姓氏人名、地名。

44. 蒐（7313）：用于表示草名和春天打猎。其他意义用“搜”。

45. 淼（7371）：可用于姓氏人名

46. 椀（7332）：用于科学技术术语，如“橡椀”。其他意义用“碗”。

47. 谿（7959）：可用于姓氏人名

48. 筦（7545）：可用于姓氏人名

49. 瀓（7816）：可用于姓氏人名

50. 劄（7692）：用于科学技术术语，如中医学中的“目劄”。其他意义用“札”。

51. 阪（3640）：可用于地名，如“大阪”。

52. 吒（6531）：可用于姓氏人名，读 zhā，如“哪吒”。读 zhà 时用“咤”。

附录二：第一批异形词整理表①

（中华人民共和国教育部、国家语言文字工作委员会
2001 年 12 月 19 日发布，2002 年 3 月 31 日试行）

前　言

本规范规定了普通话书面语中异形词的推荐使用词形。

本规范由教育部语言文字应用管理司提出立项。

本规范由国家语言文字工作委员会语言文字规范（标准）审定委员会审定。

本规范由教育部、国家语言文字工作委员会发布试行。

本规范起草单位：中国语文报刊协会。

本规范起草人：李行健、应雨田、谢质彬、孙光贵、邹玉华、张育泉、郗凤岐等。曹先擢、傅永和、高更生、苏培成、季恒铨任顾问。湖南常德师范学院、山东潍坊学院和湖南长沙师范学校有关人员参加了研究工作。

1 范围

本规范是推荐性试行规范。根据“积极稳妥、循序渐进、区别对待、分批整理”的工作方针，选取了普通话书面语中经常使用、公众的取舍倾向比较明显的 338 组（不含附录中的 44 组）异形词（包括词和固定短语）作为第一批进行整理，给出了每组异形词的推荐使用词形。

本规范适用于普通话书面语，包括语文教学、新闻出版、辞书编纂、信息处理等方面。

2 规范性引用文件

第一批异体字整理表（1955 年 12 月 22 日中华人民共和国文化部、中国文字改革委员会发布）

汉语拼音方案（1958 年 2 月 11 日中华人民共和国第一届全国人民代表大会第五次会议批准）

普通话异读词审音表（1985 年 12 月 27 日国家语言文字工作委员会、国家教育委员会和广播电视部发布）

简化字总表（1986 年 10 月 10 日经国务院批准国家语言文字工作委员会重新发表）

现代汉语常用字表（1988 年 1 月 26 日国家语言文字工作委员会、国家教育委员会发布）

现代汉语通用字表（1988 年 3 月 25 日国家语言文字工作委员会、中华人民共和国新闻出版署发布）

GB/T 16159—1996 汉语拼音正词法基本规则

① 教育部语言文字信息管理司组. 语言文字规范标准手册[M]. 北京：商务印书馆，2015：234-248.

3 术语

3.1 异形词（variant forms of the same word）

普通话书面语中并存并用的同音（本规范中指声、韵、调完全相同）、同义（本规范中指理性意义、色彩意义和语法意义完全相同）而书写形式不同的词语。

3.2 异体字（variant forms of a Chinese character）

与规定的正体字同音、同义而写法不同的字。本规范中专指被《第一批异体字整理表》淘汰的异体字。

3.3 词形（word form/lexical form）

本规范中指词语的书写形式。

3.4 语料（corpus）

本规范中指用于词频统计的普通话书面语中的语言资料。

3.5 词频（word frequency）

在一定数量的语料中同一个词语出现的频度，一般用词语的出现次数或覆盖率来表示。本规范中指词语的出现次数。

4 整理异形词的主要原则

现代汉语中异形词的出现有一个历史发展过程，涉及形、音、义等多个方面。整理异形词必须全面考虑、统筹兼顾。既立足于现实，又尊重历史；既充分注意语言的系统性，又承认发展演变中的特殊情况。

4.1 通用性原则

根据科学的词频统计和社会调查，选取公众目前普遍使用的词形作为推荐词形。把通用性原则作为整理异形词的首要原则，这是由语言的约定俗成的社会属性所决定的。据多方考察，90%以上的常见异形词在使用中词频逐渐出现显著性差异，符合通用性原则的词形绝大多数与理据性等原则是一致的。即使少数词频高的词形与语源或理据不完全一致，但一旦约定俗成，也应尊重社会的选择。如“毕恭毕敬 24—必恭必敬 0”（数字表示词频，下同），从源头来看，“必恭必敬”出现较早，但此成语在流传过程中意义发生了变化，由“必定恭敬”演变为“十分恭敬”，理据也有了不同。从目前的使用频率看，“毕恭毕敬”通用性强，故以“毕恭毕敬”为推荐词形。

4.2 理据性原则

某些异形词目前较少使用，或词频无显著性差异，难以依据通用性原则确定取舍，则从词语发展的理据性角度推荐一种较为合理的词形，以便于理解词义和方便使用。如“规诫 1—规戒 2”，“戒”“诫”为同源字，在古代二者皆有“告诫”和“警戒”义，因此两词形皆合语源。但现代汉语中“诫”多表“告诫”义，“戒”多表“警戒”义，“规诫”是以言相劝，“诫”的语素义与词义更为吻合，故以“规诫”为推荐词形。

4.3 系统性原则

词汇内部有较强的系统性，在整理异形词时要考虑同语素系列词用字的一致性。如“侈靡 0—侈糜 0 | 靡费 3—糜费 3”，根据使用频率，难以确定取舍。但同系列的异形词“奢靡 87—奢糜 17”，前者占有明显的优势，故整个系列都确定以含“靡”的词形为推荐词形。

以上三个原则只是异形词取舍的三个主要侧重点，具体到每组词还需要综合考虑决定取舍。

另外，目前社会上还流行着一批含有非规范字（即国家早已废止的异体字或已简化的繁体字）的异形词，造成书面语使用中的混乱。这次选择了一些影响较大的列为附录，明确作为非规范词形予以废除。

5 第一批异形词整理表说明

5.1 本表研制过程中，用《人民日报》1995—2000 年全部作品作语料对异形词进行词频统计和分析，并逐条进行人工干预，尽可能排除电脑统计的误差，部分异形词还用《人民日报》1987—1995 年语料以及 1996—1997 年的 66 种社会科学杂志和 158 种自然科学杂志的语料进行了抽样复查。同时参考了《现代汉语词典》《汉语大词典》《辞海》《新华词典》《现代汉语规范字典》等工具书和有关讨论异形词的文章。

5.2 每组异形词破折号前为选取的推荐词形。表中需要说明的个别问题，以注释方式附在表后。

5.3 本表所收的条目按首字的汉语拼音音序排列，同音的按笔画数由少到多排列。

5.4 附录中列出的非规范词形置于圆括号内，已淘汰的异体字和已简化的繁体字在左上角用“*”号标明。

第一批异形词整理表

A

按捺—按纳　ànnà
按语—案语　ànyǔ

B

百废俱兴—百废具兴　bǎifèi-jùxīng
百叶窗—百页窗　bǎiyèchuāng
斑白—班白、颁白　bānbái
斑驳—班驳　bānbó
孢子—胞子　bāozǐ
保镖—保镳　bǎobiāo
保姆—保母、褓姆　bǎomǔ
辈分—辈份　bèifèn
本分—本份　běnfèn
笔画—笔划　bǐhuà
毕恭毕敬—必恭必敬　bìgōng-bìjìng
编者按—编者案　biānzhě'àn
扁豆—萹豆、稨豆、藊豆　biǎndòu
标志—标识　biāozhì
鬓角—鬓脚　bìnjiǎo
秉承—禀承　bǐngchéng
补丁—补钉、补靪　bǔding

C

参与—参预　cānyù
惨淡—惨澹　cǎndàn
差池—差迟　chāchí
掺和—搀和　chānhuo[①]
掺假—搀假　chānjiǎ
掺杂—搀杂　chānzá
铲除—刬除　chǎnchú
徜徉—倘佯　chángyáng

①“掺”“搀”实行分工：“掺”表混合义，“搀”表搀扶义。

车厢—车箱　chēxiāng
彻底—澈底　chèdǐ
沉思—沈思　chénsī[①]
称心—趁心　chènxīn
成分—成份　chéngfèn
澄澈—澄彻　chéngchè
侈靡—侈糜　chǐmí
筹划—筹画　chóuhuà
筹码—筹马　chóumǎ
踌躇—踌蹰　chóuchú
出谋划策—出谋画策　chūmóu-huàcè
喘吁吁—喘嘘嘘　chuǎnxūxū
瓷器—磁器　cíqì
赐予—赐与　cìyǔ
粗鲁—粗卤　cūlǔ

D

搭档—搭当、搭挡　dādàng
搭讪—搭赸、答讪　dāshàn
答复—答覆　dáfù
戴孝—带孝　dàixiào
担心—耽心　dānxīn
担忧—耽忧　dānyōu
耽搁—担搁　dānge
淡泊—澹泊　dànbó
淡然—澹然　dànrán
倒霉—倒楣　dǎoméi
低回—低徊　dīhuí[②]
凋敝—雕敝、雕弊　diāobì[③]
凋零—雕零　diāolíng
凋落—雕落　diāoluò
凋谢—雕谢　diāoxiè

---

① “沉”本为“沈”的俗体，后来“沉”字成了通用字，与“沈”并存并用，并形成了许多异形词，如“沉没——沈没|沉思——沈思|深沉——深沈”等。现在“沈”只读 shěn，用于姓氏。地名沈阳的“沈”是“瀋”的简化字。表示“沉没”及其引申义，现在一般写作“沉”，读 chén。

②《普通话异读词审音表》审定“徊”统读 huái。“低回”一词只读 dīhuí，不读 dīhuái。

③ “凋”“雕”古代通用，1955 年《第一批异体字整理表》曾将“凋”作为“雕”的异体字予以淘汰。1988 年《现代汉语通用字表》确认“凋”为规范字，表示“凋谢”及其引申义。

跌宕—跌荡　diēdàng
跌跤—跌交　diējiāo
喋血—蹀血　diéxuè
叮咛—丁宁　dīngníng
订单—定单　dìngdān[①]
订户—定户　dìnghù
订婚—定婚　dìnghūn
订货—定货　dìnghuò
订阅—定阅　dìngyuè
斗拱—枓拱、枓栱　dǒugǒng
逗留—逗遛　dòuliú
逗趣儿—斗趣儿　dòuqùr
独角戏—独脚戏　dújiǎoxì
端午—端五　duānwǔ

E

二黄—二簧　èrhuáng
二心—贰心　èrxīn

F

发酵—酦酵　fājiào
发人深省—发人深醒　fārén-shēnxǐng
繁衍—蕃衍　fányǎn
吩咐—分付　fēnfù
分量—份量　fènliàng
分内—份内　fènnèi
分外—份外　fènwài
分子—份子　fènzǐ[②]
愤愤—忿忿　fènfèn
丰富多彩—丰富多采　fēngfù-duōcǎi
风瘫—疯瘫　fēngtān
疯癫—疯颠　fēngdiān

---

① “订”“定”二字中古时本不同音，演变为同音字后，才在“预先约定”的义项上通用，形成了一批异形词。不过近几十年二字在此共同义项上又发生了细微的分化：“订”多指事先经过双方商讨的，只是约定，并非确定不变的；“定”侧重在确定，不轻易变动。故有些异形词现已分化为近义词，但本表所列的“订单——定单”等仍为全等异形词，应依据通用性原则予以规范。

② 此词是指属于一定阶级、阶层、集团或具有某种特征的人，如“地主～|知识～|先进～”。与分母相对的“分子”、由原子构成的“分子”（读 fēnzǐ）、凑份子送礼的“份子”（读 fènzi），音、义均不同，不可混淆。

锋芒—锋铓　fēngmáng
服侍—伏侍、服事　fúshi
服输—伏输　fúshū
服罪—伏罪　fúzuì
负隅顽抗—负嵎顽抗　fùyú-wánkàng
附会—傅会　fùhuì
复信—覆信　fùxìn
覆辙—复辙　fùzhé

G

干预—干与　gānyù
告诫—告戒　gàojiè
耿直—梗直、鲠直　gěngzhí
恭维—恭惟　gōngwéi
勾画—勾划　gōuhuà
勾连—勾联　gōulián
孤苦伶仃—孤苦零丁　gūkǔ-língdīng
辜负—孤负　gūfù
古董—骨董　gǔdǒng
股份—股分　gǔfèn
骨瘦如柴—骨瘦如豺　gǔshòu-rúchái
关联—关连　guānlián
光彩—光采　guāngcǎi
归根结底—归根结柢　guīgēn-jiédǐ
规诫—规戒　guījiè
鬼哭狼嚎—鬼哭狼嗥　guǐkū-lángháo
过分—过份　guòfèn

H

蛤蟆—虾蟆　háma
含糊—含胡　hánhu
含蓄—涵蓄　hánxù
寒碜—寒伧　hánchen
喝彩—喝采　hècǎi
喝倒彩—喝倒采　hèdàocǎi
轰动—哄动　hōngdòng
弘扬—宏扬　hóngyáng
红彤彤—红通通　hóngtōngtōng

宏论—弘论 hónglùn
宏图—弘图、鸿图 hóngtú
宏愿—弘愿 hóngyuàn
宏旨—弘旨 hóngzhǐ
洪福—鸿福 hóngfú
狐臭—胡臭 húchòu
蝴蝶—胡蝶 húdié
糊涂—胡涂 hútu
琥珀—虎魄 hǔpò
花招—花着 huāzhāo
划拳—豁拳、搳拳 huáquán
恍惚—恍忽 huǎnghū
辉映—晖映 huīyìng
溃脓—殨脓 huìnóng
浑水摸鱼—混水摸鱼 húnshuǐ-mōyú
伙伴—火伴 huǒbàn

J

机灵—机伶 jīling
激愤—激忿 jīfèn
计划—计画 jìhuà
纪念—记念 jìniàn
寄予—寄与 jìyǔ
夹克—茄克 jiākè
嘉宾—佳宾 jiābīn
驾驭—驾御 jiàyù
架势—架式 jiàshi
嫁妆—嫁装 jiàzhuang
简练—简炼 jiǎnliàn
骄奢淫逸—骄奢淫佚 jiāoshē-yínyì
角门—脚门 jiǎomén
狡猾—狡滑 jiǎohuá
脚跟—脚根 jiǎogēn
叫花子—叫化子 jiàohuāzi
精彩—精采 jīngcǎi
纠合—鸠合 jiūhé
纠集—鸠集 jiūjí
就座—就坐 jiùzuò

角色—脚色　juésè

K

克期—刻期　kèqī
克日—刻日　kèrì
刻画—刻划　kèhuà
阔佬—阔老　kuòlǎo

L

褴褛—蓝缕　lánlǚ
烂漫—烂缦、烂熳　lànmàn
狼藉—狼籍　lángjí
榔头—狼头、鎯头　lángtou
累赘—累坠　léizhui
黧黑—黎黑　líhēi
连贯—联贯　liánguàn
连接—联接　liánjiē
连绵—联绵　liánmián[①]
连缀—联缀　liánzhuì
联结—连结　liánjié
联袂—连袂　liánmèi
联翩—连翩　liánpiān
踉跄—踉蹡　liàngqiàng
嘹亮—嘹喨　liáoliàng
缭乱—撩乱　liáoluàn
伶仃—零丁　língdīng
囹圄—囹圉　língyǔ
溜达—蹓跶　liūda
流连—留连　liúlián
喽啰—喽罗、偻㑩　lóuluó
鲁莽—卤莽　lǔmǎng
录像—录象、录相　lùxiàng
络腮胡子—落腮胡子　luòsāi-húzi
落寞—落漠、落莫　luòmò

---

①“联绵字”“联绵词”中的“联”不能改写为“连”。

M

麻痹—痲痹　mábì
麻风—痲风　máfēng
麻疹—痲疹　mázhěn
马蜂—蚂蜂　mǎfēng
马虎—马糊　mǎhu
门槛—门坎　ménkǎn
靡费—糜费　mífèi
绵连—绵联　miánlián
腼腆—靦覥　miǎntiǎn
模仿—摹仿　mófǎng
模糊—模胡　móhu
模拟—摹拟　mónǐ
摹写—模写　móxiě
摩擦—磨擦　mócā
摩拳擦掌—磨拳擦掌　móquán-cāzhǎng
磨难—魔难　mónàn
脉脉—眽眽　mòmò
谋划—谋画　móuhuà

N

那么—那末　nàme
内讧—内哄　nèihòng
凝练—凝炼　níngliàn
牛仔裤—牛崽裤　niúzǎikù
纽扣—钮扣　niǔkòu

P

扒手—掱手　páshǒu
盘根错节—蟠根错节　pángēn-cuòjié
盘踞—盘据、蟠踞、蟠据　pánjù
盘曲—蟠曲　pánqū
盘陀—盘陁　pántuó
磐石—盘石、蟠石　pánshí
蹒跚—盘跚　pánshān
彷徨—旁皇　pánghuáng
披星戴月—披星带月　pīxīng-dàiyuè

疲沓—疲塌　píta
漂泊—飘泊　piāobó
漂流—飘流　piāoliú
飘零—漂零　piāolíng
飘摇—飘飖　piāoyáo
凭空—平空　píngkōng

Q

牵连—牵联　qiānlián
憔悴—蕉萃　qiáocuì
清澈—清彻　qīngchè
情愫—情素　qíngsù
拳拳—惓惓　quánquán
劝诫—劝戒　quànjiè

R

热乎乎—热呼呼　rèhūhū
热乎—热呼　rèhu
热衷—热中　rèzhōng
人才—人材　réncái
日食—日蚀　rìshí
入座—入坐　rùzuò

S

色彩—色采　sècǎi
杀一儆百—杀一警百　shāyī-jǐngbǎi
鲨鱼—沙鱼　shāyú
山楂—山查　shānzhā
舢板—舢舨　shānbǎn
艄公—梢公　shāogōng
奢靡—奢縻　shēmí
申雪—伸雪　shēnxuě
神采—神彩　shéncǎi
湿漉漉—湿渌渌　shīlùlù
什锦—十锦　shíjǐn
收服—收伏　shōufú
首座—首坐　shǒuzuò
书简—书柬　shūjiǎn

双簧—双镄　shuānghuáng
思维—思惟　sīwéi
死心塌地—死心踏地　sǐxīn-tādì

T

踏实—塌实　tāshi
甜菜—菾菜　tiáncài
铤而走险—挺而走险　tǐng'érzǒuxiǎn
透彻—透澈　tòuchè
图像—图象　túxiàng
推诿—推委　tuīwěi

W

玩意儿—玩艺儿　wányìr
魍魉—蝄蜽　wǎngliǎng
诿过—委过　wěiguò
乌七八糟—污七八糟　wūqībāzāo
无动于衷—无动于中　wúdòngyúzhōng
毋宁—无宁　wúnìng
毋庸—无庸　wúyōng
五彩缤纷—五采缤纷　wǔcǎi-bīnfēn
五劳七伤—五痨七伤　wǔláo-qīshāng

X

息肉—瘜肉　xīròu
稀罕—希罕　xīhan
稀奇—希奇　xīqí
稀少—希少　xīshǎo
稀世—希世　xīshì
稀有—希有　xīyǒu
翕动—噏动　xīdòng
洗练—洗炼　xǐliàn
贤惠—贤慧　xiánhuì
香醇—香纯　xiāngchún
香菇—香菰　xiānggū
相貌—像貌　xiàngmào
潇洒—萧洒　xiāosǎ
小题大做—小题大作　xiǎotí-dàzuò

卸载—卸儎　xièzài
信口开河—信口开合　xìnkǒu-kāihé
惺忪—惺松　xīngsōng
秀外慧中—秀外惠中　xiùwài-huìzhōng
序文—叙文　xùwén
序言—叙言　xùyán
训诫—训戒　xùnjiè

Y

压服—压伏　yāfú
押韵—压韵　yāyùn
鸦片—雅片　yāpiàn
扬琴—洋琴　yángqín
要么—要末　yàome
夜宵—夜消　yèxiāo
一锤定音—一槌定音　yīchuí-dìngyīn
一股脑儿—一古脑儿　yīgǔnǎor
衣襟—衣衿　yījīn
衣着—衣著　yīzhuó
义无反顾—义无返顾　yìwúfǎngù
淫雨—霪雨　yínyǔ
盈余—赢余　yíngyú
影像—影象　yǐngxiàng
余晖—余辉　yúhuī
渔具—鱼具　yújù
渔网—鱼网　yúwǎng
与会—预会　yùhuì
与闻—预闻　yùwén
驭手—御手　yùshǒu
预备—豫备　yùbèi ①
原来—元来　yuánlái
原煤—元煤　yuánméi
原原本本—源源本本、元元本本　yuányuán-běnběn
缘故—原故　yuángù
缘由—原由　yuányóu

---

① “预”“豫”二字，古代在“预先”的意义上通用，故形成了“预备——豫备|预防——豫防|预感——豫感|预期——豫期”等20多组异形词。现在此义项已完全由“预”承担。但考虑到鲁迅等名家习惯用“豫”，他们的作品影响深远，故列出一组特作说明。

月食—月蚀　yuèshí
月牙—月芽　yuèyá
芸豆—云豆　yúndòu

Z

杂沓—杂遝　zátà
再接再厉—再接再砺　zàijiē-zàilì
崭新—斩新　zhǎnxīn
辗转—展转　zhǎnzhuǎn
战栗—颤栗　zhànlì ①
账本—帐本　zhàngběn ②
折中—折衷　zhézhōng
这么—这末　zhème
正经八百—正经八摆　zhèngjīng-bābǎi
芝麻—脂麻　zhīma
肢解—支解、枝解　zhījiě
直截了当—直捷了当、直接了当　zhíjié-liǎodàng
指手画脚—指手划脚　zhǐshǒu-huàjiǎo
周济—赒济　zhōujì
转悠—转游　zhuànyou
装潢—装璜　zhuānghuáng
孜孜—孳孳　zīzī
姿势—姿式　zīshì
仔细—子细　zǐxì
自个儿—自各儿　zìgěr
佐证—左证　zuǒzhèng

---

①“颤”有两读，读 zhàn 时，表示人发抖，与“战”相通；读 chàn 时，主要表物体轻微振动，也可表示人发抖，如“颤动”既可用于物，也可用于人。什么时候读 zhàn，什么时候读 chàn，很难从意义上把握，统一写作“颤”必然会给读音带来一定困难，故宜根据目前大多数人的习惯读音来规范词形，以利于稳定读音，避免混读。如“颤动、颤抖、颤巍巍、颤音、颤悠、发颤”多读 chàn，写作“颤”；“战栗、打冷战、打战、胆战心惊、冷战、寒战”等词习惯多读 zhàn，写作“战”。

②“账”是“帐”的分化字。古人常把账目记于布帛上悬挂起来以利保存，故称日用的账目为“帐”。后来为了与帷帐分开，另造形声字“账”，表示与钱财有关。“账”“帐”并存并用后，形成了几十组异形词。《简化字总表》《现代汉语通用字表》中“账”“帐”均收，可见主张分化。二字分工如下：“账”用于货币和货物出入的记载、债务等，如“账本、报账、借账、还账”等；“帐”专表用布、纱、绸子等制成的遮蔽物，如“蚊帐、帐篷、青纱帐（比喻用法）”等。

附：含有非规范字的异形词①

抵触（*牴触） dǐchù
抵牾（*牴牾） dǐwǔ
喋血（*啑血） diéxuè
仿佛（彷*彿、*髣*髴） fǎngfú
飞扬（飞*颺） fēiyáng
氛围（*雰围） fēnwéi
构陷（*搆陷） gòuxiàn
浩渺（浩*淼） hàomiǎo
红果儿（红*菓儿） hóngguǒr
胡同（*衚*衕） hútòng
糊口（*餬口） húkǒu
蒺藜（蒺*蔾） jílí
家伙（*傢伙） jiāhuo
家具（*傢具） jiājù
家什（*傢什） jiāshi
侥幸（*傲*倖、徼*倖） jiǎoxìng
局促（*侷促、*跼促） júcù
撅嘴（*噘嘴） juēzuǐ
克期（*剋期） kèqī
空蒙（空*濛） kōngméng
昆仑（*崑*崙） kūnlún
劳动（劳*働） láodòng
绿豆（*菉豆） lǜdòu
马扎（马*劄） mǎzhá
蒙眬（*矇眬） ménglóng
蒙蒙（*濛*濛） méngméng
弥漫（*瀰漫） mímàn
弥蒙（*瀰*濛） míméng
迷蒙（迷*濛） míméng
渺茫（*淼茫） miǎománg
飘扬（飘*颺） piāoyáng
憔悴（*顦*顇） qiáocuì
轻扬（轻*颺） qīngyáng
水果（水*菓） shuǐguǒ
趟地（*蹚地） tāngdì
趟浑水（*蹚浑水） tānghúnshuǐ
趟水（*蹚水） tāngshuǐ
纨绔（纨*袴） wánkù
丫杈（*椏杈） yāchà
丫枝（*椏枝） yāzhī
殷勤（*慇*懃） yīnqín
札记（*劄记） zhájì
枝丫（枝*椏） zhīyā
跖骨（*蹠骨） zhígǔ

① 前面带有*的字为非规范字。

附录三：第二批异形词整理表（草案）①

中国版协校对研究委员会 中国语文报刊协会
国家语委异形词研究课题组 《咬文嚼字》编委会

关于试用新整理 264 组异形词规范词形的建议

教育部、国家语委发布《第一批异形词整理表》，受到了广大群众尤其是语文工作者的欢迎。2002 年 7 月 17 日，教育部、国家语委、新闻出版总署、国家广播电影电视总局、信息产业部和国家工商行政管理总局六部委联合发文要求在各自系统内认真贯彻执行。但是《第一批异形词整理表》仅对 338 组异形词进行规范，远远不能满足语文教学、报刊编辑、书籍出版、信息处理等实际工作的需要。

鉴于上述情况，中国版协校对研究委员会、中国语文报刊协会、国家语委异形词研究课题组、《咬文嚼字》编委会四单位，结合工作实践和群众反映，组织专家多次研讨，吸收前人研究成果，沿用整理《第一批异形词整理表》的方针、原则和方法，从通行辞书认定的异形词中抽选出一批群众较常使用、取舍倾向明显的，订成《264 组异形词整理表》（草案），先作为行业规范，从 2004 年 1 月起，在各自系统内试用。

我们希望听取更多的反馈意见，总结经验，对本表作进一步修订，供有关部门研制《第二批异形词整理表》参考。

每组异形词连接号前为选定的推荐词形，需要说明的问题，见表后注释。本表所收条目按首字的汉语拼音音序排列，同音的按笔画数由少到多排列。如有特殊读音或容易误读的，在条目后标注汉语拼音。

2003 年 8 月 15 日

① 原异形词研究课题组．异形词规范讨论集[M]．北京：华语教学出版社，2015.

264 组异形词整理表（草案）

A

安分守己—安份守己

暗渡陈仓—暗度陈仓

B

把式—把势

棒槌—棒棰、棒锤

报道—报导 bàodào—bàodǎo①

悖理—背理

笔芯—笔心

辩白—辨白

拨浪鼓—波浪鼓、泼浪鼓

般配—班配

曝光—暴光

悲愤—悲忿

比划—比画

筚路蓝缕—荜路蓝缕

辩词—辩辞②

部分—部份

C

菜籽—菜子③

策划—策画

唱功—唱工

撤销—撤消

吃里爬外—吃里扒外

串联—串连

辞令—词令

仓皇—仓惶、仓黄、仓遑

长年累月—常年累月

潮乎乎—潮呼呼、潮忽忽

承上启下—承上起下

踟蹰—踟躇

词汇—辞汇

D

耷拉—搭拉

嗒嗒—哒哒

搭理—答理 dāli

褡裢—搭裢、搭连、褡连、褡联

---

① “报导”的“导”旧读 dào，“报导”和“报道”同音，意义完全相同。1985 年《普通话异读词审音表》确定“导”统读 dǎo，才出现二者读音的分化。

② “词”“辞”，在表示词语和话语时古代通用，故形成了一系列异形复合词。现在表示词语和一般话语多用“词”，如“辩词、词汇、大放厥词、悼词、遁词、贺词、夸大其词、判词、遣词、闪烁其词、誓词、题词”等；表示交际场合得体的言语多用“辞”，如“辞令”等。

③ “籽”是“子”的分化字。古汉语中“子”除表示孩子等意义外，还表示种子；“籽”专指某些植物的种子。“子”“籽”并存并用后，形成了多组异形词。《现代汉语通用字表》“子”“籽”并收，可见二字应有所分工。根据人们的使用习惯，“子”指孩子、儿子等意义，也可泛指与植物种子有关的器官（如“子房”等）；“籽”专指植物的种子，如“棉籽、菜籽、籽棉”等。但作为食品的“瓜子”（口语中儿化为 guāzir）不写作“瓜籽”。

打冷战—打冷颤 dǎlěngzhan[①]
当当—铛铛
倒腾—捣腾
得意洋洋—得意扬扬
嘀里嘟噜—滴里嘟噜
调换—掉换
丢三落四—丢三拉四
遁词—遁辞
大放厥词—大放厥辞
当作—当做[②]
悼词—悼辞
灯芯—灯心[③]
调包—掉包
盯梢—钉梢
冬不拉—东不拉
哆嗦—哆唆

E

峨眉山—峨嵋山

F

发愣—发楞
反复—反覆
愤怒—忿怒
浮屠—浮图
福分—福份
赋予—赋与
幡然醒悟—翻然醒悟
愤恨—忿恨
夫唱妇随—夫倡妇随
辐辏—辐凑
俯首帖耳—俯首贴耳

G

胳肢窝—夹肢窝
咯噔—格登
哽咽—梗咽
勾勒—钩勒
够呛—够戗
轱辘—轱轳、毂辘
故伎—故技
呱呱叫—刮刮叫
干吗—干嘛
根底—根抵
宫廷—宫庭
钩针—勾针
孤零零—孤另另、孤伶伶
故步自封—固步自封
痼疾—锢疾、固疾

---

① 《第一批异形词整理表》已对“战”与“颤”构成的异形词作了注释说明，指出“颤动、颤抖、颤巍巍、颤音、颤悠、发颤”等词中的“颤”读作 chàn；“战栗、打战、打冷战、胆战心惊、冷战、寒战”等词中表示人发抖意义的“颤”读作 zhàn，写作“战”。此处“打冷战”的“战”读轻声 zhan，跟读四声 zhàn 的同形词意义不同。

② “做”是“作”的后起字。在“制作”“从事某种活动”等义项上与“作”通用。但在现实应用中已逐渐分化：“作”多用于抽象对象或不产生实物的活动，动作性较弱；“做”侧重于具体对象或产生实物的活动，动作性较强。据此，对“当作—当做”“看作—看做”“装聋作哑—装聋做哑”“装作—装做”“作弊—做弊”“作美—做美”“作弄—做弄”“作声—做声”“作秀—做秀”等组异形词进行了整理。

③ “芯”是“心”的分化字，特指某些植物或圆形物体的条状形中心部分。故对相关的异形词作了整理，如“灯芯”（包括“灯芯草”“灯芯绒”）“气门芯”“笔芯”等都宜用“芯”。

H

哈腰—呵腰
号啕—嚎啕、号咷、嚎咷
和事佬—和事老
黑咕隆咚—黑鼓隆咚、黑古龙冬
哄堂大笑—轰堂大笑
洪亮—宏亮
花里胡哨—花狸狐哨
花销—花消
浑身—混身
寒战—寒颤
好高骛远—好高务远
贺词—贺辞
黑压压—黑鸦鸦
哄笑—轰笑
呼哧—呼蚩、呼嗤、呼吃
花哨—花梢、花稍
皇历—黄历
混沌—浑沌

J

辑佚—辑逸
纪录片—记录片
茧子—趼子[①]
脚丫子—脚鸭子
较真—叫真
警醒—警省
倔强—倔犟
给予—给与
纪要—记要
交代—交待
脚趾—脚指
精华—菁华
酒盅—酒钟

K

开销—开消
看作—看做
宽宏大量—宽洪大量
侃大山—砍大山
夸大其词—夸大其辞

L

老茧—老趼
乐滋滋—乐孜孜
伶牙俐齿—伶牙利齿
遛弯儿—蹓弯儿
螺纹—罗纹
乐呵呵—乐和和
厉害—利害 lìhai[②]
流言蜚语—流言飞语
乱哄哄—乱烘烘

---

① 二者的词义是包孕关系。“趼”是老茧的本字，因其状如蚕茧，人们常用“茧”字代替。今“趼”字几乎不用，故以“茧子”“老茧”为推荐词形。

② 在难以对付或忍受、剧烈、凶猛等意义上，二者音义相同。当“利害”不读轻声，读作 lìhài 时，表示事物“利”和“害”的两个方面，为另一个词。

M

漫道—慢道
漫说—慢说
毛骨悚然—毛骨耸然、毛骨竦然
贸然—冒然
棉籽—棉子
渺小—藐小
藐视—渺视
邈远—渺远
冥冥—溟溟
模棱两可—摸棱两可
秣马厉兵—秣马利兵、秣马砺兵
木樨—木犀

N

闹哄哄—闹轰轰、闹烘烘
黏稠—粘稠①
黏糊—粘糊
黏土—粘土
黏性—粘性
黏液—粘液
念叨—念道 niàndao
暖乎乎—暖呼呼

P

爬犁—扒犁
判词—判辞
皮黄—皮簧
剽悍—慓悍
缥缈—飘渺、漂渺、飘眇、飘邈
平白无故—凭白无故
匍匐—匍伏

Q

启程—起程
起锚—启锚
起讫—起迄
气门芯—气门心
迁就—牵就
遣词—遣辞
枪支—枪枝
情分—情份
屈服—屈伏
取消—取销
雀斑—雀瘢

R

热辣辣—热剌剌
如雷贯耳—如雷灌耳

S

散佚—散逸
砂锅—沙锅

① “粘”字两读，一读 nián，一读 zhān。1955 年《第一批异体字整理表》将“黏”作为“粘”的异体字淘汰，1988 年《现代汉语通用字表》确认“黏”为规范字。这样，二者基本有了分工：“黏”读 nián，指胶水或糨糊之类物质所具有的黏糊性质；“粘”读 zhān，指使物体附着在另一个物体上。据此，在“黏稠—粘稠”“黏糊—粘糊”“黏土—粘土”“黏液—粘液”等组异形词中，宜用“黏”。

砂壶—沙壶
砂浆—沙浆
砂糖—沙糖
煞风景—杀风景
煞尾—杀尾
霎时—刹时
山巅—山颠
煽风点火—扇风点火
闪烁其词—闪烁其辞
尚方宝剑—上方宝剑
深省—深醒
什么—甚么
神父—神甫
省份—省分
拾遗补缺—拾遗补阙
仕女画—士女画
视域—视阈
誓词—誓辞
授予—授与
摔跤—摔交
水分—水份
水涨船高—水长船高
思辨—思辩
死乞白赖—死气白赖
夙愿—宿愿
素来—夙来
宿敌—夙敌
宿儒—夙儒
宿怨—夙怨

T

体己—梯己 tīji
题词—题辞
倜傥—俶傥
瞳仁—瞳人
褪色—退色
托付—托咐

W

玩耍—顽耍
顽皮—玩皮
唯独—惟独[①]
唯恐—惟恐
唯利是图—惟利是图
唯命是从—惟命是从
唯其—惟其
唯我独尊—惟我独尊
唯一—惟一
唯有—惟有
委顿—萎顿
委婉—委宛
诿罪—委罪
萎靡—委靡
萎谢—委谢
文采—文彩[②]
无精打采—无精打彩
无上—无尚

① “唯”本表示应答的声音，如“唯唯诺诺”。“惟”本是动词，表示思考、想，如“伏惟”。二字都借作副词，都表示“仅”“只有”的意思。于是“唯”“惟”构成了一批异形词，从现代汉语使用的情况看，用“唯”的词频高。

② “彩”是“采”的后起字，古义相通，今已分化。“彩”的意义较实在，指具体的颜色，而“采”多用于比较抽象的引申意义。据此，把“文采”“兴高采烈”“无精打采”定为推荐词形。

X

唏嘘—欷歔
喜滋滋—喜孜孜
陷阱—陷井
项链—项练
消歇—销歇
销魂—消魂
兴高采烈—兴高彩烈
雄赳赳—雄纠纠
漩涡—旋涡
熏陶—薰陶

Y

丫环—丫鬟
押宝—压宝
哑巴—哑吧、哑叭
言不由衷—言不由中
邀功—要功 yāogōng
一唱百和—一倡百和
一塌糊涂—一踏糊涂、一榻糊涂
一厢情愿—一相情愿
引申—引伸
硬邦邦—硬梆梆、硬帮帮
鱼汛—渔汛[①]
渔鼓—鱼鼓
约摸—约莫
陨落—殒落

Z

在座—在坐
糟蹋—糟踏、糟塌
张皇—张惶
照相—照像
珍馐—珍羞
真相—真象[②]
支吾—枝梧、枝捂
装聋作哑—装聋做哑
装束—妆束
装作—装做
仔畜—子畜
仔猪—子猪
籽粒—子粒
籽棉—子棉
籽实—子实
走漏—走露
作弊—做弊
作美—做美
作弄—做弄
作声—做声
作秀—做秀
坐落—座落
座次—坐次
座位—坐位

---

① “鱼”古代有捕鱼的意思，“鱼”“渔”相通，以致时有混用。今“鱼”字已没有动词用法。“鱼汛—渔讯”指某些鱼类成群大量出现的时期，故以“鱼汛”为推荐词形。捕鱼工具的“渔具”“渔网”（已见《第一批异形词整理表》）、打击乐器的“渔鼓”等词语中的“渔”为动作方式，不宜写作“鱼”。

② “真相”源于佛教用语，犹言本来面目，引申指事情的真实情况，与“假象”并不构成严格的反义关系，且通用性占绝对优势。根据通用性和理据性原则，宜以“真相”为推荐词形。

附录四：标点符号国家标准

ICS 01.140.10
A 19

GB

中 华 人 民 共 和 国 国 家 标 准

GB/T 15834——2011
代替 GB/T15834——1995

标 点 符 号 用 法

General rules for puctuation

2011-12-30 发布 **2012-06-01 实施**

中华人民共和国国家质量监督检验检疫总局
中 国 国 家 标 准 化 管 理 委 员 会 发布

目　　次

前　言

本标准按照 GB/T 1.1—2009 给出的规则起草。

本标准代替 GB/T 15834—1995，与 GB/T 15834—1995 相比，主要变化如下：

——根据我国国家标准编写规则（GB/T 1.1—2009），对本标准的编排和表述做了全面修改；

——更换了大部分示例，使之更简短、通俗、规范；

——增加了对术语“标点符号”和“语段”的定义（2.1/2.5）；

——对术语“复句”和“分句”的定义做了修改（2.3/2.4）；

——对句末点号（句号、问号、叹号）的定义做了修改，更强调句末点号与句子语气之间的关系（4.1.1/4.2.1/4.3.1）；

——对逗号的基本用法做了补充（4.4.3）；

——增加了不同形式括号用法的示例（4.9.3）；

——省略号的形式统一为六连点“……”，但在特定情况下允许连用（4.11）；

——取消了连接号中原有的二字线，将连接号形式规范为短横线“-”、一字线“—”和浪纹线“～”，并对三者的功能做了归并与划分（4.13）；

——明确了书名号的使用范围（4.15/A.13）；

——增加了分隔号的用法说明（4.17）；

——“标点符号的位置”一章的标题改为“标点符号的位置和书写形式”，并增加了使用中文输入软件处理标点符号时的相关规范（第 5 章）；

——增加了“附录”：附录 A 为规范性附录，主要说明标点符号不能怎样使用和对标点符号用法加以补充说明，以解决目前使用混乱或争议较大的问题。附录 B 为资料性附录，对功能有交叉的标点符号的用法做了区分，并对标点符号误用高发环境下的规范用法做了说明。

本标准由教育部语言文字信息管理司提出并归口。

本标准主要起草单位：北京大学。

本标准主要起草人：沈阳、刘妍、于泳波、翁姗姗。

本标准所代替标准的历次版本发布情况为：

——GB/T 15834—1995。

标点符号用法

1 范围

本标准规定了现代汉语标点符号的用法。

本标准适用于汉语的书面语（包括汉语和外语混合排版时的汉语部分）。

2 术语和定义

下列术语和定义适用于本文件。

2.1 标点符号 punctuation

辅助文字记录语言的符号，是书面语的有机组成部分，用来表示语句的停顿、语气以及标示某些成分（主要是词语）的特定性质和作用。

注：数学符号、货币符号、校勘符号、辞书符号、注音符号等特殊领域的专门符号不属于标点符号。

2.2 句子 sentence

前后都有较大停顿、带有一定的语气和语调、表达相对完整意义的语言单位。

2.3 复句 complex sentence

由两个或多个在意义上有密切关系的分句组成的语言单位，包括简单复句（内部只有一层语义关系）和多重复句（内部包含多层语义关系）。

2.4 分句 clause

复句内两个或多个前后有停顿、表达相对完整意义、不带有句末语气和语调、有的前面可添加关联词语的语言单位。

2.5 语段 expression

指语言片段，是对各种语言单位（如词、短语、句子、复句等）不做特别区分时的统称。

3 标点符号的种类

3.1 点号

点号的作用是点断，主要表示停顿和语气。分为句末点号和句内点号。

3.1.1 句末点号

用于句末的点号，表示句末停顿和句子的语气。包括句号、问号、叹号。

3.1.2 句内点号

用于句内的点号，表示句内各种不同性质的停顿。包括逗号、顿号、分号、冒号。

3.2 标号

标号的作用是标明，主要标示某些成分（主要是词语）的特定性质和作用。包括引号、括号、破折号、省略号、着重号、连接号、间隔号、书名号、专名号、分隔号。

4 标点符号的定义、形式和用法

4.1 句号

4.1.1 定义

句末点号的一种，主要表示句子的陈述语气。

4.1.2 形式

句号的形式是“。”。

4.1.3 基本用法

4.1.3.1 用于句子末尾，表示陈述语气。使用句号主要根据语段前后有较大停顿、带有陈述语气和语调，并不取决于句子的长短。

示例 1：北京是中华人民共和国的首都。

示例 2：（甲：咱们走着去吧？）乙：好。

4.1.3.2 有时也可表示较缓和的祈使语气和感叹语气。

示例 1：请您稍等一下。

示例 2：我不由地感到，这些普通劳动者也同样是很值得尊敬的。

4.2 问号

4.2.1 定义

句末点号的一种，主要表示句子的疑问语气。

4.2.2 形式

问号的形式是“？”。

4.2.3 基本用法

4.2.3.1 用于句子末尾，表示疑问语气（包括反问、设问等疑问类型）。使用问号主要根据语段前后有较大停顿、带有疑问语气和语调，并不取决于句子的长短。

示例 1：你怎么还不回家去呢？

示例 2：难道这些普通的战士不值得歌颂吗？

示例 3：（一个外国人，不远万里来到中国，帮助中国的抗日战争。）这是什么精神？这是国际主义的精神。

4.2.3.2 选择问句中，通常只在最后一个选项的末尾用问号，各个选项之间一般用逗号隔开。当选项较短且选项之间几乎没有停顿时，选项之间可不用逗号。当选项较多或较长，或有意突出每个选项的独立性时，也可每个选项之后都用问号。

示例 1：诗中记述的这场战争究竟是真实的历史描述，还是诗人的虚构？

示例 2：这是巧合还是有意安排？

示例 3：要一个什么样的结尾：现实主义的？传统的？大团圆的？荒诞的？民族形式的？有象征意义的？

示例 4：（他看着我的作品称赞了我。）但到底是称赞我什么：是有几处画得好？还是什么都敢画？抑或只是一种对于失败者的无可奈何的安慰？我不得而知。

示例 5：这一切都是由客观的条件造成的？还是由行为的惯性造成的？

4.2.3.3 在多个问句连用或表达疑问语气加重时，可叠用问号。通常应先单用，再叠用，最多叠用三个问号。在没有异常强烈的情感表达需要时不宜叠用问号。

示例：这就是你的做法吗？你这个总经理是怎么当的？？你怎么竟敢这样欺骗消费者？？？

4.2.3.4 问号也有标号的用法，即用于句内，表示存疑或不详。

示例 1：马致远（1250？—1321），大都人，元代戏曲家、散曲家。

示例 2：钟嵘（？—518），颍川长社人，南朝梁代文学批评家。

示例 3：出现这样的文字错误，说明作者（编者？校者？）很不认真。

4.3 叹号

4.3.1 定义

句末点号的一种，主要表示句子的感叹语气。

4.3.2 形式

叹号的形式是“！”。

4.3.3 基本用法

4.3.3.1 用于句子末尾，主要表示感叹语气，有时也可表示强烈的祈使语气、反问语气等。使用叹号主要根据语段前后有较大停顿、带有感叹语气和语调或带有强烈的祈使、反问语气和语调，并不取决于句子的长短。

示例 1：才一年不见，这孩子都长这么高啦！

示例 2：你给我住嘴！

示例 3：谁知道他今天是怎么搞的！

4.3.3.2 用于拟声词后，表示声音短促或突然。

示例 1：咔嚓！一道闪电划破了夜空。

示例 2：咚！咚咚！突然传来一阵急促的敲门声。

4.3.3.3 表示声音巨大或声音不断加大时，可叠用叹号；表达强烈语气时，也可叠用叹号，最多叠用三个叹号。在没有异常强烈的情感表达需要时不宜叠用叹号。

示例 1：轰！！在这天崩地塌的声音中，女娲猛然醒来。

示例 2：我要揭露！我要控诉！！我要以死抗争！！！

4.3.3.4 当句子包含疑问、感叹两种语气且都比较强烈时（如带有强烈感情的反问句和带有惊愕语气的疑问句），可在问号后再加叹号（问号、叹号各一）。

示例 1：这么点困难就能把我们吓倒吗？！

示例 2：他连这些最起码的常识都不懂，还敢说自己是高科技人才？！

4.4 逗号

4.4.1 定义

句内点号的一种，表示句子或语段内部的一般性停顿。

4.4.2 形式

逗号的形式是“，”。

4.4.3 基本用法

4.4.3.1 复句内各分句之间的停顿，除了有时用分号（见 4.6.3.1），一般都用逗号。

示例 1：不是人们的意识决定人们的存在，而是人们的社会存在决定人们的意识。

示例 2：学历史使人更明智，学文学使人更聪慧，学数学使人更精细，学考古使人更深沉。

示例 3：要是不相信我们的理论能反映现实，要是不相信我们的世界有内在和谐，那就不可能有科学。

4.4.3.2 用于下列各种语法位置：

a）较长的主语之后。

示例 1：苏州园林建筑各种门窗的精美设计和雕镂功夫，都令人叹为观止。

b） 句首的状语之后。

示例 2：在苍茫的大海上，狂风卷集着乌云。

c） 较长的宾语之前。

示例 3：有的考古工作者认为，南方古猿生存于上新世至更新世的初期和中期。

d） 带句内语气词的主语（或其他成分）之后，或带句内语气词的并列成分之间。

示例 4：他呢，倒是很乐意地、全神贯注地干起来了。

示例 5：（那是个没有月亮的夜晚。）可是整个村子——白房顶啦，白树木啦，雪堆啦，全看得见。

e） 较长的主语中间、谓语中间或宾语中间。

示例 6：母亲沉痛的诉说，以及亲眼见到的事实，都启发了我幼年时期追求真理的思想。

示例 7：那姑娘头戴一顶草帽，身穿一条绿色的裙子，腰间还系着一根橙色的腰带。

示例 8：必须懂得，对于文化传统，既不能不分青红皂白统统抛弃，也不能不管精华糟粕全盘继承。

f）前置的谓语之后或后置的状语、定语之前。

示例 9：真美啊，这条蜿蜒的林间小路。

示例 10：她吃力地站了起来，慢慢地。

示例 11：我只是一个人，孤孤单单的。

4.4.3.3 用于下列各种停顿处：

a）复指成分或插说成分前后。

示例 1：老张，就是原来的办公室主任，上星期已经调走了。

示例 2：车，不用说，当然是头等。

b） 语气缓和的感叹语、称谓语或呼唤语之后。

示例 3：哎哟，这儿，快给我揉揉。

示例 4：大娘，您到哪儿去啊？

示例 5：喂，你是哪个单位的？

c） 某些序次语（“第”字头、“其”字头及“首先”类序次语）之后。

示例 6：为什么许多人都有长不大的感觉呢？原因有三：第一，父母总认为自己比孩子成熟；第二，父母总要以自己的标准来衡量孩子；第三，父母出于爱心而总不想让孩子在成长的过程中走弯路。

示例 7：《玄秘塔碑》所以成为书法的范本，不外乎以下几方面的因素：其一，具有楷书点画、构体的典范性；其二，承上启下，成为唐楷的极致；其三，字如其人，爱人及字，柳公权高尚的书品、人品为后人所崇仰。

示例 8：下面从三个方面讲讲语言的污染问题：首先，是特殊语言环境中的语言污染问题；其次，是滥用缩略语引起的语言污染问题；再次，是空话和废话引起的语言污染问题。

4.5 顿号

4.5.1 定义

句内点号的一种，表示语段中并列词语之间或某些序次语之后的停顿。

4.5.2 形式

顿号的形式是“、”。

4.5.3 基本用法

4.5.3.1 用于并列词语之间。

示例 1：这里有自由、民主、平等、开放的风气和氛围。

示例 2：造型科学、技艺精湛、气韵生动，是盛唐石雕的特色。

4.5.3.2 用于需要停顿的重复词语之间。

示例：他几次三番、几次三番地辩解着。

4.5.3.3 用于某些序次语（不带括号的汉字数字或“天干地支”类序次语）之后。

示例 1：我准备讲两个问题：一、逻辑学是什么？二、怎样学好逻辑学？

示例 2：风格的具体内容主要有以下四点：甲、题材；乙、用字；丙、表达；丁、色彩。

4.5.3.4 相邻或相近两数字连用表示概数通常不用顿号。若相邻两数字连用为缩略形式，宜用顿号。

示例 1：飞机在 6 000 米高空水平飞行时，只能看到两侧八九公里和前方一二十公里范围内的地面。

示例 2：这种凶猛的动物常常三五成群地外出觅食和活动。

示例 3：农业是国民经济的基础，也是二、三产业的基础。

4.5.3.5 标有引号的并列成分之间、标有书名号的并列成分之间通常不用顿号。若有其他成分插在并列的引号之间或并列的书名号之间（如引语或书名号之后还有括注），宜用顿号。

示例 1：“日”“月”构成“明”字。

示例 2：店里挂着“顾客就是上帝”“质量就是生命”等横幅。

示例 3：《红楼梦》《三国演义》《西游记》《水浒传》，是我国长篇小说的四大名著。

示例 4：李白的“白发三千丈”（《秋浦歌》）、“朝如青丝暮成雪”（《将进酒》）都是脍炙人口的诗句。

示例 5：办公室里订有《人民日报》（海外版）、《光明日报》和《时代周刊》等报刊。

4.6 分号

4.6.1 定义

句内点号的一种，表示复句内部并列关系分句之间的停顿，以及非并列关系的多重复句中第一层分句之间的停顿。

4.6.2 形式

分号的形式是“；”。

4.6.3 基本用法

4.6.3.1 表示复句内部并列关系的分句（尤其当分句内部还有逗号时）之间的停顿。

示例 1：语言文字的学习，就理解方面说，是得到一种知识；就运用方面说，是养成一种习惯。

示例 2：内容有分量，尽管文章短小，也是有分量的；内容没有分量，即使写得再长也没有用。

4.6.3.2 表示非并列关系的多重复句中第一层分句（主要是选择、转折等关系）之间的停顿。

示例 1：人还没看见，已经先听见歌声了；或者人已经转过山头望不见了，歌声还余音袅袅。

示例 2：尽管人民革命的力量在开始时总是弱小的，所以总是受压的；但是由于革命的力量代表历史发展的方向，因此本质上又是不可战胜的。

示例 3：不管一个人如何伟大，也总是生活在一定的环境和条件下；因此，个人的见解总难免带有某种局限性。

示例 4：昨天夜里下了一场雨，以为可以凉快些；谁知没有凉快下来，反而更热了。

4.6.3.3 用于分项列举的各项之间。

示例：特聘教授的岗位职责为：一、讲授本学科的主干基础课程；二、主持本学科的重大科研项目；三、领导本学科的学术队伍建设；四、带领本学科赶超或保持世界先进水平。

4.7 冒号

4.7.1 定义

句内点号的一种，表示语段中提示下文或总结上文的停顿。

4.7.2 形式

冒号的形式是“：”。

4.7.3 基本用法

4.7.3.1 用于总说性或提示性词语（如“说”“例如”“证明”等）之后，表示提示下文。

示例 1：北京紫禁城有四座城门：午门、神武门、东华门和西华门。

示例 2：她高兴地说：“咱们去好好庆祝一下吧！”

示例 3：小王笑着点了点头：“我就是这么想的。”

示例 4：这一事实证明：人能创造环境，环境同样也能创造人。

4.7.3.2 表示总结上文。

示例：张华上了大学，李萍进了技校，我当了工人：我们都有美好的前途。

4.7.3.3 用在需要说明的词语之后，表示注释和说明。

示例 1：（本市将举办首届大型书市。）主办单位：市文化局；承办单位：市图书进出口公司；时间：8 月 15 日—20 日；地点：市体育馆观众休息厅。

示例 2：（做阅读理解题有两个办法。）办法之一：先读题干，再读原文，带着问题有针对性地读课文。办法之二：直接读原文，读完再做题，减少先入为主的干扰。

4.7.3.4 用于书信、讲话稿中称谓语或称呼语之后。

示例 1：广平先生：……

示例 2：同志们、朋友们：……

4.7.3.5 一个句子内部一般不应套用冒号。在列举式或条文式表述中，如不得不套用冒号时，宜另起段落来显示各个层次。

示例：第十条 遗产按照下列顺序继承：

第一顺序：配偶、子女、父母。

第二顺序：兄弟姐妹、祖父母、外祖父母。

4.8 引号

4.8.1 定义

标号的一种，标示语段中直接引用的内容或需要特别指出的成分。

4.8.2 形式

引号的形式有双引号“ “” ”和单引号“ ‘’ ”两种。左侧的为前引号，右侧的为后引号。

4.8.3 基本用法

4.8.3.1 标示语段中直接引用的内容。

示例：李白诗中就有“白发三千丈”这样极尽夸张的语句。

4.8.3.2 标示需要着重论述或强调的内容。

示例：这里所谓的“文”，并不是指文字，而是指文采。

4.8.3.3 标示语段中具有特殊含义而需要特别指出的成分，如别称、简称、反语等。

示例 1：电视被称作“第九艺术”。

示例 2：人类学上常把古人化石统称为尼安德特人，简称“尼人”。

示例 3：有几个“慈祥”的老板把捡来的菜叶用盐浸浸就算作工友的菜肴。

4.8.3.4 当引号中还需要使用引号时，外面一层用双引号，里面一层用单引号。

示例：他问：“老师，‘七月流火’是什么意思？”

4.8.3.5 独立成段的引文如果只有一段，段首和段尾都用引号；不止一段时，每段开头仅用前引号，只在最后一段末尾用后引号。

示例：我曾在报纸上看到有人这样谈幸福：

“幸福是知道自己喜欢什么和不喜欢什么。……

“幸福是知道自己擅长什么和不擅长什么。……

“幸福是在正确的时间做了正确的选择。……”

4.8.3.6 在书写带月、日的事件、节日或其他特定意义的短语（含简称）时，通常只标引其中的月和日；需要突出和强调该事件或节日本身时，也可连同事件或节日一起标引。

示例 1：“5・12”汶川大地震

示例 2：“五四”以来的话剧，是我国戏剧中的新形式。

示例 3：纪念“五四运动”90 周年

4.9 括号

4.9.1 定义

标号的一种，标示语段中的注释内容、补充说明或其他特定意义的语句。

4.9.2 形式

括号的主要形式是圆括号“（ ）”，其他形式还有方括号“［ ］”、六角括号“〔 〕”和方头括号“【 】”等。

4.9.3 基本用法

4.9.3.1 标示下列各种情况，均用圆括号：

a） 标示注释内容或补充说明。

示例 1：我校拥有特级教师（含已退休的）17 人。

示例 2：我们不但善于破坏一个旧世界，我们还将善于建设一个新世界！（热烈鼓掌）

b） 标示订正或补加的文字。

示例 3：信纸上用稚嫩的字体写着：“阿夷（姨），你好！”。

示例 4：该建筑公司负责的建设工程全部达到优良工程（的标准）。

c）标示序次语。

示例 5：语言有三个要素：（1）声音；（2）结构；（3）意义。

示例 6：思想有三个条件：（一）事理；（二）心理；（三）伦理。

d）标示引语的出处。

示例 7：他说得好："未画之前，不立一格；既画之后，不留一格。"（《板桥集·题画》）

e）标示汉语拼音注音。

示例 8："的（de）"这个字在现代汉语中最常用。

4.9.3.2 标示作者国籍或所属朝代时，可用方括号或六角括号。

示例 1：［英］赫胥黎《进化论与伦理学》

示例 2：〔唐〕杜甫著

4.9.3.3 报刊标示电讯、报道的开头，可用方头括号。

示例：【新华社南京消息】

4.9.3.4 标示公文发文字号中的发文年份时，可用六角括号。

示例：国发〔2011〕3 号文件

4.9.3.5 标示被注释的词语时，可用六角括号或方头括号。

示例 1：〔奇观〕奇伟的景象。

示例 2：【爱因斯坦】物理学家。生于德国，1933 年因受纳粹政权迫害，移居美国。

4.9.3.6 除科技书刊中的数学、逻辑公式外，所有括号（特别是同一形式的括号）应尽量避免套用。必须套用括号时，宜采用不同的括号形式配合使用。

示例：〔茸（róng）毛〕很细很细的毛。

4.10 破折号

4.10.1 定义

标号的一种，标示语段中某些成分的注释、补充说明或语音、意义的变化。

4.10.2 形式

破折号的形式是"——"。

4.10.3 基本用法

4.10.3.1 标示注释内容或补充说明（也可用括号，见 4.9.3.1；二者的区别另见 B.1.7）。

示例 1：一个矮小而结实的日本中年人——内山老板走了过来。

示例 2：我一直坚持读书，想借此唤起弟妹对生活的希望——无论环境多么困难。

4.10.3.2 标示插入语（也可用逗号，见 4.4.3.3）。

示例：这简直就是——说得不客气点——无耻的勾当！

4.10.3.3 标示总结上文或提示下文（也可用冒号，见 4.7.3.1、4.7.3.2）。

示例 1：坚强，纯洁，严于律己，客观公正——这一切都难得地集中在一个人身上。

示例 2：画家开始娓娓道来——

数年前的一个寒冬，……

4.10.3.4 标示话题的转换。

示例："好香的干菜，——听到风声了吗？"赵七爷低声说道。

4.10.3.5 标示声音的延长。

示例：“嘎——”传过来一声水禽被惊动的鸣叫。

4.10.3.6 标示话语的中断或间隔。

示例 1：“班长他牺——”小马话没说完就大哭起来。

示例 2：“亲爱的妈妈，你不知道我多爱您。——还有你，我的孩子！”

4.10.3.7 标示引出对话。

示例：——你长大后想成为科学家吗？

——当然想了！

4.10.3.8 标示事项列举分承。

示例：根据研究对象的不同，环境物理学分为以下五个分支学科：

——环境声学；

——环境光学；

——环境热学；

——环境电磁学；

——环境空气动力学。

4.10.3.9 用于副标题之前。

示例：飞向太平洋

——我国新型号运载火箭发射目击记

4.10.3.10 用于引文、注文后，标示作者、出处或注释者。

示例 1：先天下之忧而忧，后天下之乐而乐。

——范仲淹

示例 2：乐浪海中有倭人，分为百余国。

——《汉书》

示例 3：很多人写好信后把信笺折成方胜形，我看大可不必。（方胜，指古代妇女戴的方形首饰，用彩绸等制作，由两个斜方部分叠合而成。——编者注）

4.11 省略号

4.11.1 定义

标号的一种，标示语段中某些内容的省略及意义的断续等。

4.11.2 形式

省略号的形式是“……”。

4.11.3 基本用法

4.11.3.1 标示引文的省略。

示例：我们齐声朗诵起来：“……俱往矣，数风流人物，还看今朝。”

4.11.3.2 标示列举或重复词语的省略。

示例 1：对政治的敏感，对生活的敏感，对性格的敏感，……这都是作家必须要有的素质。

示例 2：他气得连声说：“好，好……算我没说。”

4.11.3.3 标示语意未尽。

示例 1：在人迹罕至的深山密林里，假如突然看见一缕炊烟，……

示例 2：你这样干，未免太……！

4.11.3.4 标示说话时断断续续。

示例：她磕磕巴巴地说："可是……太太……我不知道……你一定是认错了。"

4.11.3.5 标示对话中的沉默不语。

示例："还没结婚吧？"

"……"他飞红了脸，更加忸怩起来。

4.11.3.6 标示特定的成分虚缺。

示例：只要……就……

4.11.3.7 在标示诗行、段落的省略时，可连用两个省略号（即相当于十二连点）。

示例 1：从隔壁房间传来缓缓而抑扬顿挫的吟咏声——

床前明月光，疑是地上霜。

…………

示例 2：该刊根据工作质量、上稿数量、参与程度等方面的表现，评选出了高校十佳记者站。还根据发稿数量、提供新闻线索情况以及对刊物的关注度等，评选出了十佳通讯员。

…………

4.12 着重号

4.12.1 定义

标号的一种，标示语段中某些重要的或需要指明的文字。

4.12.2 形式

着重号的形式是"."标注在相应文字的下方。

4.12.3 基本用法

4.12.3.1 标示语段中重要的文字。

示例 1：诗人需要表现，而不是证明。

示例 2：下面对本文的理解，不正确的一项是：……

4.12.3.2 标示语段中需要指明的文字。

示例：下边加点的字，除了在词中的读法外，还有哪些读法？

着急　子弹　强调

4.13 连接号

4.13.1 定义

标号的一种，标示某些相关联成分之间的连接。

4.13.2 形式

连接号的形式有短横线"-"、一字线"—"和浪纹线"～"三种。

4.13.3 基本用法

4.13.3.1 标示下列各种情况，均用短横线：

a）化合物的名称或表格、插图的编号。

示例 1：3-戊酮为无色液体，对眼及皮肤有强烈刺激性。

示例 2：参见下页表 2-8、表 2-9。

b） 连接号码，包括门牌号码、电话号码，以及用阿拉伯数字表示年月日等。

示例 3：安宁里东路 26 号院 3-2-11 室

示例 4：联系电话：010-88842603

示例 5：2011-02-15

c） 在复合名词中起连接作用。

示例 6：吐鲁番-哈密盆地

d） 某些产品的名称和型号。

示例 7：WZ-10 直升机具有复杂天气和夜间作战的能力。

e） 汉语拼音、外来语内部的分合。

示例 8：shuōshuō-xiàoxiào（说说笑笑）

示例 9：盎格鲁-撒克逊人

示例 10：让-雅克·卢梭（“让-雅克”为双名）

示例 11：皮埃尔·孟戴斯-弗朗斯（“孟戴斯-弗朗斯”为复姓）

4.13.3.2 标示下列各种情况，一般用一字线，有时也可用浪纹线：

a） 标示相关项目（如时间、地域等）的起止。

示例 1：沈括（1031—1095），宋朝人。

示例 2：2011 年 2 月 3 日—10 日

示例 3：北京—上海特别旅客快车

b） 标示数值范围（由阿拉伯数字或汉字数字构成）的起止。

示例 4：25～30 g

示例 5：第五～八课

4.14 间隔号

4.14.1 定义

标号的一种，标示某些相关联成分之间的分界。

4.14.2 形式

间隔号的形式是“·”。

4.14.3 基本用法

4.14.3.1 标示外国人名或少数民族人名内部的分界。

示例 1：克里斯蒂娜·罗塞蒂

示例 2：阿依古丽·买买提

4.14.3.2 标示书名与篇（章、卷）名之间的分界。

示例：《淮南子·本经训》

4.14.3.3 标示词牌、曲牌、诗体名等和题名之间的分界。

示例 1：《沁园春·雪》

示例 2：《天净沙·秋思》

示例 3：《七律·冬云》

4.14.3.4 用在构成标题或栏目名称的并列词语之间。

示例 4：《天·地·人》

4.14.3.5 以月、日为标志的事件或节日，用汉字数字表示时，只在一、十一和十二月后用间隔号；当直接用阿拉伯数字表示时，月、日之间均用间隔号（半角字符）。

示例 1：“九一八”事变“五四”运动

示例 2：“一·二八”事变“一二·九”运动

示例 3：“3·15”消费者权益日“9·11”恐怖袭击事件

4.15 书名号

4.15.1 定义

标号的一种，标示语段中出现的各种作品的名称。

4.15.2 形式

书名号的形式有双书名号“《 》”和单书名号“〈 〉”两种。

4.15.3 基本用法

4.15.3.1 标示书名、卷名、篇名、刊物名、报纸名、文件名等。

示例 1：《红楼梦》（书名）

示例 2：《史记·项羽本记》（卷名）

示例 3：《论雷峰塔的倒掉》（篇名）

示例 4：《每周关注》（刊物名）

示例 5：《人民日报》（报纸名）

示例 6：《全国农村工作会议纪要》（文件名）

4.15.3.2 标示电影、电视、音乐、诗歌、雕塑等各类用文字、声音、图像等表现的作品的名称。

示例 1：《渔光曲》（电影名）

示例 2：《追梦录》（电视剧名）

示例 3：《勿忘我》（歌曲名）

示例 4：《沁园春·雪》（诗词名）

示例 5：《东方欲晓》（雕塑名）

示例 6：《光与影》（电视节目名）

示例 7：《社会广角镜》（栏目名）

示例 8：《庄子研究文献数据库》（光盘名）

示例 9：《植物生理学系列挂图》（图片名）

4.15.3.3 标示全中文或中文在名称中占主导地位的软件名。

示例：科研人员正在研制《电脑卫士》杀毒软件。

4.15.3.4 标示作品名的简称。

示例：我读了《念青唐古拉山脉纪行》一文（以下简称《念》），收获很大。

4.15.3.5 当书名号中还需要书名号时，里面一层用单书名号，外面一层用双书名号。

示例：《教育部关于提请审议〈高等教育自学考试试行办法〉的报告》

4.16 专名号

4.16.1 定义

标号的一种，标示古籍和某些文史类著作中出现的特定类专有名词。

4.16.2 形式

专名号的形式是一条直线，标注在相应文字的下方。

4.16.3 基本用法

4.16.3.1 标示古籍、古籍引文或某些文史类著作中出现的专有名词，主要包括人名、地名、国名、民族名、朝代名、年号、宗教名、官署名、组织名等。

示例 1：孙坚人马被刘表率军围得水泄不通。（人名）

示例 2：于是聚集冀、青、幽、并四州兵马七十多万准备决一死战。（地名）

示例 3：当时乌孙及西域各国都向汉派遣了使节。（国名、朝代名）

示例 4：从咸宁二年到太康十年，匈奴、鲜卑、乌桓等族人徙居塞内。（年号、民族名）

4.16.3.2 现代汉语文本中的上述专有名词，以及古籍和现代文本中的单位名、官职名、事件名、会议名、书名等不应使用专名号。必须使用标号标示时，宜使用其他相应标号（如引号、书名号等）。

4.17 分隔号

4.17.1 定义

标号的一种，标示诗行、节拍及某些相关文字的分隔。

4.17.2 形式

分隔号的形式是“/”。

4.17.3 基本用法

4.17.3.1 诗歌接排时分隔诗行（也可使用逗号和分号，见 4.4.3.1/4.6.3.1）。

示例：春眠不觉晓/处处闻啼鸟/夜来风雨声/花落知多少。

4.17.3.2 标示诗文中的音节节拍。

示例：横眉/冷对/千夫指，俯首/甘为/孺子牛。

4.17.3.3 分隔供选择或可转换的两项，表示“或”。

示例：动词短语中除了作为主体成分的述语动词之外，还包括述语动词所带的宾语和/或补语。

4.17.3.4 分隔组成一对的两项，表示“和”。

示例 1：13/14 次特别快车

示例 2：羽毛球女双决赛中国组合杜婧/于洋两局完胜韩国名将李孝贞/李敬元。

4.17.3.5 分隔层级或类别。

示例：我国的行政区划分为：省（直辖市、自治区）/省辖市（地级市）/县（县级市、区、自治州）/乡（镇）/村（居委会）。

5 标点符号的位置和书写形式

5.1 横排文稿标点符号的位置和书写形式

5.1.1 句号、逗号、顿号、分号、冒号均置于相应文字之后，占一个字位置，居左下，不出现在一行之首。

5.1.2 问号、叹号均置于相应文字之后，占一个字位置，居左，不出现在一行之首。两个问号（或叹号）叠用时，占一个字位置；三个问号（或叹号）叠用时，占两个字位置；问号和叹号连用时，占一个字位置。

5.1.3 引号、括号、书名号中的两部分标在相应项目的两端，各占一个字位置。其中前一半不出现在一行之末，后一半不出现在一行之首。

5.1.4 破折号标在相应项目之间，占两个字位置，上下居中，不能中间断开分处上行之末和下行之首。

5.1.5 省略号占两个字位置，两个省略号连用时占四个字位置并须单独占一行。省略号不能中间断开分处上行之末和下行之首。

5.1.6 连接号中的短横线比汉字“一”略短，占半个字位置；一字线比汉字“一”略长，占一个字位置；浪纹线占一个字位置。连接号上下居中，不出现在一行之首。

5.1.7 间隔号标在需要隔开的项目之间，占半个字位置，上下居中，不出现在一行之首。

5.1.8 着重号和专名号标在相应文字的下边。

5.1.9 分隔号占半个字位置，不出现在一行之首或一行之末。

5.1.10 标点符号排在一行末尾时，若为全角字符则应占半角字符的宽度（即半个字位置），以使视觉效果更美观。

5.1.11 在实际编辑出版工作中，为排版美观、方便阅读等需要，或为避免某一小节最后一个汉字转行 或出现在另外一页开头等情况（浪费版面及视觉效果差），可适当压缩标点符号所占用的空间。

5.2 竖排文稿标点符号的位置和书写形式

5.2.1 句号、问号、叹号、逗号、顿号、分号和冒号均置于相应文字之下偏右。

5.2.2 破折号、省略号、连接号、间隔号和分隔号置于相应文字之下居中，上下方向排列。

5.2.3 引号改用双引号“﹃”“﹄”和单引号“﹁”“﹂”，括号改用“︵”“︶”，标在相应项目的上下。

5.2.4 竖排文稿中使用浪线式书名号“﹏”，标在相应文字的左侧。

5.2.5 着重号标在相应文字的右侧，专名号标在相应文字的左侧。

5.2.6 横排文稿中关于某些标点不能居行首或行末的要求，同样适用于竖排文稿。

附 录 A

（规范性附录）

标点符号用法的补充规则

A.1 句号用法补充规则

图或表的短语式说明文字，中间可用逗号，但末尾不用句号。即使有时说明文字较长，前面的语段已出现句号，最后结尾处仍不用句号。

示例 1：行进中的学生方队

示例 2：经过治理，本市市容市貌焕然一新。这是某区街道一景

A.2 问号用法补充规则

使用问号应以句子表示疑问语气为依据，而并不根据句子中包含有疑问词。当含有疑问词的语段充当某种句子成分，而句子并不表示疑问语气时，句末不用问号。

示例 1：他们的行为举止、审美趣味，甚至读什么书，坐什么车，都在媒体掌握之中。

示例 2：谁也不见，什么也不吃，哪儿也不去。

示例 3：我也不知道他究竟躲到什么地方去了。

A.3 逗号用法补充规则

用顿号表示较长、较多或较复杂的并列成分之间的停顿时，最后一个成分前可用“以及（及）”进行连接，“以及（及）”之前应用逗号。

示例：压力过大、工作时间过长、作息不规律，以及忽视营养均衡等，均会导致健康状况的下降。

A.4 顿号用法补充规则

A.4.1 表示含有顺序关系的并列各项间的停顿，用顿号，不用逗号。下例解释“对于”一词用法，“人”“事物”“行为”之间有顺序关系（即人和人、人和事物、人和行为、事物和事物、事物和行为、行为和行为等六种对待关系），各项之间应用顿号。

示例：〔对于〕表示人，事物，行为之间的相互对待关系。（误）

〔对于〕表示人、事物、行为之间的相互对待关系。（正）

A.4.2 用阿拉伯数字表示年月日的简写形式时，用短横线连接号，不用顿号。

示例：2010、03、02（误）

2010-03-02（正）

A.5 分号用法补充规则

分项列举的各项有一项或多项已包含句号时，各项的末尾不能再用分号。

示例：本市先后建立起三大农业生产体系：一是建立甘蔗生产服务体系。成立糖业服务公司，主要给农民提供机耕等服务；二是建立蚕桑生产服务体系。……；三是建立热作服务体系。……。（误）

本市先后建立起三大农业生产体系：一是建立甘蔗生产服务体系。成立糖业服务公司，主要给农民提供机耕等服务。二是建立蚕桑生产服务体系。……。三是建立热作服务体系。……。（正）

A.6 冒号用法补充规则

A.6.1 冒号用在提示性话语之后引起下文。表面上类似但实际不是提示性话语的，其后用逗号。

示例 1：郦道元《水经注》记载：“沼西际山枕水，有唐叔虞祠。”（提示性话语）

示例 2：据《苏州府志》载，苏州城内大小园林约有 150 多座，可算名副其实的园林之城。（非提示性话语）

A.6.2 冒号提示范围无论大小（一句话、几句话甚至几段话），都应与提示性话语保持一致（即在该范围的末尾要用句号点断）。应避免冒号涵盖范围过窄或过宽。

示例：艾滋病有三个传播途径：血液传播，性传播和母婴传播，日常接触是不会传播艾滋病的。（误）

艾滋病有三个传播途径：血液传播，性传播和母婴传播。日常接触是不会传播艾滋病的。（正）

A.6.3 冒号应用在有停顿处，无停顿处不应用冒号。

示例 1：他头也不抬，冷冷地问："你叫什么名字？"（有停顿）

示例 2：这事你得拿主意，光说"不知道"怎么行？（无停顿）

A.7 引号用法补充规则

"丛刊""文库""系列""书系"等作为系列著作的选题名，宜用引号标引。当"丛刊"等为选题名的一部分时，放在引号之内，反之则放在引号之外。

示例 1："汉译世界学术名著丛书"

示例 2："中国哲学典籍文库"

示例 3："20 世纪心理学通览"丛书

A.8 括号用法补充规则

括号可分为句内括号和句外括号。句内括号用于注释句子里的某些词语，即本身就是句子的一部分，应紧跟在被注释的词语之后。句外括号则用于注释句子、句群或段落，即本身结构独立，不属于前面的句子、句群或段落，应位于所注释语段的句末点号之后。

示例：标点符号是辅助文字记录语言的符号，是书面语的有机组成部分，用来表示语句的停顿、语气以及标示某些成分（主要是词语）的特定性质和作用。（数学符号、货币符号、校勘符号等特殊领域的专门符号不属于标点符号。）

A.9 省略号用法补充规则

A.9.1 不能用多于两个省略号（多于 12 点）连在一起表示省略。省略号须与多点连续的连珠号相区别（后者主要是用于表示目录中标题和页码对应和连接的专门符号）。

A.9.2 省略号和"等""等等""什么的"等词语不能同时使用。在需要读出来的地方用"等""等等""什么的"等词语，不用省略号。

示例：含有铁质的食物有猪肝、大豆、油菜、菠菜……等。（误）

含有铁质的食物有猪肝、大豆、油菜、菠菜等。（正）

A.10 着重号用法补充规则

不应使用文字下加直线或波浪线等形式表示着重。文字下加直线为专名号形式（4.16）；文字下加浪纹线是特殊书名号（A.13.6）。着重号的形式统一为相应项目下加小圆点。

示例：下面对本文的理解，不正确的一项是（误）

下面对本文的理解，不正确的一项是（正）

A.11 连接号用法补充规则

浪纹线连接号用于标示数值范围时，在不引起歧义的情况下，前一数值附加符号或计量单位可省略。

示例：5 公斤 ~ 100 公斤（正）

5 ~ 100 公斤（正）

A.12 间隔号用法补充规则

当并列短语构成的标题中已用间隔号隔开时，不应再用“和”类连词。

示例：《水星·火星和金星》（误）

《水星·火星·金星》（正）

A.13 书名号用法补充规则

A.13.1 不能视为作品的课程、课题、奖品奖状、商标、证照、组织机构、会议、活动等名称，不应用书名号。下面均为书名号误用的示例：

示例 1：下学期本中心将开设《现代企业财务管理》《市场营销》两门课程。

示例 2：明天将召开《关于“两保两挂”的多视觉理论思考》课题立项会。

示例 3：本市将向 70 岁以上（含 70 岁）老年人颁发《敬老证》。

示例 4：本校共获得《最佳印象》《自我审美》《卡拉 OK》等六个奖杯。

示例 5：《闪光》牌电池经久耐用。

示例 6：《文史杂志社》编辑力量比较雄厚。

示例 7：本市将召开《全国食用天然色素应用研讨会》。

示例 8：本报将于今年暑假举行《墨宝杯》书法大赛。

A.13.2 有的名称应根据指称意义的不同确定是否用书名号。如文艺晚会指一项活动时，不用书名号；而特指一种节目名称时，可用书名号。再如展览作为一种文化传播的组织形式时，不用书名号；特定情况下将某项展览作为一种创作的作品时，可用书名号。

示例 1：2008 年重阳联欢晚会受到观众的称赞和好评。

示例 2：本台将重播《2008 年重阳联欢晚会》。

示例 3：“雪域明珠——中国西藏文化展”今天隆重开幕。

示例 4：《大地飞歌艺术展》是一部大型现代艺术作品。

A.13.3 书名后面表示该作品所属类别的普通名词不标在书名号内。

示例：《我们》杂志

A.13.4 书名有时带有括注。如果括注是书名、篇名等的一部分，应放在书名号之内，反之则应放在书名号之外。

示例 1：《琵琶行（并序）》

示例 2：《中华人民共和国民事诉讼法（试行）》

示例 3：《新政治协商会议筹备会组织条例（草案）》

示例 4：《百科知识》（彩图本）

示例 5：《人民日报》（海外版）

A.13.5 书名、篇名末尾如有叹号或问号，应放在书名号之内。

示例 1：《日记何罪！》

示例 2：《如何做到同工又同酬？》

A.13.6 在古籍或某些文史类著作中，为与专名号配合，书名号也可改用浪线式“﹏”，标注在书名下方。这可以看作是特殊的专名号或特殊的书名号。

A.14 分隔号用法补充规则

分隔号又称正斜线号，须与反斜线号“\”相区别（后者主要是用于编写计算机程序的专门符号）。使用分隔号时，紧贴着分隔号的前后通常不用点号。

附 录 B

（资料性附录）

标点符号若干用法的说明

B.1 易混标点符号用法比较

B.1.1 逗号、顿号表示并列词语之间停顿的区别

逗号和顿号都表示停顿，但逗号表示的停顿长，顿号表示的停顿短。并列词语之间的停顿一般用顿号，但当并列词语较长或其后有语气词时，为了表示稍长一点的停顿，也可用逗号。

示例 1：我喜欢吃的水果有苹果、桃子、香蕉和菠萝。

示例 2：我们需要了解全局和局部的统一，必然和偶然的统一，本质和现象的统一。

示例 3：看游记最难弄清位置和方向，前啊，后啊，左啊，右啊，看了半天，还是不明白。

B.1.2 逗号、顿号在表列举省略的“等”“等等”之类词语前的使用

并列成分之间用顿号，末尾的并列成分之后用“等”“等等”之类词语时，“等”类词前不用顿号或其他点号；并列成分之间用逗号，末尾的并列成分之后用“等”类词时，“等”类词前应用逗号。

示例 1：现代生物学、物理学、化学、数学等基础科学的发展，带动了医学科学的进步。

示例 2：写文章前要想好，文章主题是什么，用哪些材料，哪些详写，哪些略写，等等。

B.1.3 逗号、分号表示分句间停顿的区别

当复句的表述不复杂、层次不多，相连的分句语气比较紧凑、分句内部也没有使用逗号表示停顿时，分句间的停顿多用逗号。当用逗号不易分清多重复句内部的层次（如分句内部已有逗号），而用句号又可能割裂前后关系的地方，应用分号表示停顿。

示例 1：她拿起钥匙，开了箱上的锁，又开了首饰盒上的锁，往老地方放钱。

示例 2：纵比，即以一事物的各个发展阶段作比；横比，则以此事物与彼事物相比。

B.1.4 顿号、逗号、分号在标示层次关系时的区别

句内点号中，顿号表示的停顿最短、层次最低，通常只能表示并列词语之间的停顿；分号表示的停顿最长、层次最高，可以用来表示复句的第一层分句之间的停顿；逗号介于两者之间，既可表示并列词语之间的停顿，也可表示复句中分句之间的停顿。若分句内部已用逗号，分句之间就应用分号（见 B.1.3 示例 2）。用分号隔开的几个并列分句不能由逗号统领或总结。

示例 1：有的学会烤烟，自己做挺讲究的纸烟和雪茄；有的学会蔬菜加工，做的番茄酱能吃到冬天；有的学会蔬菜腌渍、窖藏，使秋菜接上春菜。

示例 2：动物吃植物的方式多种多样，有的是把整个植物吃掉，如原生动物；有的是把植物的大部分吃掉，如鼠类；有的是吃掉植物的要害部位，如鸟类吃掉植物的嫩芽。（误）。

动物吃植物的方式多种多样：有的是把整个植物吃掉，如原生动物；有的是把植物的大部分吃掉，如鼠类；有的是吃掉植物的要害部位，如鸟类吃掉植物的嫩芽。（正）。

B.1.5 冒号、逗号用于“说”“道”之类词语后的区别

位于引文之前的“说”“道”后用冒号。位于引文之后的“说”“道”分两种情况：处于句末时，其后用句号；“说”“道”后还有其他成分时，其后用逗号。插在话语中间的“说”“道”类词语后只能用逗号表示停顿。

示例 1：他说：“晚上就来家里吃饭吧。”

示例 2：“我真的很期待。”他说。

示例 3：“我有件事忘了说……”他说，表情有点为难。

示例 4：“现在请皇上脱下衣服，”两个骗子说，“好让我们为您换上新衣。”

B.1.6 不同点号表示停顿长短的排序

各种点号都表示说话时的停顿。句号、问号、叹号都表示句子完结，停顿最长。分号用于复句的分句之间，停顿长度介于句末点号和逗号之间，而短于冒号。逗号表示一句话中间的停顿，又短于分号。顿号用于并列词语之间，停顿最短。通常情况下，各种点号表示的停顿由长到短为：句号 = 问号 = 叹号 > 冒号（指涵盖范围为一句话的冒号）> 分号 > 逗号 > 顿号。

B.1.7 破折号与括号表示注释或补充说明时的区别

破折号用于表示比较重要的解释说明，这种补充是正文的一部分，可与前后文连读；而括号表示比较一般的解释说明，只是注释而非正文，可不与前后文连读。

示例 1：在今年——农历虎年，必须取得比去年更大的成绩。

示例 2：哈雷在牛顿思想的启发下，终于认出了他所关注的彗星（该星后人称为哈雷彗星）。

B.1.8 书名号、引号在“题为……”“以……为题”格式中的使用

“题为……”“以……为题”中的“题”，如果是诗文、图书、报告或其他作品可作为篇名、书名看待时，可用书名号；如果是写作、科研、辩论、谈话的主题，非特定作品的标题，应用引号。即“题为……”“以……为题”中的“题”应根据其类别分别按书名号和引号的用法处理。

示例 1：有篇题为《柳宗元的诗》的文章，全文才 2 000 字，引文不实却达 11 处之多。

示例 2：今天一个以“地球・人口・资源・环境”为题的大型宣传活动在此间举行。

示例 3：《我的老师》写于 1956 年 9 月，是作者应《教师报》之约而写的。

示例 4：“我的老师”这类题目，同学们也许都写过。

B.2 两个标点符号连用的说明

B.2.1 行文中表示引用的引号内外的标点用法

当引文完整且独立使用，或虽不独立使用但带有问号或叹号时，引号内句末点号应保留。除此之外，引号内不用句末点号。当引文处于句子停顿处（包括句子末尾）且引号内未使用点号时，引号外应使用点号；当引文位于非停顿处或者引号内已使用句末点号时，引号外不用点号。

示例 1：“沉舟侧畔千帆过，病树前头万木春。”他最喜欢这两句诗。

示例 2：书价上涨令许多读者难以接受，有些人甚至发出“还买得起书吗？”的疑问。

示例 3：他以“条件还不成熟，准备还不充分”为由，否决了我们的提议。

示例 4：你这样“明日复明日”地要拖到什么时候？

示例 5：司马迁为了完成《史记》的写作，使之“藏之名山”，忍受了人间最大的侮辱。

示例 6：在施工中要始终坚持“把质量当生命”。

示例 7：“言之无文，行而不远”这句话，说明了文采的重要。

示例 8：俗话说：“墙头一根草，风吹两边倒。”用这句话来形容此辈再恰当不过。

B.2.2 行文中括号内外的标点用法

括号内行文末尾需要时可用问号、叹号和省略号。除此之外，句内括号行文末尾通常不用标点符号。句外括号行文末尾是否用句号由括号内的语段结构决定：若语段较长、内容复杂，应用

句号。句内括号外是否用点号取决于括号所处位置：若句内括号处于句子停顿处，应用点号。句外括号外通常不用点号。

示例 1：如果不采取（但应如何采取呢？）十分具体的控制措施，事态将进一步扩大。

示例 2：3 分钟过去了（仅仅才 3 分钟！），从眼前穿梭而过的出租车竟达 32 辆！

示例 3：她介绍时用了一连串比喻（有的状如树枝，有的貌似星海……），非常形象。

示例 4：科技协作合同（包括科研、试制、成果推广等〉根据上级主管部门或有关部门的计划签订。

示例 5：应把夏朝看作原始公社向奴隶制国家过渡时期。（龙山文化遗址里，也有俯身葬。俯身者很可能就是奴隶。）

示例 6：问：你对你不喜欢的上司是什么态度？

答：感情上疏远，组织上服从。（掌声，笑声）

示例 7：古汉语（特别是上古汉语），对于我来说，有着常人无法想象的吸引力。

示例 8：由于这种推断尚未经过实践的考验，我们只能把它作为假设（或假说）提出来。

示例 9：人际交往过程就是使用语词传达意义的过程。（严格说，这里的"语词"应为语词指号。）

B.2.3 破折号前后的标点用法

破折号之前通常不用点号；但根据句子结构和行文需要，有时也可分别使用句内点号或句末点号。破折号之后通常不会紧跟着使用其他点号；但当破折号表示语音的停顿或延长时，根据语气表达的需要，其后可紧接问号或叹号。

示例 1：小妹说："我现在工作得挺好，老板对我不错，工资也挺高。——我能抽支烟吗？"（表示话题的转折）

示例 2：我不是自然主义者，我主张文学高于现实，能够稍稍居高临下地去看现实，因为文学的任务不仅在于反映现实。光描写现存的事物还不够，还必须记住我们所希望的和可能产生的事物。必须使现象典型化。应该把微小而有代表性的事物写成重大的和典型的事物。——这就是文学的任务。（表示对前几句话的总结）

示例 3："是他——？"石一川简直不敢相信自己的耳朵。

示例 4："我终于考上大学啦！我终于考上啦——！"金石开兴奋得快要晕过去了。

B.2.4 省略号前后的标点用法

省略号之前通常不用点号。以下两种情况例外：省略号前的句子表示强烈语气、句末使用问号或叹号时；省略号前不用点号就无法标示停顿或表明结构关系时。省略号之后通常也不用点号，但当句末表达强烈的语气或感情时，可在省略号后用问号或叹号；当省略号后还有别的话、省略的文字和后面的话不连续且有停顿时，应在省略号后用点号；当表示特定格式的成分虚缺时，省略号后可用点号。

示例 1：想起这些，我就觉得一辈子都对不起你。你对梁家的好，我感激不尽！……

示例 2：他进来了，……一身军装，一张朴实的脸，站在我们面前显得很高大，很年轻。

示例 3：这，这是……？

示例 4：动物界的规矩比人类还多，野骆驼、野猪、黄羊……，直至塔里木兔、跳鼠，都是各行其路，决不混淆。

示例 5：大火被渐渐扑灭，但一片片油污又旋即出现在遇难船旁……。清污船迅速赶来，并施放围栏以控制油污。

示例 6：如果……，那么……。

B.3 序次语之后的标点用法

B.3.1 “第”“其”字头序次语，或“首先”“其次”“最后”等做序次语时，后用逗号（见 4.4.3.3）。

B.3.2 不带括号的汉字数字或“天干地支”做序次语时，后用顿号（见 4.5.3.2）。

B.3.3 不带括号的阿拉伯数字、拉丁字母或罗马数字做序次语时，后面用下脚点（该符号属于外文的标点符号）。

示例 1：总之，语言的社会功能有三点：1.传递信息，交流思想；2.确定关系，调节关系；3.组织生活，组织生产。

示例 2：本课一共讲解三个要点：A.生理停顿；B.逻辑停顿；C.语法停顿。

B.3.4 加括号的序次语后面不用任何点号。

示例 1：受教育者应履行以下义务：（一）遵守法律、法规；（二）努力学习，完成规定的学习任务；（三）遵守所在学校或其他教育机构的制度。

示例 2：科学家很重视下面几种才能：（1）想象力；（2）直觉的理解力；（3）数学能力。

B.3.5 阿拉伯数字与下脚点结合表示章节关系的序次语末尾不用任何点号。

示例：3 停顿

3.1 生理停顿

3.2 逻辑停顿

B.3.6 用于章节、条款的序次语后宜用空格表示停顿。

示例：第一课 春天来了

B.3.7 序次简单、叙述性较强的序次语后不用标点符号。

示例：语言的社会功能共有三点：一是传递信息；二是确定关系；三是组织生活。

B.3.8 同类数字形式的序次语，带括号的通常位于不带括号的下一层。通常第一层是带有顿号的汉字数字；第二层是带括号的汉字数字；第三层是带下脚点的阿拉伯数字；第四层是带括号的阿拉伯数字；再往下可以是带圈的阿拉伯数字或小写拉丁字母。一般可根据文章特点选择从某一层序次语开始行文，选定之后应顺着序次语的层次向下行文，但使用层次较低的序次语之后不宜反过来再使用层次更高的序次语。

示例：一、……

（一）……

1. ……

（1）……

①/a. ……

B.4 文章标题的标点用法

文章标题的末尾通常不用标点符号，但有时根据需要可用问号、叹号或省略号。

示例 1：看看电脑会有多聪明，让它下盘围棋吧

示例 2：猛龙过江：本店特色名菜

示例 3：严防“电脑黄毒”危害少年

示例 4：回家的感觉真好

——访大赛归来的本市运动员

示例 5：里海是湖，还是海?

示例 6：人体也是污染源!

示例 7：和平协议签署之后……

附录五：汉语拼音正词法基本规则

GB/T16159—2012

（中华人民共和国国家质量监督检验检疫总局、
中国国家标准化管理委员会 2012 年 6 月 29 日
发布，2012 年 10 月 1 日实施）

前　言

本标准按照 GB/T1.1—2009 给出的规则起草。

本标准代替 GB/T 16159—1996《汉语拼音正词法基本规则》。

本标准与 GB/T　16159—1996 相比，主要变化如下：

——将原标准中正词法的具体规定、用法调整为分词连写、人名地名拼写、大写、缩写、标调、移行、标点符号使用等 7 个部分的基本规则。其中，把原先按词类分节的部分归到分词连写规则之下，并增加了“缩写规则”和“标点符号使用规则”。

——取消原标准中与名词、动词、形容词、代词、数词和量词并列的“虚词”一节，把虚词词类提升，与实词词类并列，以贯彻按词类分节的原则。

——修改了原标准中关于非汉语人名、地名的汉语拼音拼写规则。

——参照 ISO7098《中文罗马字母拼写法》的规定，补充了“汉字数字用汉语拼音拼写，阿拉伯数字则仍保留阿拉伯数字写法”的规定。

——增加了在某些场合，专有名词的所有字母可全部大写，也可不标声调的规定。

——增加了变通规则，以照顾某些领域的特殊需要。

本标准由教育部语言文字信息管理司提出并归口。

本标准主要起草单位：中国社会科学院语言研究所、教育部语言文字应用研究所。

本标准主要起草人：董琨、李志江、金惠淑、史定国、王楠、杜翔。

1　范围

本标准规定了用《汉语拼音方案》拼写现代汉语的规则。内容包括分词连写规则、人名地名拼写规则、大写规则、标调规则、移行规则、标点符号使用规则等。为了适应特殊的需要，同时规定了一些变通规则。

本标准适用于文化教育、编辑出版、中文信息处理及其他方面的汉语拼音拼写。

2 规范性引用文件

下列文件对于本文件的应用是必不可少的。凡是注日期的引用文件，仅注日期的版本适用于本文件。凡是不注日期的引用文件，其最新版本（包括所有的修改单）适用于本文件。

GB/T 15834 标点符号用法

GB/T 28039 中国人名汉语拼音字母拼写规则

《汉语拼音方案》（1958 年 2 月 11 日第一届全国人民代表大会第五次会议批准）

《中同地名汉语拼音字母拼写规则（汉语地名部分）》（1984 年 12 月 25 日中国地名委员会、中同文字改革委员会、国家测绘局发布）

3 术语和定义

下列术语和定义适用于本文件。

3.1 词 word

语言里最小的、可以独立运用的单位。

3.2 汉语拼音方案 scheme for the Chinese phonetic alphabet

给汉字注音和拼写普通话语音的方案，1 958 年 2 月 11 日第一届全国人民代表大会第五次会议批准。方案采用拉丁字母，并用附加符号表示声调，是帮助学习汉字和推广普通话的工具。

3.3 汉语拼音正词法 the Chinese phonetic alphabet orthography

汉语拼音的拼写规范及其书写格式的准则。

4 制定原则

4.1 本标准是在《汉语拼音方案》确定的音节拼写规则的基础上进一步规定的词的拼写规则。

4.2 以词为拼写单位，适当考虑语音、语义等因素，并兼顾词的拼写长度。

4.3 按语法词类分节规定分词连写规则。

5 总则

5.1 拼写普通话基本上以词为书写单位。例如：

rén（人）
hǎo（好）
sān（三）
hěn（很）
hé（和）
ā（啊）
fúróng（芙蓉）
māma（妈妈）
yuèdú（阅读）
zhòngshì（重视）
niánqīng（年轻）
shìwēi（示威）
chuánzhī（船只）
fēicháng（非常）
āiyā（哎呀）

pǎo（跑）
nǐ（你）
gè（个）
bǎ（把）
de（的）
pēng（砰）
qiǎokèlì（巧克力）
péngyou（朋友）
wǎnhuì（晚会）
dìzhèn（地震）
qiānmíng（签名）
niǔzhuǎn（扭转）
dànshì（但是）
dīngdōng（叮咚）
diànshìjī（电视机）

túshūguǎn（图书馆）

5.2　表示一个整体概念的双音节和三音节结构，连写。例如：

quánguó（全国）
zǒulái（走来）
dǎnxiǎo（胆小）
huánbǎo（环保）
gōngguān（公关）
chángyòngcí（常用词）
àiniǎozhōu（爱鸟周）
yǎnzhōngdīng（眼中钉）
èzuòjù（恶作剧）
pòtiānhuāng（破天荒）
yīdāoqiē（一刀切）
duìbuqǐ（对不起）
chīdexiāo（吃得消）

5.3　四音节及四音节以上表示一个整体概念的名称，按词或语节（词语内部由语音停顿而划分成的片段）分写，不能按词或语节划分的，全都连写。例如：

wúfèng gāngguǎn（无缝钢管）
huánjìng bǎohù guīhuà（环境保护规划）
jīngtǐguǎn gōnglǜ fàngdàqì（晶体管功率放大器）
Zhōnghuá Rénmín Gònghéguó（中华人民共和国）
Zhōngguó Shèhuì Kēxuéyuàn（中国社会科学院）
yánjiūshēngyuàn（研究生院）
hóngshízìhuì（红十字会）
yúxīngcǎosù（鱼腥草素）
gāoměngsuānjiǎ（高锰酸钾）
gǔshēngwùxuéjiā（古生物学家）

5.4　单音节词重叠，连写；双音节词重叠，分写。例如：

rénrén（人人）
niánnián（年年）
kànkan（看看）
shuōshuo（说说）
dàdà（大大）
hónghóng de（红红的）
gègè（个个）
tiáotiáo（条条）
yánjiū yánjiū（研究研究）
shāngliang shāngliang（商量商量）
xuěbái xuěbái（雪白雪白）
tōnghóng tōnghóng（通红通红）

重叠并列即 AABB 式结构，连写。例如：

láiláiwǎngwǎng（来来往往）
shuōshuōxiàoxiào（说说笑笑）
qīngqīngchǔchǔ（清清楚楚）
wānwānqūqū（弯弯曲曲）
fāngfāngmiànmiàn（方方面面）
qiānqiānwànwàn（千千万万）

5.5　单音节前附成分（副、总、非、反、超、老、阿、可、无、半等）或单音节后附成分（子、儿、头、性、者、员、家、手、化、们等）与其他词语，连写。例如：

fùbùzhǎng（副部长）
zǒnggōngchéngshī（总工程师）
fùzǒnggōngchéngshī（副总工程师）
fēijīnshǔ（非金属）
fēiyèwù rényuán（非业务人员）
fǎndàndào dǎodàn（反弹道导弹）

chāoshēngbō（超声波） lǎohǔ（老虎）
āyí（阿姨） kěnì fǎnyìng（可逆反应）
wútiáojiàn（无条件） bàndǎotǐ（半导体）
zhuōzi（桌子） jīnr（今儿）
quántou（拳头） kēxuéxìng（科学性）
shǒugōngyèzhě（手工业者） chéngwùyuán（乘务员）
yìshùjiā（艺术家） tuōlājīshǒu（拖拉机手）
xiàndàihuà（现代化） háizimen（孩子们）

5.6 为了便于阅读和理解，某些并列的词、语素之间或某些缩略语当中可用连接号。例如：

bā-jiǔ tiān（八九天） shíqī-bā suì（十七八岁）
rén-jī duìhuà（人机对话） zhōng-xiǎoxué（中小学）
lù-hǎi-kōngjūn（陆海空军） biànzhèng-wéiwù zhǔyì（辩证唯物主义）
Cháng-Sānjiǎo（长三角[长江三角洲]） Jīng-Zàng Gāosù Gōnglù（京藏高速公路）
Hù-Níng-Háng Dìqū（沪宁杭地区）
Zhè-Gàn Xiàn（浙赣线）

6 基本规则

6.1 分词连写规则

6.1.1 名词

6.1.1.1 名词与后面的方位词，分写。例如：

shān shàng（山上） shù xià（树下）
mén wài（门外） mén wàimian（门外面）
hé li（河里） hé lǐmian（河里面）
huǒchē shàngmian（火车上面） xuéxiào pángbiān（学校旁边）
Yǒngdìng Hé shàng（永定河上） Huáng Hé yǐnán（黄河以南）

6.1.1.2 名词与后面的方位词已经成词的，连写。例如：

tiānshang（天上） dìxia（地下）
kōngzhōng（空中） hǎiwài（海外）

6.1.2 动词

6.1.2.1 动词与后面的动态助词“着”、“了”、“过”，连写。例如：

kànzhe（看着） tǎolùn bìng tōngguòle（讨论并通过了）
jìnxíngguo（进行过）

6.1.2.2 句末的“了”兼做语气助词，分写。例如：

Zhè běn shū wǒ kàn le.（这本书我看了。）

6.1.2.3 动词与所带的宾语，分写。例如：

kàn xìn（看信） chī yú（吃鱼）
kāi wánxiào（开玩笑） jiāoliú jīngyàn（交流经验）

动宾式合成词中间插入其他成分的，分写。例如：

jūle yī gè gōng（鞠了一个躬）　　lǐguo sān cì fà （理过三次发）

6.1.2.4 动词（或形容词）与后面的补语，两者都是单音节的，连写；其余情况，分写。例如：

gǎohuài（搞坏）　　dǎsǐ（打死）

shútòu（熟透）　　jiànchéng（建成［楼房］）

huàwéi（化为［蒸气］）　　dàngzuò（当做［笑话］）

zǒu jìnlái（走进来）　　zhěnglǐ hǎo（整理好）

jiànshè chéng（建设成［公园］）　　gǎixiě wéi（改写为［剧本］）

6.1.3 形容词

6.1.3.1 单音节形容词与用来表示形容词生动形式的前附成分或后附成分，连写。例如：

mēngmēngliàng（蒙蒙亮）　　liàngtángtáng（亮堂堂）

hēigulōngdōng（黑咕隆咚）

6.1.3.2 形容词和后面的“些”、“一些”、“点儿”、“一点儿”，分写。例如：

dà xiē（大些）　　dà yīxiē（大一些）

kuài diǎnr（快点儿）　　kuài yīdiǎnr（快一点儿）

6.1.4 代词

6.1.4.1 人称代词、疑问代词与其他词语，分写。例如：

Wǒ ài Zhōngguó.（我爱中国。）　　Tāmen huílái le.（他们回来了。）

Shuí shuō de?（谁说的？）　　Qù nǎlǐ?（去哪里？）

6.1.4.2 指示代词“这”、“那”，疑问代词“哪”和名词或量词，分写。例如：

zhè rén（这人）　　nà cì huìyì（那次会议）

zhè zhī chuán（这只船）　　nǎ zhāng bàozhǐ（哪张报纸）

指示代词“这”、“那”，疑问代词“哪”与后面的“点儿”、“般”、“边”、“时”、“会儿”，连写。例如：

zhèdiǎnr（这点儿）　　zhèbān（这般）

zhèbiān（这边）　　nàshí（那时）

nàhuìr（那会儿）

6.1.4.3 “各”、“每”、“某”、“本”、“该”、“我”、“你”等与后面的名词或量词，分写。例如：

gè guó（各国）　　gè rén（各人）

gè xuékē（各学科）　　měi nián（每年）

měi cì（每次）　　mǒu rén（某人）

mǒu gōngchǎng（某工厂）　　běn shì（本市）

běn bùmén（本部门）　　gāi kān（该刊）

gāi gōngsī（该公司）　　wǒ xiào（我校）

nǐ dānwèi（你单位）

6.1.5 数词和量词

6.1.5.1 汉字数字用汉语拼音拼写，阿拉伯数字则仍保留阿拉伯数字写法。例如：

èr líng líng bā nián（二〇〇八年）

èr fèn zhī yī（二分之一）

wǔ yòu sì fèn zhī sān（五又四分之三）

sān diǎn yī sì yī liù（三点一四一六）

líng diǎn liù yī bā（零点六一八）

635 fēnjī（635 分机）

6.1.5.2 十一到九十九之间的整数，连写。例如：

shíyī（十一） shíwǔ（十五）

sānshísān（三十三） jiǔshíjiǔ（九十九）

6.1.5.3 “百”“千”“万”“亿”与前面的个位数，连写；“万”“亿”与前面的十位以上的数，分写，当前面的数词为“十”时，也可连写。例如：

shí yì líng qīwàn èrqiān sānbǎi wǔshíliù/shíyì líng qīwàn èrqiān sānbǎi wǔshíliù（十亿零七万二千三百五十六）

liùshísān yì qīqiān èrbǎi liùshíbā wàn sìqiān líng jiǔshíwǔ（六十三亿七千二百六十八万四千零九十五）

6.1.5.4 数词与前面表示序数的“第”中间，加连接号。例如：

dì-yī（第一） dì-shísān（第十三）

dì-èrshíbā（第二十八） dì-sānbǎi wǔshíliù（第三百五十六）

数词（限于“一”至“十”）与前面表示序数的“初”，连写。例如：

chūyī（初一） chūshí（初十）

6.1.5.5 代表月日的数词，中间加连接号。例如：

wǔ-sì（五四） yī’èr-jiǔ（一二・九）

6.1.5.6 数词和量词，分写。例如：

liǎng gè rén（两个人） yī dà wǎn fàn（一大碗饭）

liǎng jiān bàn wūzi（两间半屋子） kàn liǎng biàn（看两遍）

数词、量词与表示约数的“多”、“来”、“几”，分写。例如：

yībǎi duō gè（一百多个） shí lái wàn rén（十来万人）

jǐ jiā rén（几家人） jǐ tiān gōngfu（几天工夫）

“十几”、“几十”连写。例如：

shíjǐ gè rén（十几个人） jǐshí gēn gāngguǎn（几十根钢管）

两个邻近的数字或表位数的单位并列表示约数，中间加连接号。例如：

sān-wǔ tiān（三五天） qī-bā gè（七八个）

yì-wàn nián（亿万年） qiān-bǎi cì（千百次）

复合量词内各并列成分连写。例如：

réncì（人次） qiānwǎxiǎoshí（千瓦小时）

dūngōnglǐ（吨公里） qiānkèmǐměimiǎo（千克・米/秒）

6.1.6 副词

副词与后面的词语，分写。例如：

hěn hǎo（很好） dōu lái（都来）
gèng měi（更美） zuì dà（最大）
bù lái（不来） bù hěn hǎo（不很好）
gānggāng zǒu（刚刚走） fēicháng kuài（非常快）
shífēn gǎndòng（十分感动）

6.1.7 介词

介词与后面的其他词语，分写。例如：

zài qiánmiàn zǒu（在前面走） xiàng dōngbian qù（向东边去）
wèi rénmín fúwù（为人民服务） cóng zuótiān qǐ（从昨天起）
bèi xuǎnwéi dàibiǎo（被选为代表） shēng yú 1940 nián（生于 1940 年）
guānyú zhègè wèntí（关于这个问题） cháozhe xiàbian kàn（朝着下边看）

6.1.8 连词

连词与其他词语，分写。例如：

gōngrén hé nóngmín（工人和农民） tóngyì bìng yōnghù（同意并拥护）
guāngróng ér jiānjù（光荣而艰巨） bùdàn kuài érqiě hǎo（不但快而且好）
Nǐ lái háishì bù lái?（你来还是不来？）
Rúguǒ xià dàyǔ, bǐsài jiù tuīchí.（如果下大雨，比赛就推迟。）

6.1.9 助词

6.1.9.1 结构助词“的”、“地”、“得”、“之”、“所”等与其他词语，分写。其中，“的”、“地”、“得”前面的词是单音节的，也可连写。例如：

dàdì de nǚ'ér（大地的女儿）
Zhè shì wǒ de shū. /Zhè shì wǒde shū.（这是我的书。）
Wǒmen guòzhe xìngfú de shēnghuó.（我们过着幸福的生活。）
Shāngdiàn li bǎimǎnle chī de, chuān de, yòng de./ Shāngdiàn li bǎimǎnle chīde, chuānde, yòngde.（商店里摆满了吃的、穿的、用的。）
mài qīngcài luóbo de（卖青菜萝卜的）
Tā zài dàjiē shang mànman de zǒu.（他在大街上慢慢地走。）
Tǎnbái de gàosu nǐ ba.（坦白地告诉你吧。）
Tā yī bù yī gè jiǎoyìnr de gōngzuòzhe.（他一步一个脚印儿地工作着。）
dǎsǎo de gānjìng（打扫得干净）
xiě de bù hǎo/xiěde bù hǎo（写得不好）
hóng de hěn/ hóngde hěn（红得很）
lěng de fādǒu/ lěngde fādǒu（冷得发抖）
shàonián zhī jiā（少年之家）
zuì fādá de guójiā zhī yī（最发达的国家之一）
jù wǒ suǒ zhī（据我所知）

bèi yīngxióng de shìjì suǒ gǎndòng（被英雄的事迹所感动）

6.1.9.2 语气助词与其他词语，分写。例如：

Nǐ zhīdào ma?（你知道吗？）

Zěnme hái bù lái a?（怎么还不来啊？）

Kuài qù ba!（快去吧！）

Tā yīdìng huì lái de.（他一定会来的。）

Huǒchē dào le.（火车到了。）

Tā xīnlǐ míngbai, zhǐshì bù shuō bàle.（他心里明白，只是不说罢了。）

6.1.9.3 动态助词

动态助词主要有“着”、“了”、“过”。见 6.1.2.1 的规定。

6.1.10 叹词

叹词通常独立于句法结构之外，与其他词语分写。例如：

À! Zhēn měi!（啊！真美！）

Ńg, nǐ shuō shénme?（嗯，你说什么？）

Hng, zǒuzhe qiáo ba!（哼，走着瞧吧！）

Tīng míngbai le ma?Wèi!（听明白了吗？喂！）

Āiyā, wǒ zěnme bù zhīdào ne!（哎呀，我怎么不知道呢！）

6.1.11 拟声词

拟声词与其他词语，分写。例如：

“hōnglōng”yī shēng（“轰隆”一声）

chánchán liúshuǐ（潺潺流水）

módāo huòhuò（磨刀霍霍）

jījīzhāzhā jiào gè bù tíng（叽叽喳喳叫个不停）

Dà gōngjī wōwō tí.（大公鸡喔喔啼。）

“Dū——”,qìdí xiǎng le.（“嘟——”汽笛响了。）

Xiǎoxī huāhuā de liútǎng.（小溪哗哗地流淌。）

6.1.12 成语和其他熟语

6.1.12.1 成语通常作为一个语言单位使用，以四字文言语句为主。结构上可以分为两个双音节的，中间加连接号。例如：

fēngpíng-làngjìng（风平浪静）

àizēng-fēnmíng（爱憎分明）

shuǐdào-qúchéng（水到渠成）

yángyáng-dàguān（洋洋大观）

píngfēn-qiūsè（平分秋色）

guāngmíng-lěiluò（光明磊落）

diānsān-dǎosì（颠三倒四）

结构上不能分为两个双音节的，全部连写。例如：

céngchūbùqióng（层出不穷）

bùyìlèhū（不亦乐乎）

zǒng’éryánzhī（总而言之）

àimònéngzhù（爱莫能助）

yīyīdàishuǐ（一衣带水）

6.1.12.2 非四字成语和其他熟语内部按词分写。例如：

bēi hēiguō（背黑锅）

yī bíkǒng chū qìr（一鼻孔出气儿）

bā gānzi dǎ bù zháo（八竿子打不着）

zhǐ xǔ zhōuguān fàng huǒ，bù xǔ bǎixìng diǎn dēng（只许州官放火，不许百姓点灯）

xiǎocōng bàn dòufu——yīqīng-èrbái（小葱拌豆腐——一清二白）

6.2. 人名地名拼写规则

6.2.1 人名拼写

6.2.1.1 汉语人名中的姓和名分写，姓在前，名在后。复姓连写。双姓中间加连接号。姓和名的首字母分别大写，双姓两个字首字母都大写。笔名、别名等，按姓名写法处理。例如：

Lǐ Huá（李华） Wáng Jiànguó（王建国）

Dōngfāng Shuò（东方朔） Zhūgě Kǒngmíng（诸葛孔明）

Zhāng-Wáng Shūfāng（张王淑芳） Lǔ Xùn（鲁迅）

Méi Lánfāng（梅兰芳） Zhāng Sān（张三）

Wáng Mázi（王麻子）

6.2.1.2 人名与职务、称呼等，分写；职务、称呼等首字母小写。例如：

Wáng bùzhǎng（王部长） Tián zhǔrèn（田主任）

Wú kuàijì（吴会计） Lǐ xiānsheng（李先生）

Zhào tóngzhì（赵同志） Liú lǎoshī（刘老师）

Dīng xiōng（丁兄） Zhāng mā（张妈）

Zhāng jūn（张君） Wú lǎo（吴老）

Wáng shì（王氏） Sūn mǒu（孙某）

Guóqiáng tóngzhì（国强同志） Huìfāng āyí（惠芳阿姨）

6.2.1.3 “老”、“小”、“大”、“阿”等与后面的姓、名、排行，分写，分写部分的首字母分别大写。例如：

Xiǎo Liú（小刘） Lǎo Qián（老钱）

Lǎo Zhāng tóur（老张头儿） Dà Lǐ（大李）

Ā Sān（阿三）

6.2.1.4 已经专名化的称呼，连写，开头大写。例如：

Kǒngzǐ（孔子） Bāogōng（包公）

Xīshī（西施） Mèngchángjūn（孟尝君）

6.2.2 地名拼写

6.2.2.1 汉语地名中的专名和通名，分写，每一分写部分的首字母大写。例如：

Běijīng Shì（北京市） Héběi Shěng（河北省）

Yālù Jiāng（鸭绿江） Tài Shān（泰山）

Dòngtíng Hú（洞庭湖） Táiwān Hǎixiá（台湾海峡）

6.2.2.2 专名与通名的附加成分，如是单音节的，与其相关部分连写。例如：

Xīliáo Hé（西辽河）

Jǐngshān Hòujiē（景山后街）

Cháoyángménnèi Nánxiǎojiē（朝阳门内南小街）

Dōngsì Shítiáo（东四十条）

6.2.2.3 已专名化的地名不再区分专名和通名，各音节连写。例如：

Hēilóngjiāng（黑龙江［省］）　　Wángcūn（王村［镇］）

Jiǔxiānqiáo（酒仙桥［医院］）

不需区分专名和通名的地名，各音节连写。例如：

Zhōukǒudiàn（周口店）　　Sāntányìnyuè（三潭印月）

6.2.3 非汉语人名、地名的汉字名称，用汉语拼音拼写。例如：

Wūlánfū（乌兰夫，Ulanhu）

Jièchuān Lóngzhījiè（芥川龙之介，Akutagawa Ryunosuke）

Āpèi Āwàngjìnměi（阿沛·阿旺晋美，Ngapoi Ngawang Jigme）

Mǎkèsī（马克思，Marx）

Wūlǔmùqí（乌鲁木齐，Ürümqi）

Lúndūn（伦敦，London）

Dōngjīng（东京，Tokyo）

6.2.4 人名、地名拼写的详细规则，遵循 GB/T28039《中国人名汉语拼音字母拼写规则》《中国地名汉语拼音字母拼写规则（汉语地名部分）》。

6.3. 大写规则

6.3.1 句子开头的字母大写。例如：

Chūntiān lái le.（春天来了。）

Wǒ ài wǒ de jiāxiāng.（我爱我的家乡。）

诗歌每行开头的字母大写。例如：

《Yǒude Rén》（《有的人》）

Zāng Kèjiā（臧克家）

Yǒude rén huózhe,（有的人活着，）

Tā yǐjīng sǐ le;（他已经死了；）

Yǒude rén sǐ le,（有的人死了，）

Tā hái huózhe.（他还活着。）

6.3.2 专有名词的首字母大写。例如：

Běijīng（北京）　　Chángchéng（长城）

Qīngmíng（清明）　　Jǐngpōzú（景颇族）

Fēilǜbīn（菲律宾）

由几个词组成的专有名词，每个词的首字母大写。例如：

Guójì Shūdiàn（国际书店）

Hépíng Bīnguǎn（和平宾馆）

Guāngmíng Rìbào（光明日报）

Guójiā Yǔyán Wénzì Gōngzuò Wěiyuánhuì（国家语言文字工作委员会）

在某些场合，专有名词的所有字母可全部大写。例如：

XIÀNDÀI HÀNYǓ CÍDIǍN（现代汉语词典）

BĚIJĪNG（北京）

LǏ HUÁ（李华）

DŌNGFĀNG SHUÒ（东方朔）

6.3.3 专有名词成分与普通名词成分连写在一起，是专有名词或视为专有名词的，首字母大写。例如：

Míngshǐ（明史） Hànyǔ（汉语）

Yuèyǔ（粤语） Guǎngdōnghuà（广东话）

Fójiào（佛教） Tángcháo（唐朝）

专有名词成分与普通名词成分连写在一起，是一般语词或视为一般语词的，首字母小写。例如：

guǎnggān（广柑） jīngjù（京剧）

ējiāo（阿胶） zhōngshānfú（中山服）

chuānxiōng（川芎） zàngqīngguǒ（藏青果）

zhāoqín mùchǔ（朝秦暮楚） qiánlǘzhījì（黔驴之技）

6.4. 缩写规则

6.4.1 连写的拼写单位（多音节词或连写的表示一个整体概念的结构），缩写时取每个汉字拼音的首字母，大写并连写。例如：

Běijīng（缩写：BJ）（北京） ruǎnwò（缩写：RW）（软卧）

6.4.2 分写的拼写单位（按词或语节分写的表示一个整体概念的结构），缩写时以词或语节为单位取首字母，大写并连写。例如：

guójiā biāozhǔn（缩写：GB）（国家标准）

hànyǔ shuǐpíng kǎoshì（缩写：HSK）（汉语水平考试）

pǔtōnghuà shuǐpíng cèshì（缩写：PSC）（普通话水平测试）

6.4.3 为了给汉语拼音的缩写形式做出标记，可在每个大写字母后面加小圆点。例如：

Běijīng（北京）也可缩写：B.J.

guójiā biāozhǔn（国家标准）也可缩写：G.B.

6.4.4 汉语人名的缩写，姓全写，首字母大写或每个字母大写；名取每个汉字拼音的首字母，大写，后面加小圆点。例如：

Lǐ Huá（缩写：Lǐ H.或 LǏ H.）（李华）

Wáng Jiànguó（缩写：Wáng J. G.或 WÁNG J.G.）（王建国）

Dōngfāng Shuò（缩写：Dōngfāng S.或 DŌNGFĀNG S.）（东方朔）

Zhūgě Kǒngmíng（缩写：Zhūgě K.M.或 ZHŪGĚ K.M.）（诸葛孔明）

6.5. 标调规则

6.5.1 声调符号标在一个音节的主要元音（韵腹）上。韵母 iu、ui，声调符号标在后面的字母上面。在 i 上标声调符号，应省去 i 上的小点。例如：

āyí（阿姨） cèlüè（策略）
dàibiǎo（代表） guāguǒ（瓜果）
huáishù（槐树） kǎolǜ（考虑）
liúshuǐ（流水） xīnxiān（新鲜）

轻声音节不标声调。例如：

zhuāngjia（庄稼） qīngchu（清楚）
kàndeqǐ（看得起）

6.5.2 “一”“不”一般标原调，不标变调。例如：

yī jià（一架） yī tiān（一天）
yī tóu（一头） yī wǎn（一碗）
bù qù（不去） bù duì（不对）
bùzhìyú（不至于）

在语言教学等方面，可根据需要按变调标写。例如：

yī tiān（一天）可标为 yì tiān，bù duì（不对）可标为 bú duì。

6.5.3 ABB、AABB 形式的词语，BB 一般标原调，不标变调。例如：

lǜyóuyóu（绿油油） chéngdiàndiàn（沉甸甸）
hēidòngdòng（黑洞洞） piàopiàoliàngliàng（漂漂亮亮）

有些词语的 BB 在语言实际中只读变调，则标变调。例如：

hóngtōngtōng（红彤彤） xiāngpēnpēn（香喷喷）
huángdēngdēng（黄澄澄）

6.5.4 在某些场合，专有名词的拼写，也可不标声调。例如：

Li Hua（缩写：Li H.或 LI H.）（李华）

Beijing（北京）

RENMIN RIBAO（人民日报）

WANGFUJING DAJIE（王府井大街）

6.5.5 除了《汉语拼音方案》规定的符号标调法以外，在技术处理上，也可采用数字、字母等标明声调，如采用阿拉伯数字 1、2、3、4、0 分别表示汉语四声和轻声。

6.6. 移行规则

6.6.1 移行要按音节分开，在没有写完的地方加连接号。音节内部不可拆分。例如：

guāngmíng（光明）移作“……guāng-
míng”（光明）

不能移作“……gu-
āngmíng”（光明）。

缩写词（如 GB，HSK，汉语人名的缩写部分）不可移行。

Wáng J. G.（王建国）移作“……Wáng
J. G.”（王建国）
不能移作“……Wáng J.-
G.”（王建国）。

6.6.2 音节前有隔音符号，移行时，去掉隔音符号，加连接号。例如：

Xī'ān（西安）移作“……Xī-
ān”（西安）
不能移作“……Xī'-
ān”（西安）。

6.6.3 在有连接号处移行时，末尾保留连接号，下行开头补加连接号。例如：

chēshuǐ-mǎlóng（车水马龙）移作“……chēshuǐ-
-mǎlóng”（车水马龙）

6.7 标点符号使用规则

汉语拼音拼写时，句号使用小圆点“.”，连接号用半字线“-”，省略号也可使用 3 个小圆点“…”，顿号也可用逗号“，”代替，其他标点符号遵循 GB/T 15834 的规定。

7 变通规则

7.1 根据识字需要（如小学低年级和幼儿汉语识字读物），可按字注音。

7.2 辞书注音需要显示成语及其他词语内部结构时，可按词或语素分写。例如：

chīrén shuō mèng（痴人说梦） wèi yǔ chóumóu（未雨绸缪）
shǒu kǒu rú píng（守口如瓶） Hēng-Hā èr jiàng（哼哈二将）
Xī Liáo Hé（西辽河） Nán-Běi Cháo（南北朝）

7.3 辞书注音为了提示轻声音节，音节前可标中圆点。例如：

zhuāng·jia（庄稼） qīng·chu（清楚）
kàn·deqǐ（看得起）

如是轻重两读，音节上仍标声调。例如：

hóu·lóng（喉咙） zhī·dào（知道）
tǔ·xīngqì（土腥气）

7.4 在中文信息处理方面，表示一个整体概念的多音节结构，可全部连写。例如：

guómínshēngchǎnzǒngzhí（国民生产总值）
jìsuànjītǐcéngchéngxiàngyí（计算机体层成像仪）
shìjièfēiwùzhìwénhuàyíchǎn（世界非物质文化遗产）

参考文献

[1] 吕叔湘. 现代汉语八百词[M]. 增订本. 北京：商务印书馆，1980.

[2] 狄化夷. 现代汉语鉴别语法[M]. 昆明：云南教育出版社，1996.

[3] 于根元. 实用语文规范知识小词典[M]. 北京：语文出版社，1999.

[4] 骆小所，张盛如. 常用成语误用辨析[M]. 北京：北京工业大学出版社，2000.

[5] 黄晓颖，简明语言文字规范手册：中学版[M]. 修订版. 长春：吉林教育出版社，2001.

[6] 王问渔，饶杰腾. 新编同义反义词典[M]. 修订本. 北京：金盾出版社，2002.

[7] 许正元. 常见错读错写错用字词词典[M]. 北京：东方出版社，2002.

[8] 张翔鹰，张翔麟. 增广开心辞典[M]. 呼伦贝尔：内蒙古文化出版社，2002.

[9] 李书新. 新课标应考宝典—— 高中语文考点[M]. 保定：河北大学出版社，2003.

[10] 严龙文. 常见易错词语辨析[M]. 南京：凤凰出版社，2004.

[11] 周永惠. 同义词反义词词典[M]. 成都：四川辞书出版社，2004.

[12] 邓志刚. 名师领航—— 2007 高考必考知识识记手册：语文[M]. 北京：中国大地出版社，2006.

[13] 王坚洪，等. 高中语文基础知识[M]. 吉林：吉林文史出版社，2006.

[14] 俞敦雨，刘茂盾. 字词纠错应用辞典[M]. 北京：东方出版中心，2006.

[15] 贺师尧. 汉字应用辨误手册—— 容易用错的字和词[M]. 上海：上海教育出版社，2008.

[16] 李行健，余志鸿. 成语应用辨误 100 例[M]. 广州：广东人民出版社，2009.

[17] 杨庆蕙. 现代汉语正误辞典[M]. 北京：北京师范大学出版社，2009.

[18] 翟文明. 中国人最容易犯的 2000 个语言错误[M]. 北京：华文出版社，2010.

[19] 赵武宏. 品文酌字全集[M]. 北京：大众文艺出版社，2010.

[20] 庄洪江. 易混同（近）音词辨析手册[M]. 保定：河北大学出版社,2010.

[21] 谭林妃. 行政职业能力测验题型训练[M]. 北京：中国铁道出版社，2011.

[22] 《学汉语》编辑部. 外国人汉语学习难点全解析：第 1 册[M]. 北京：北京语言大学出版社，2012.

[23] 安汝磐，赵玉玲. 常用词语错例评改手册[M]. 北京：中国社会出版社，2013.

[24] 白立元. 汉语字词辨误探析[M]. 北京：中央民族大学出版社，2013.

[25] 邓志刚，张文凡. 高中语文识记大全[M]. 长沙：湖南教育出版社，2013.

[26] 高玉林，刘配书. 音近辨析手册[M]. 北京：中国国际广播出版社，2013.

[27] 赵丕杰. 成语误用辨析 200 例[M]. 北京：商务印书馆，2014.

[28] 张占山. “抱怨”与“埋怨”辨析与词典释义[J]. 辞书研究，2016（3）：46-53.

[29] 《咬文嚼字》编辑部. 咬文嚼字[M]. 2015 合订本. 上海：上海锦绣文章出版社，2016.

[30] 曹志彪，何伟渔. 词辨百话[M]. 上海：上海文化出版社，2018.

[31] 刘志基，鹏宇. 字辨百题[M]. 上海：上海文化出版社，2018.

[32] 《咬文嚼字》编辑部. 咬文嚼字二百问[M]. 上海：上海文汇出版社，2019.

[33] 杨林成.词误百析[M]. 上海：上海教育出版社，2019.